[개정판]

부모교육

Parents and Education

김미경 나유미 이혜정 공저

양성원

머리말

부모들의 모습은 마치 감나무를 닮았다고 생각한다. 우리들은 흔히 까치가 쪼아 먹은 감이 맛있다고들 하지만 감이 상처가 나면 맛이 없는 것이 당연한 이치인데 왜 우리는 상처가 생긴 감이 맛있다고 할까? 그 이유에 대해 사람들은 감나무가 상처를 입은 감이 안쓰러워 뿌리로부터 있는 힘껏 영양분을 빨아들여 그 감에게 과잉으로 공급을 하기 때문이라고들 한다. 이러한 감나무의 마음이 우리 부모들의 모습인데……. 오늘날 매스컴을 통해 종종 들려오는 자기 자식을 방치하고 학대하는 뉴스를 접하면, 한낱 식물인 감나무조차도 자기 자식이 안쓰러워 상처를 보듬고 감싸 주는데, 만물의 영장이라는 인간이 이러한 행동을 한다는 사실에 너무나도 비감스러울 때가 많이 있다.

어린 아동들은 부모의 보살핌 속에서 자신들의 꿈을 키워 나가야 한다. 부모가 학대를 하고 방치를 하면 이들의 꿈도 희망도 사라지게 되고 훗날 성인이 되어서도 자신이 그토록 미워하던 부모의 모습을 닮는다. 어린 아동을 때리는 부모들은 흔히 '버릇을 고치려고 때린다', '말을 안 들어서 굶긴다!'라고 한다. 기다려 줄 수는 없는가? 차근차근 설명해 주면 안 되는 걸까? 아이들의 입장에서 생각해 볼 수는 없을까? 이렇게 반문하고 싶다.

따라서 이 저서는 아이를 부모의 소유물로 착각해서 함부로 대하고 체벌하며 귀찮아하는 부모들에게 아이들을 이해하고 가르칠 수 있는 최선의 방법들을 제시함으로써 가정과 유아교육기관에서의 부모교육에 초점을 맞추었다. 저서는 총 8장으로 구성되어 있으며 1부 이론편과 2부 실제편으로 나뉘어 있다.

1부 이론편의 1장에서는 부모교육의 본질을 알아보기 위해 부모교육의 개념 및 목적, 부모교육의 과제 및 필요성, 부모교육의 기원 및 발전, 부모의 역할을 제시하였다. 2장에서는 가족 특성의 이해를 알아보기 위해 가족의 개념 및 정의, 사회적 변화 속의 가족, 가족 유형의 다양화, 가족위기와 스트레스, 가정폭력, 아동학대를 제시하였다. 3장에서는 영유아의 성장발달단계와 부모역할을 알아보기 위해 태내기의 성장발달과 부모역할, 1세 미만의 영아 발달과 부모역할, 1~2세 영아의 발달과 부모역할, 3~5세의 유아발달과 부모역할을 제시하였다. 4장에서는 외국과 우리나라 부모교육 프로그램을 알아보기 위해 외국의 프로그램과 우리나라 부모교육 프로그램을 제시하였다. 5장에서는 부모교육의 이론적 체계를 알아보기 위해 드라이커즈의 민주적 부모교육이론, 기노트의 인본주의 부모교육, 고든의 부모 효율성 이론, 효율적인 부모역할을 위한 STEP Program, 코칭의 효과적인 대화 기법, 행동수정 부모교육이론을 제시하였다. 6장에서는 부적응 유아의 행동과 대처방안을 알아보기 위해 교육적 의미, 부적응 행동의 분류, 부적응 유아의 사례, 유아교육기관에서 부적응 행동유아의 지도의 실제, 가정과 유아교육기관 연계를 제시하였다. 7장에서는 현재 부모교육에서 나타나는 과제와 함께 부모교육의 활성화 방안을 부모역할, 부모교육의 대상, 내용, 운영을 중심으로 모색해 보았다.

2부 실제편의 8장에서는 영유아교육기관에서의 부모교육의 실제를 알아보기 위해 영유아 교육기관에서의 부모교육, 부모교육 진행방법, 영유아교육기관과 가정의 첫 만남, 영유아교육기관과 가정의 대화, 부모면담을 제시하였다. 9장에서는 부모교육을 알아보기 위해 부모교육 연간계획, 부모수업 참관, 가정통신문 등 유아교육기관에서 실제로 행하고 있는 내용들을 제시하였다.

끝으로 이 저서가 나오기까지 많은 도움과 배려를 해준 양성원 출판 관계자들과 공동 집필을 한 나유미 교수님과 이혜정 교수님께 감사의 뜻을 전한다.

2018년 8월

총신동산 연구실에서 저자

차례

PART 01

이론편

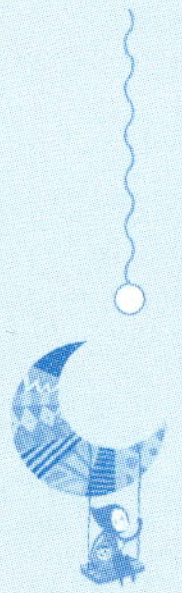

PART 02 실제편

PART 01

이론편

Chapter 01

부모교육의 본질

이 장에서는 부모의 개념 및 목적, 부모교육의 과제 및 필요성, 부모교육의 기원 및 발전, 그리고 부모의 역할을 살펴봄으로써 부모교육의 본질적 측면을 개관하고자 한다. 사람들은 특별한 경우를 제외하고는 누구나 결혼을 하고 자녀를 낳고 부모가 된다. 그러나 많은 사람들이 부모가 되기 위한 체계적인 교육을 받은 경험 없이 준비되지 않은 상태에서 부모가 된다. 따라서 자녀들을 위해 좋은 부모가 되기 위해서는 바람직한 유아발달을 위한 부모역할과 부모교육에 대한 점검이 필요하다.

1. 부모교육의 개념 및 목적

1) 정의

부모교육은 학자들에 의해 다양하게 정의되어 왔다. 본격적인 부모교육이 시작되기 전인 1960년대 이전 부모교육은 교육전문가나 기관에서 부모를 교육시키는 소극적 의미가 강했으나 현대에는 유아의 전인적 발달을 이끌어 내기 위해 부모와 교육기관이 동반자적 입장에서 상호작용이 이루어지는 적극적이고 능동적인 의미가 강조되고 있다.

교육학 용어사전(1985)에서는 부모교육을 유치원 교육의 효과를 높이기 위해 부모에게 아동발달, 교육과정 등을 가르쳐 주고, 가정에서의 협력을 도모하고자 하는 목적으로 시작된 교육을 뜻하며 부모로서 효율적인 양육태도 및 방법을 가질 수 있도록 교육하는 것으로 정의하였다. Pherson과 Robinson은 부모교육이란 부모와 자녀간의 상호작용의 질을 개선하고, 부모와 자녀의 행동을 긍정적으로 변화시키기 위한 의도적 · 목적 지향적 학습활동이라고 하였으며 Grotberg는 부모교육이란 부모로서의 역할 기능을 원활히 수행할 수 있도록 부모에게 정보나 지식을 전달하고 기술을 가르치는 것이라고 하였다.

이재연과 김경희(1992)는 부모교육을 유아에 대한 이해와 지식을 증진시켜 부모 자신의 사고, 정서, 행동의 습관화된 패턴을 살펴보고 바람직한 양육방법을 습득할 수 있도록 도와주는 다양한 교육적 경험이라고 정의하였으며, 정문자(1992)는 부모를 직접적 대상으로 하여 아동의 발달 및 성장을 도모하고 부모역할이 효과적으로 이루어지는 데 도움을 주는 조직적인 활동이라고 정의하기도 하였다.

여러 학자들의 정의처럼 부모교육은 '부모를 어떻게 가르치는가?'와 같은 뜻으로 정의되어 왔으며 프로그램에 기초한 체계적인 성인교육에 참여하는 사람들에게 지식과 정보, 기술 등을 알려 주기 위해 의도적으로 계획된 것을 의미하며(Fine, 1980), 바람직한 부모역할을 수행할 수 있도록 부모에게 유아에 관한 정보나 지식을 전달하거나 기술을 습득하게 하여 전인적 유아 발달을 이끌어 내는 것이라고 볼 수 있다.

이상의 부모교육의 정의를 종합하여 살펴보면 다음과 같다.

첫째, 자녀양육에 가장 중요한 역할을 하고 있는 부모들이 역할을 잘 감당할 수 있도록 지식과 기술이 제공되는 교육이다.

둘째, 유아교육기관 프로그램을 이해하고 참여하고, 후원하고, 지지하며 가정에서 연계될 수 있도록 하는 역할을 포함하는 교육이다.

2) 용어

부모교육은 가정과 유아교육기관의 환경, 그리고 그 속에서 이루어지는 교육 간의 상호작용 및 연결을 의미하지만 부모교육, 부모훈련, 부모참여, 부모개입이라는 용어와 혼동하여 사용되고 있다. 부모교육을 용어에 따라 살펴보면 다음과 같다.

(1) 부모참여(Parent participation)

부모참여는 부모가 교육기관의 의사결정자로 참여하여 교육과정의 계획과 실천, 평가, 수정 등 모든 주요한 과정과 단계에 직접 참여하는 것으로 부모의 전문적이고 적극적인 역할과 의사결정권이 강조된다. 부모참여의 목적은 참여기관 프로그램의 결정권자로서 전문가와 지식이나 정보를 나누며 그 책임과 의무를 받아들이도록 하는 데 있다.

(2) 부모개입(Parent involvement)

부모개입은 부모의 역할 가능성을 실현하는 과정으로 그들의 정신력, 가능성, 부모로서의 능력을 발견하도록 이끄는 것으로 교육현장에 부모가 직접 개입하는 것이다. 예를 들어, 교육기관에서 부모가 보조교사로 활동하거나 급식지도, 등하교 지도 등 교육의 질을 높이기 위해 적극적으로 활동하는 것을 부모개입이라고 한다.

(3) 부모훈련(Parent training)

부모훈련은 전문화된 프로그램을 통해 바람직한 부모역할 수행을 위한 정보, 기술을 익히는 것을 말한다. 대화기법, 대처방안, 유아에 대한 전문적 지식, 양육태도 고찰 등을 통해 유아를 이해하고 해결책을 모색한다.

(4) 부모지지(Parent support)

부모지지는 바람직한 부모역할 수행을 위해 친지나 교회, 부모회, 지역단체, 아동복지시설, 병원, 교육기관, 기업체, 그 밖의 다른 사회사업기관에서 지지 및 지원을 보여주는 것이다.

(5) 부모역할하기(Parenting)

부모역할하기는 최근에 등장하여 널리 사용되고 있으며 자녀의 성장을 위해 돕는 영양 공급, 보호와 발달단계를 통해 필요한 새로운 생활을 안내하는 것 등 부모의 과업과 부모자녀 간의 계속되는 상호작용 과정이다.

전통적으로 경제적 책임을 지고 도구적 역할을 한 아버지, 정서적 욕구를 충족하기 위한 표현적 역할을 한 어머니에서 벗어나 현대에는 보다 양육적이고 적극적인 아버지 역할과 어머니 역할이 요구되고 있다.

3) 부모교육의 목적

부모교육의 기본 목적은 유아에게 가장 큰 영향을 끼치는 부모를 교육함으로 바람직한 유아발달을 이끌어 가는 것이다. 한국행동과학연구소(1983)에서는 부모교육의 목적을 다음과 같이 제시한다.

첫째, 자녀의 발달을 촉진시키기 위한 부모의 역할을 인식하도록 부모를 돕는다.

둘째, 자녀의 사회적, 정서적, 인지적, 언어적, 그리고 신체발달과 이러한 발달을 촉진하는 환경 조성에 관한 지식을 갖도록 부모를 돕는다.

셋째, 자녀교육상 부모로서 당면하는 문제들을 해결하는 데 필요한 정보와 기법을 습득하도록 부모를 돕는다.

넷째, 자녀교육에 적극 참여하도록 부모를 돕는다.

다섯째, 자녀의 일상생활에 필요한 일반 상식을 갖도록 부모를 돕는다.

교육학대사전(남억우 편, 1996)에서는 부모교육의 일반적 목적을 자녀양육이나 교육, 가정생활 개선에 관한 지식을 제공하고 일반교양을 고양시키기 위함으로 기술하며 그 구체적 목표를 네 가지로 제시한다.

첫째, 부모로 하여금 자녀교육에 대해 세밀한 주의를 기울이게 한다.

둘째, 학교 내용이나 방법에 대해 올바른 이해를 갖고 학교에 대해 협력적인 태도를 갖추도록 한다.

셋째, 자녀의 세계를 이해시키고 그에 대한 지도를 하도록 한다.

넷째, 자기 자녀뿐만 아니라 널리 많은 유아들에 대하여 관심을 갖고 이기적인 감정을 버리도록 한다.

헤드스타트(Head Start) 프로그램에서는 부모교육의 목적을 크게 세 가지로 나누어 설명한다(U.S. Department of Health Education and Welfare, Office of Child Development, 1973).

첫째, 유아교육 및 발달에 주요한 영향을 주는 부모역할을 지지하고 촉진시키는 활동 및 경험을 위해 계획된 프로그램을 제공한다.

둘째, 부모 자신은 아동복지의 책임 있는 보호자이며 유아의 첫 번째 교육자이고, 헤드스타트 프로그램과 지역사회의 공헌자임을 인식하도록 하는 프로그램을 제공한다.

셋째, 부모는 프로그램 계획과 운영에 대한 의사결정에 직접 참여하고 고용자, 지원자, 관찰자로서 수업과 그 밖의 다른 프로그램 활동에 참여하도록 한다.

넷째, 부모는 헤드스타트 직원과 협력하여 그들의 자녀와 함께하는 활동에 참여할 수 있도록 유아의 발달을 돕는 프로그램에 참여하도록 한다.

Fine(1988)은 부모교육의 목적을 다음의 네 가지 영역으로 설명하였다.

첫째, 정보 나누기(informing sharing)

부모에게 도움이 되는 강연, 집단토의, 관련 서적 읽기, 그리고 집단모임을 통해 상호 간 정보 나누기를 한다.

둘째, 기술훈련(skill building)

부모에게 자녀양육을 위한 기술훈련의 기회를 제공한다. 기술훈련으로 사용되는 구체적 방법으로는 역할놀이, 시범 보이기, 전달법, 반영적 경청 등이 있다. 또한 구체적인 부모훈련 프로그램에 참여하여 부모역할을 배운다.

셋째, 부모의 자기인식(self-awareness)

부모가 자기인식을 증진시키도록 돕는다. 자신의 양육방식에 영향을 준 부모 세대의 방식을 인식하고 현재 부모 자신의 가치관 명료화 등 부모의 신념과 통합을 변화시킨다.

넷째, 문제해결(problem solving)

자녀양육과 자녀발달에 관련된 문제해결의 기본적 방법을 부모들에게 가르쳐 중재할 수 있도록 한다.

이순형과 그의 동료들(2012)은 부모교육의 목적을 다음과 같이 설명한다.

첫째, 그 시대가 요구하는 바람직한 아동관을 갖는다. 바람직한 자녀양육은 현대사회가 지향하는 아동관의 확립을 기초로 수행된다(Harman & Brim, 1980).
둘째, 현대사회가 지향하는 효과적인 자녀양육 방법을 습득한다.
셋째, 자녀의 사회 적응력을 최대화할 수 있는 방법을 학습한다.
넷째, 부모교육을 통해 아동발달에 관한 기초 지식을 습득한다.
다섯째, 자녀와 효과적으로 상호작용할 수 있는 기술과 방법을 배운다.
여섯째, 자녀의 건강한 신체적, 인지적, 정서적, 사회적 발달에 위협을 가할 수 있는 가정의 심리적, 물리적 환경 요인에 대한 지식과 정보를 습득함으로써 자녀의 문제 가능성을 예방한다.

이상의 부모교육의 목적을 종합하면 다음과 같다.

첫째, 부모의 양육관을 살펴보고 자녀의 성장발달과 교육에 대한 방향을 찾도록 돕는다.
둘째, 부모자녀 관계를 활성화하기 위한 기술이나 지식을 갖도록 돕는다.
셋째, 유아의 전인적 발달을 위한 지식과 기술을 갖도록 돕는다.
넷째, 유아교육기관과 협력하여 유아의 발달을 돕는다.

2. 부모교육의 과제 및 필요성

영유아의 생애 초기 경험은 평생에 걸쳐 매우 중요하며 영유아에게 부모, 특히 어머니의 역할은 절대적인 영향을 미치게 되므로 유아에게 생애 초기 경험을 제공하는 부모들을 위한 부모교육에 대한 관심이 높아지고 있다. 특히 부모의 교육적 기능과 역할이 변화되고 시대적 흐름에 따라 다양한 형태의 가족과 결혼과 자녀에 대한 가치관의 변화, 여성의 취업률 증가와 낮은 혼인율, 그리고 저출산현상 등은 부모역할에 대한 변화를 가져오는 주요한 요인으로 다양한 대상을 위한 다양한 프로그램의 부모교육이 필요하다. 따라서 부모교육의 과제 및 필요성을 유아의 측면, 부모의 측면, 사회적 측면으로 나누어 살펴보면 다음과 같다.

1) 유아의 측면

유아기에는 부모가 유아의 사회, 신체, 정서, 인지, 언어 발달 등 발달의 모든 영역에 영향을 미치고 그 효과 또한 오래 지속되기 때문에 자녀양육에 필요한 기술을 부모교육을 통해 배워야 한다. 유아의 전인적 발달은 부모의 양육태도와 양육방법, 가치관 등의 영향을 받으므로 부모교육을 통해 유아에 대한 지식과 정보를 제공함으로써 부모역할 수행에 도움을 준다.

2) 부모의 측면

부모가 된다고 인격적으로 성숙하거나 부모의 역할을 잘 수행하는 것은 아니다. 따라서 부모의 측면에서 부모교육의 과제와 필요성을 살펴보면 다음과 같다.

첫째, 부모교육은 한 인간으로서 부모의 인격적 성숙을 촉진시킨다.

인격적으로 미성숙한 두 사람이 결혼을 통해 자녀를 갖게 되어 부모가 되지만 부모가 되었다고 갑자기 인격적 성숙이 일어나는 것은 아니다. 그러므로 유아의 양육을 통해 부모도 인격적으로 성숙하기 위해서 부모교육이 필요하다.

둘째, 부모교육은 전통적 가족 형태의 변화에 부응한다.

대가족이 붕괴되고 핵가족화되면서 조부모와 함께 사는 가정들이 줄어들고 있다. 따라서 자녀를 키워본 경험이 있는 조부모로부터 자녀양육에 대한 지식과 기술을 배울 기회가 없는 현 세대의 부모들을 위한 부모교육이 필요하다. 또한 한 부모 가족, 재혼가족, 기러기 가족 등 다양한 가족의 요구에 부응할 수 있는 부모역할 수행을 위한 부모교육이 필요하다.

셋째, 부모교육은 양육 스트레스를 경감시킨다.

유아의 연령이 어릴수록 부모의 보살핌이 절대적이기 때문에 양육으로 인한 신체적 · 정신적 스트레스를 받는 부모들이 많다. 부모교육을 통해 유아에 대한 지식과 정보를 제공하고 기술을 습득하도록 하여 양육에 대한 스트레스를 경감시킬 수 있다.

넷째, 부모교육은 유아에 대한 적절한 정보를 선택할 수 있도록 한다.

부모교육을 통해 부모들은 자녀양육에 대한 다양한 정보들과 수많은 상품들 가운데 유아들에게 가장 적절하고 적합한 것을 선택할 수 있는 능력을 개발할 수 있다.

다섯째, 부모교육은 바람직한 부모상을 수집할 수 있도록 한다.

출산율이 급감하면서 자녀에게 최선의 것을 제공하고자 하며, 자녀를 위해 물질과 시간을 아끼지 않는 부모들이 늘어나고 있다. 부모교육은 물질을 충족시켜 주는 부모가 좋은 부모가 아니라 어떠한 부모가 좋은 부모인지를 알고 바람직한 부모상을 갖게 한다.

3) 사회적 측면

사회의 현상과 변화는 부모들의 자녀출산과 교육에 영향을 주므로 사회적 측면에서 부모교육의 과제 및 필요성을 살펴보면 다음과 같다.

첫째, 부모교육은 경제적 효율성이 높다.

영유아에게 미치는 부모의 영향력은 매우 높기 때문에 부모교육은 적은 비용으로 많은 효과를 얻을 수 있는 효율적인 방법이다.

둘째, 부모교육은 사회복지의 한 영역이다.

사회 · 경제적으로 어려운 가정을 대상으로 하는 부모교육은 삶의 질을 향상시키는 사회복지의 한 영역이다.

셋째, 부모교육은 교육기관과의 협력을 통해 유아를 위한 최적의 환경을 구성한다.

부모교육을 통해 유아의 발달에 가장 중요한 역할을 하고 있는 부모와 교육기관이 긴밀한 협력을 함으로써 유아의 전인적 발달을 도울 수 있다.

넷째, 부모교육은 인적 자원을 개발한다.

미래사회의 원동력이 되는 유아들에게 영향력을 끼치는 부모들을 교육함으로써 인적 자원 개발이 이루어질 수 있다.

이상의 부모교육의 유아의 측면, 부모의 측면, 사회적 측면을 종합하여 부모의 필요성을 제시하면 다음과 같다(Hammer & Turner, 1985).

첫째, 대부분의 성인은 현재 부모이거나 미래에 부모가 되므로 생애 중요한 시기인 부모기에 따르는 훈련, 즉 부모교육이 필요하다.

둘째, 부모기에 대한 교육이 가정에서 거의 제공되지 않을 뿐 아니라 교육체계 속에서도 이루어지지 않고 있으므로 이를 대체할 부모교육이 필요하다.

셋째, 부모기를 성공적으로 수행하기 위한 지침이 충분하지 않아 부모들을 혼란스럽게 하고 있으므로 이러한 혼란을 방지할 수 있는 부모교육이 필요하다.

넷째, 효과적인 부모역할은 생애초기 유아발달에 있어 매우 중요하므로 이에 대한 부모교육이 필요하다.

다섯째, 부모역할은 어렵다. 자녀양육은 상당한 스트레스를 주며 생각만큼 자녀에게 해줄 수 없을 때 죄책감을 갖기 쉬우므로 이를 잘 극복할 수 있는 지식을 제공하는 부모교육이 필요하다.

여섯째, 부모들은 도움을 받고 싶어 한다. 부모역할 수행에 필요한 지식이나 정보를 제공하는 부모교육이 필요하다.

일곱째, 급변하는 사회 변화는 가족에게 스트레스를 주고 가정생활을 위협하고 있으므로 실제적인 도움을 줄 수 있는 부모교육이 필요하다.

여덟째, 어머니의 취업으로 부모가 자녀를 양육하는 시간이 줄어들고 있으므로 이에 질 높은 부모자녀 상호관계 형성을 위해 도움을 줄 수 있는 부모교육이 필요하다.

아홉째, 자녀양육에 있어 아버지의 적극적인 참여를 이끌 수 있는 부모교육이 필요하다.

열째, 부모기에 대한 여러 가지 잘못된 신화들을 근절하기 위한 부모교육이 필요하다.

3. 부모교육의 기원 및 발전

부모교육이 언제부터 시작되었는지에 대한 기원과 어떻게 발전하여 왔는지에 대해 서구를 중심으로 살펴보면 다음과 같다.

1) 고대의 부모교육

고대에는 경제적 원리에 의해 자녀의 생존이 결정되었다. 자녀가 장애를 가지고 있거나 허약한 경우에는 영아의 살해, 유기 등을 사회적으로 장려하였다. 부모가 건강한 자녀는 양육하면서 성(gender)에 따라 그들의 역할을 가르쳤다. 아들에게는 농사하는 법, 사냥하는 법을, 딸에게는 아기를 낳아 돌보는 법을 교육하였다.

고대 그리스의 플라톤은 국가론에서 이상적 국가는 교육에 의해 실현되어야 하며 국가는 백성 중에 우수한 남녀를 결혼시켜 우수한 아기를 출산해야 한다고 하였다. 또한 우수한 국민을 얻기 위해서는 국가가 결혼부터 간섭해야 한다고 주장하였다. 아리스토텔레스도 국가가 결혼을 관리해야 하며 건강한 유아만을 양육해야 한다고 하였다. 그는 국가주의, 귀족주의 교육을 주장하고 도덕적 습관계발과 이성적 능력배양에 중점을 두어야 한다고 강조하였다.

로마시대에는 가정에서의 교육을 학교교육보다 중시하였으며 아버지는 기초 학문과 군사교육 등을, 어머니는 인생관, 종교관, 기본생활습관, 정서발달을 중심으로 교육하였다.

2) 중세의 부모교육

중세에는 생명존중의 기독교 교리에 의해 고대사회에서 자행되던 영아 살해나 유기 등은 금지되었지만 원죄론에 입각하여 유아를 혹독하게 다루었다. 신앙심 깊은 아이로 성장시키기 위해서는 엄격한 규율과 훈육이 필요하다고 여겼다. 또한 엄격한 계급사회의 신분에 따라 부모교육도 다른 내용과 방식으로 이루어져 상류계층에서 유아는 가문의 계승자로 대우받았으나 하류계층에서는 가축과 같이 취급되기도 하였다.

코메니우스는 어머니의 무릎이 최초의 가장 중요한 교육의 단계라고 하였다. 그는 가정을 교육의 장으로 인식하여 어머니가 교육자가 되어 자녀의 능력과 특성에 맞는 교육을 실시하는 것이 중요하다고 하였다. 따라서 코메니우스의 어머니 무릎교육이 부모교육의 기원이라고 할 수 있다. 코메니우스가 모성교육을 주장한 이래, 자녀양육에 대한 어머니 역할의 중요성은 꾸준히 강조되어 왔다.

3) 근대의 부모교육

근대에는 중세 기독교 사회가 분열되고 계몽사상으로 인해 구습과 전통을 비판하고 합리적인 일상생활을 도모하려는 사상이 대두되었다. 특히 중세 말 코메니우스로부터 시작된 교육사상으로 인해 유아를 성인의 축소판이라 생각했던 기존 입장에서 벗어나 인격과 개성을 지닌 존재로 생각하는 계기가 되었다.

그러나 근대사회에서도 부모역할이나 양육관은 중세와 크게 달라지지 않았으며 중세사회와 마찬가지로 유아를 악한 존재로 보고 자녀는 부모의 지시와 기대에 순응해야 하는 수동적 존재, 혹독한 체벌이나 엄격한 규율로 지도해야 하는 존재로 여겼다.

로크는 인간은 백지와 같은 상태로 태어나기 때문에 인간의 본성은 어릴 때 경험하는 교육의 가치에 따라 바뀔 수 있다고 보았다. 로크는 학교교육보다 가정교육을 더욱 강조하였으며 부모나 가정교사에 의해 이루어지는 교육을 통해 자녀의 의지와 신체를 단련함으로써 좋은 습관을 기르는 것이 중요하다고 하였다.

루소는 인간은 선천적으로 선하게 태어났으므로 아동양육은 천성이 자연스럽게 자랄 수 있도록 자연적인 방법으로 해야 하는데 사회가 인간의 자연성을 말살하여 아동발달을 방해한다고 하였다. 루소는 유아기는 종일 뛰어 놀도록 하고 가정에서 부모의 협력으로 사랑에 의해 인격이 형성되고 생활의 기쁨을 맛보도록 하는 것이 중요하다는 부모교육의 필요성을 제기하였다.

4) 현대사회

현대는 유아의 세기라 할 만큼 유아에 대한 다양한 연구가 이루어졌으며 프로이드(Freud)의 정신분석 이론, 에릭슨(Erikson)의 사회성 발달 이론, 피아제(Piaget)의 인지발달 이론, 콜버그(Kohlberg)의 도덕성 발달 이론, 듀이(Dewey)와 몬테소리(Montessori) 이론들로 인해 유아의 인격과 존엄성을 강조하는 부모교육 및 부모의 양육태도로 변화되었다(이숙희 · 고인숙, 2006).

(1) 1910년대

1909년 미국은 루즈벨트 대통령이 주도한 제1차 백악관 회의를 통해 유아발달과 양육에 대한 연구를 추진하였으며 이 회의에서 세계 각국의 전문가를 초청해 아동발달, 자녀양육, 그리고 가정문제를 다루었다. 1914년 유아의 사회적 적응과 발달에 관한 『영아양육(Infant Care)』을 발간하여 많은 부모들에게 영향을 끼쳤다. 이 저서의 내용은 아동의 발달에 관한 규준과 자녀가 사회적으로 잘 적응하고 공부를 잘하도록 기르기 위함이다.

(2) 1920년대

유아양육에 대한 적극적 관심이 일어나면서 초 · 중등학교의 교과목에 예비 부모교육이 개설되었다. 대학에서도 유아발달이 교과목으로 개설되고 유아연구소를 부설하기 시작하였다. 또한 아동연구소들이 생겨나 부모교육의 중요성을 학문적으로 지원하기 시작하였다.

행동주의의 아버지인 왓슨(Watson)은 유아가 세밀한 훈련의 수동적 수령자로서 전적으로 양육에 의해 형태되어진다고 하였다. 따라서 부모들에게 그들의 책임과 중요성, 유아의 발달을 손상시킬 수 있는 많은 양육방법들을 역설하였다. 바람직한 행동을 습관화하기 위해서 규칙성이 중요하며 이를 위해 부모는 수유, 배변활동 등 유아양육의 모든 면에서 엄격하고 절제된 환경을 제공해야 한다고 하였다. 그는 부모가 열심히 노력하고 일관성 있게 자녀를 훈련시키면 그들이 원하는 어떤 사람도 만들어 낼 수 있다고 주장하였다. 이러한 왓슨의 견해로 인해 유아는 천성적으로 선하고 훈련과 교육을 통해 이루어질 수 있는 존재라는 인식을 갖게 되었다.

반면 성숙이론을 주장한 게젤(Gesell)은 유아가 선하며 성숙이란 능력을 부여받았으므로 부모가 학대적이거나 극도로 방관하지 않는 한 부모의 세심한 양육방식에 의해 거의 영향을 받지 않는다고 보았다. 게젤은 인간의 성장은 미리 결정된 발달적 양상에 따라 달라질 있으므로 부모의 좋은 양육방법은 자녀가 그 자신이 해낼 수 있는 최선의 모양으로 만들 수 있도록 도울 수 있다고 하였다. 따라서 부모는 자연스러운 발달이 이루어질 수 있도록 기다려 주는 역할을 해야 한다고 생각하였다. 게젤의 유아관으로 인해 부모는 죄책감 없이 휴식을 취하며 부모역할을 즐길 수 있었으며 부모와 상관없이 자녀는 태어날 때 받은 그대로 성장한다고 믿게 되었다.

(3) 1930년대

1929년 10월 28일 뉴욕 주식거래소에서 시작된 주가 대폭락은 대공황을 일으켰으며 그 후 약 10년 동안 세계 경제에 막대한 영향을 끼쳤다. 이러한 경제 불황은 부모교육의 필요성을 재인식시키는 계기가 되어 경제적으로 어려울수록 미래를 위해 유아교육에 힘써야 한다는 생각을 갖게 되었다. 따라서 이 시기에 유치원이 증가하고 교육기관과 부모의 관계가 긴밀해졌으며 미국 전역에서 실시된 부모연구모임에 70만 명이 참가하였고 앞서 발간한 『영아양육(Infant Care)』 저서는 800만 부나 배부되었다(이숙 외, 2002).

(4) 1940년대

이 시기에 일어난 제2차 세계 대전으로 아버지를 잃은 유아가 증가하고 유아양육에 있어 아버지의 역할에 대한 관심이 증가하고 그 중요성이 강조되었다. 미국에서 2600만 부 이상이 팔린 스포크의 『육아전서(Common Sense Book of Baby and Child Care)』는 수유, 이유, 배변훈련, 수면, 의복, 소아 질환 등 양육에 대한 정보를 제공하고 부모에게 양육 기술에 대한 모델을 제공하였다.

프로이드는 『정신분석학 개요(An Outline of Psychoanalisis)』에서 유아는 성적으로 충동적이며 과잉 성욕을 누르고 사회화시키려는 성인과 그 자신 간의 갈등상태에 놓여 있으며 유아기의 고착된 성적 충동이 성인기의 부적응 행동을 일으키는 무의식적 동기가 된다고 보았다. 따라서 부모들은 유아의 초기 경험에 대한 중요성을 알고 관심과 애정을 가져야 한다고 인식하게 되었다.

(5) 1950년대

제2차 세계 대전이 끝나면서 가정의 중요성이 강조되고 유치원 교육이 활성화되면서 부모교육도 조직적으로 이루어졌다. 부모협의회(PTA: Parent Teacher Association)가 조직되면서 부모가 보다 적극적으로 조력자, 지지자로 참여하게 되었다.

이 시기에 미국은 진보주의의 영향으로 3R(Reading, Writing, Arithmetic)에서 벗어나 유아의 개성을 존중하고 흥미와 관심에 따라 학습이 이루어져야 한다고 생각하였다. 그러나 1957년 소련에서 우주선 스푸트닉을 쏘아 올리면서 학교교육의 문제점이 지적되고 가정에서의 부모역할에 대한 문제점이 나타나기 시작하였다.

(6) 1960년대

이 시기 부모교육의 전환점은 헤드스타트 프로그램(Head Start Program)으로 1964년 미국 존슨 대통령이 저소득 가정의 유아를 위해 조기 교육을 제공하려는 목적으로 실시한 정부의 지원 정책이다. 헤드스타트 프로그램은 빈곤층 유아에게 조직적이고 체계적인 경험을 할 수 있는 환경을 제공하여 빈곤의 악순환을 끊고자 시작되었다. 빈곤층 유아를 대상으로 정부에서 지원하여 지역 상황에 맞는 프로그램을 개발하고 이를 3~5세 유아를 대상으로 실시하였다.

헤드스타트 프로그램이 이루어지기 전에는 부모교육이 주로 중산층 이상에서 이루어졌으나 헤드스타트 프로그램이 실행되면서 프로그램 효과를 위해 부모의 협력이 필요하다고 판단하여 빈곤층 부모를 위한 다양한 부모교육이 실시되었다. 헤드스타트 프로그램의 부모교육은 그동안 이루어졌던 부모교육과는 달리 교육기관이나 전문가에 의해 주도되었던 일방적인 관계의 부모교육에서 부모와 교육기관 및 전문가가 보다 수평적 관계에서 상호 협력적이고 적극적인 역할을 하는 방향으로 나아갔다.

(7) 1970년대

1970년대에는 헤드스타트 프로그램의 영향으로 유아에 대한 연구가 활발해지면서 부모교육에 대한 다양한 프로그램들이 개발되었다. 인간중심 상담이론이 로저스(Carl Rogers)에 의해 발달되었으며, 스키너(Skinner)의 행동수정 이론, 고든(Gorden)의 부모 효율성 훈련 프로그램, 딩크메이어와 맥케이(Dinkmeyer & Mckay)의 STEP 프로그램도 개발되어 전 세계에 보급되었다.

(8) 1980년대

현재 1980년대 이후에 유아의 문제가 단순히 한 가정의 문제가 아닌 사회의 문제라는 인식이 생겨났다. 현대 사회의 급변하는 가족유형의 변화와 사회적 변화는 부모들의 심리적 건강에 영향을 끼쳤고 이로 인해 유아심리 치료에 대한 관심과 수요가 늘어났다. 부모교육에서도 물리적 양육뿐만 아니라 정서적 돌봄도 중요하다는 인식이 생겨나 유아의 행동 이면의 감정이나 생각을 이해하려는 태도가 생겨났다.

따라서 현재는 첫째, 부모교육의 방향성이 가족으로 확대되었으며 문제를 치료하는 것으로부터 예방하는 것으로 변화하고 있는 추세이다. 둘째, 한 부모 가족, 다문화 가족, 이혼 가족 등 다양한 가족의 형태에 적합한 프로그램의 필요성이 대두되고 있으며 부모교육의 대상이 결혼을 하지 않은 청소년 · 미혼세대 · 대학생과 신혼부부들에게로 확대될 필요성이 제기되고 있다. 셋째, 자녀의 양육과 교육의 책임이 어머니에게 전가되던 과거와 달리, 아버지와 어머니가 함께 해야 한다는 인식이 강해지면서 아버지를 위한 교육에 대한 필요가 증가하고 이에 대한 다양한 프로그램이 개발 · 실시되고 있다.

4. 부모의 역할

1) 부모 됨

동서양을 막론하고 대부분의 부모들은 부모 노릇하는 것이 힘들지만 자녀를 갖는 것이 모든 것을 희생할 가치가 있는 일이라고 생각해 왔다. 일부에서는 자녀가 없는 부부, 자신의 선택에 의해 자녀를 갖지 않는 부부들이 증가하고 있지만 대부분의 부부들은 자녀를 갖기를 원한다. 사람들은 왜 자녀를 낳고 부모가 되려 하는가? 이에 대한 부모 됨의 동기를 살펴보면 다음과 같다.

(1) 부모 됨의 동기

첫째, 숙명론적 동기이다. 자녀를 갖는 것이 그들이 존재하는 이유라 생각하는데 이러한 동기는 종교적 신념에 근거하며 피임을 죄악시한다. 또한 가계 계승을 위해 자녀를 원한다. 이런 경우는 가족의 이름이 남성을 통해 이어져 남성이 높은 가치를 갖게 되므로 이러한 동기를 가진 사람들은 자녀도 여아보다 남아를 선호한다.

둘째, 이타적 동기이다. 자녀에게 애정과 관심을 표현하고 싶은 자연스러운 욕구는 이기적이지 않은 욕구이며 이는 에릭슨의 생산성 개념과도 일맥상통한다.

셋째, 자기애적 동기이다. 부모 자신이 자녀 출산과 양육에 적합할 만큼 성숙하다는 것을 보여주기 위해 자녀를 갖는 사람들이다. 즉 자녀를 가짐으로 성숙하고 선한 자기가치를 표현하고자 한다.

넷째, 도구적 동기이다. 많은 부모들이 자신이 성취하고자 했으나 이루지 못했던 목표를 대신 달성해 주기를 원하며 자신의 부모와의 관계에서 아쉬웠던 점을 극복할 수 있다는 기대로 자녀를 갖기도 한다. 자녀를 가짐으로 결혼생활을 더 안정되게 유지하거나 부부갈등 해결에 도움을 얻고자 하는 동기도 도구적 동기이다. 손 자녀를 원하는 자신의 부모에게 손 자녀를 안겨주기 위해서나 남성들이 자신의 남성다움이나 권력을 확신시키기 위해 자녀를 갖는 것도 도구적 동기에 해당된다(Bingner, 2006;

Gerson, 1993).

(2) 부모 됨의 준비

부모가 되려는 성인 남녀들은 부모가 되기 위한 준비를 해야 한다. 준비 없이 부모가 되면 자녀의 건강한 성장과 발달을 저해하거나 방해할 수 있을 뿐 아니라 부부의 행복이 깨지기도 한다. 그러므로 부모가 되기 위해 다음과 같은 신체적, 정신적, 경제적 준비를 해두어야 한다(이경희 · 이경희, 1994).

① 신체적 준비

부모가 되고자 하는 사람은 건강해야 한다. 건강하지 못하거나 질병에 걸린 상태에서 임신할 경우 기형아나 장애아를 출산할 가능성이 있기 때문이다. 또 양쪽 가계의 가족적 질병 유무와 유전적 질병 유무를 확인해야 한다.

② 심리 · 정서적 준비

부모가 되기 위해서는 자신의 성장 상태나 문제점, 성격의 장단점을 스스로 파악하여 부모 됨에 문제가 되거나 장애가 되는 요인을 개선하는 노력을 기울여야 한다. 부모의 비정상적인 정서 상태나 성격의 문제, 기질적 요인은 자녀에게 심리적 손상을 주어 문제아 등을 발생시키는 가정환경이 될 수 있다. 따라서 이러한 문제가 있다고 판단되면 부모가 되기 전에 상담 또는 심리 치료사 등의 전문가에게 치료를 받을 필요가 있다.

③ 경제적 준비

자녀가 신체적, 정신적으로 건강하게 잘 성장하기 위해서는 경제적 준비가 필요하다. 경제적으로 궁핍한 상황은 부모 됨을 어렵게 만든다. 경제적 빈곤은 부모에게 상당한 스트레스와 긴장을 주며 교육적, 정서적, 경제적 자원이 부족하기 때문에 자녀를 돌보고 충분한 영양을 제공하고 안정된 가정환경을 만드는 데 어려움이 많다. 따라서 바람직한 부모 됨을 위해 경제적 준비가 반드시 필요하다.

(3) 부모 됨으로 인한 변화와 적응

① 임신과 출산 경험

부부가 경험하는 임신과 출산 경험은 신체적으로 큰 변화이기도 하지만 심리적인 경험이기도 하다. 부모 중 어머니는 임신을 직접적으로 경험하게 되는데 임신이 진행되면서 일어나는 신체 변화에 대한 적응, 손상된 신체적 · 심리적 복지감의 회복, 불확실성에 대한 두려움의 극복, 호르몬 변화에 의한 정서조절 등이 과제가 된다 (Bigner, 2006).

출산의 경험은 부모와 신생아 간의 유대감을 촉진시키고 아버지의 참여로 더 긍정적으로 만들고 자녀양육 경험과 부모로서의 역할에 대한 관심을 촉진시킨다. 반면 출산은 스트레스를 주기도 하는데 어머니는 산후우울증을 겪을 수 있으며 어머니뿐만 아니라 갑작스러운 생활의 변화로 아버지도 산후우울증을 겪기도 한다.

② 부모가 되며 겪는 변화와 어려움

자녀가 태어나고 부모가 되면 여러 변화가 일어난다. 자녀가 태어나면 사랑스럽고 예쁘기도 하지만 여러 가지 어려움도 존재한다.

첫째, 현대사회에서는 부모 됨이 당연한 일이 아니라 선택이 되면서 자녀출산과 부모 됨에 있어 많은 선택을 해야 한다. 자녀를 언제 낳을지, 몇 명을 낳을지, 터울은 어떻게 할지, 양육은 어떤 방법으로 할지 등 부모가 되는 것은 많은 선택의 과정이며 각각의 선택에서 갈등을 경험한다.

둘째, 여성역할의 변화에 따른 어려움이다. 예전과 달리 기혼여성들은 경제활동에 참여하며 여성의 취업은 부모역할에 많은 어려움을 준다. 여성으로서는 일과 가사, 육아의 삼중부담을 안게 되며 이는 부모역할을 어렵게 만든다.

셋째, 새롭고 다양한 가족구조와 역할모델의 등장으로 부모역할 확립의 어려움을 겪고 있다. 다양한 가족구조에서 갖는 역할에 차이가 있으나 이에 대한 규범이나 규칙이 없어 새로운 가족구조에서 부모역할을 수행하는 것에 어려움을 느낄 수 있다.

넷째, 양육을 지원하는 사회체계의 문제이다. 맞벌이 부부가 증가하고 있으나 육아문제를 원만히 해결하도록 하는 보육이나 탁아제도가 아직도 빈약하기 때문에 이에 대한 어려움을 겪을 수 있다.

다섯째, 결혼만족도가 감소할 수 있다. 부모가 되는 일은 부부 모두에게 만족과 보상을 줄 수도 있으나 부부역할 외에 부모로서의 역할을 하게 되며 노동량과 긴장감이 증가한다.

(4) 부모 됨을 위해 준비되어야 할 부부관계

부모가 되기 위해 부부관계가 안정되어야 한다. 자녀출산과 양육은 많은 변화와 스트레스를 일으키고 그에 따른 노력과 에너지를 요구하므로 결혼만족도가 낮아지기도 하며 부부간에 다툼의 요인이 되기도 한다. 그러므로 부부관계가 불안정한 상태에서 자녀를 출산하는 것은 부부관계에 더 큰 부정적 영향을 미칠 수 있다. 이러한 부정적 영향을 예방하기 위해 부모 됨을 결정하기 전에 부부관계를 점검할 필요가 있다. 다음은 자녀출산 계획 전에 고려할 부부관계의 요소들이다(Engel, 1998).

첫째, 나와 배우자는 서로를 알기 위한 충분한 시간을 보냈나?

둘째, 부부간의 성적인 문제를 해결하기 위해 충분한 시간을 보냈나?

셋째, 기대했던 부부간의 낭만적인 경험을 어느 정도 했는가?

넷째, 부부간에 다른 존재가 등장하여 현재의 관계가 변화하는 것에 대해 준비가 되었는가?

다섯째, 배우자가 서로 다르게 의사소통하는 법을 익히는 등 부부관계의 변화가 일어나고 있지는 않은가?

여섯째, 배우자 중 한 사람이 새로운 직업을 찾는 등 전환기에 있지는 않은가?

일곱째, 배우자 중 한 사람이 현재 큰 스트레스를 겪고 있지는 않은가?

여덟째, 부부관계에서 갈등과 의견 차이가 심한가? 논쟁이 계속되거나 어떤 문제가 해결되지 않는가?

전문가는 이러한 요소 중 절반 이상이 해결되지 않았다면 부모가 되기 전에 더 시간을 갖고 부부관계를 정립할 것을 충고한다. 부부가 행복해야 자녀를 잘 양육할 수 있기 때문이다.

(5) 부모 됨의 발달과정

Duvall은 가족의 생애 주기에 따라 가족이 처음 형성되어 자녀가 자라서 그 자녀들이 자신의 가족을 만들어 떠나기까지의 시기를 부모 됨의 발달과정으로 규정하였다(김명희, 1996).

① 1단계: 신혼가족(가족형성기)

이 시기는 자녀가 아직 없으며 부부 상호간에 결혼에 대한 적응기로 서로 다른 배경, 문화, 풍습, 전통 속에 자란 두 성숙한 성인 남녀가 사회의 최저 단위인 가족이라는 조직체를 처음으로 만드는 시점이다.

앞으로 새로운 가정을 어떻게 이끌어 나갈 것인지에 대해 깊이 생각하고 의논해 나가는 단계이다. 이 시기는 부부의 결혼에 대한 만족도가 높으며 양가의 유대관계를 넓혀가는 시기이며 미래에 전개될 가정의 모습과 새로운 가족 구성원의 면모를 꿈꾸는 시기이다.

② 2단계: 출산가족(자녀 출생~30개월의 유아가 있는 가족)

첫 자녀 출생에서 자녀가 30개월까지로 새로운 역할인 어머니와 아버지의 역할 수행으로 인해 스트레스가 가장 많이 발생하는 시기이다. 부모 됨의 체계적 훈련을 받지 않을 경우 자녀의 양육과 돌봄에 따른 정신적 · 신체적 고통은 헤아릴 수 없이 크다. 이 시기에 남편이 적절히 가사에 참여하여 아내의 힘든 일을 거들어 주거나 자녀의 육아과정에 깊이 참여하게 되면 오히려 자녀양육은 즐겁고 보람된 생활의 활력소가 될 수 있다.

③ 3단계: 유아기 가족(30개월~6세 유아가족)

첫 자녀가 30개월에서 6세 전까지를 말하며 유아의 흥미, 욕구, 관심, 발달적 특성에 적합한 다양한 교육적 경험과 자극들을 제공해 줄 시기이다. 자녀의 욕구 충족에 부모들의 에너지를 소모하게 되어 부부간에 충분한 애정적, 심리적, 관계 유지를 위한 여유가 적어진다. 부부간의 애정적 관계 약화를 극복하고 부모자녀 간의 긍정적 관계를 지속하도록 노력해야 한다.

④ 4단계: 학령기 가족(6~13세 아동가족)

자녀가 초등학교에 진학하여 학업에 몰두하는 시기이다. 부모는 자녀가 집을 떠나 학교생활에 잘 적응하고 주어진 학습과제를 수행하는 모습에 만족해한다. 자녀의 일과 활동이 학교생활 중심으로 확대됨에 따라 부모들의 관심의 범위나 접촉 대상의 폭이 훨씬 더 넓어진다. 이 시기는 자녀의 또래관계가 형성되고 또래의 영향을 많이 받는 시기이므로 건전하고 우호적인 친구관계 형성을 적극 지원해야 한다.

⑤ 5단계: 청소년기 가족(13~20세 청소년 가족)

첫 자녀가 13~20세까지를 말하는데 자녀가 부모로부터 거의 완전할 정도로 정신적 · 신체적으로 독립을 추구하는 시기이다. 부모에게 의존보다 독립적 존재로 그 위상이 높아지게 되고 일상생활에서 제반 문제 결정 시에 상당한 자율적 선택과 결정이 허용되므로 책임의식을 가질 수 있도록 지도하고 격려할 필요가 있다.

특히 이 시기의 청소년은 이상과 현실 사이의 적절한 조화를 유지하지 못하는 데서 오는 정신적 · 정서적 공허감이 클 때이다. 부모는 인생의 선배로서 현실적 체험과 객관적 사안을 정확히 제시하며 자녀의 판단에 참조제로서의 역할을 할 필요가 있으며 때로 자녀의 비현실적인 이상과 포부를 비난하기보다 긍정적으로 격려해 줌으로써 창의적 아이디어, 진취적 기백을 북돋아 주어야 한다.

⑥ 6단계: 분산된 가족(자녀가 독립한 경우)

첫 자녀가 취업, 대학진학, 군 입대, 결혼 등으로 집을 떠나 사회구성원으로 본격적인 자신만의 삶을 위한 생활설계가 시작되는 시기이다. 자녀가 택하게 되는 다양한 사회참여 활동에 대한 적절한 대처능력의 제공과 지원 등을 함께 제공해야 한다. 이 시기의 부모는 자녀들이 원만하게 그들 삶의 보금자리에 정착할 수 있게 안내해 주는 것이 가장 큰 과업이다.

⑦ 7단계: 중년가족(빈 둥지부터 은퇴까지의 가족)

모든 자녀가 출가하고 자신이 은퇴하여 부모만 혼자 남는 시기로 때로 결혼생활의 제2의 삶을 꾸려 나가기도 한다. 평생 참여한 직장으로부터의 은퇴는 여러 새로운 도전을 가져오기도 하며 어떤 경우 부부간에 이혼 또는 별거를 하여 새로운 제2의 인생기를 갖는 경우도 있다.

⑧ 8단계: 노년가족(은퇴부터 사망까지)

사회생활의 일선에서 은퇴한 후 노인의 제반 발달적 과업을 체험하는 시기이다. 신체적, 정서적, 인지적, 사회적, 언어적 제반 발달이 급격히 퇴화하며 때로 정상인의 삶을 누리기 힘든 장애인의 삶을 연명하여 가기도 한다. 가족은 배우자의 한쪽 또는 양쪽의 사망으로 해체기에 접어든다. 이 시기는 한 개체가 태어나 그 종말을 엄숙히 수용하고 맞이하여 죽음을 슬기롭게 준비하는 진지한 자연의 순리를 받아들이는 자세가 요구되는 시기이다. 이때 사회나 국가가 일생을 사회와 국가를 위해 헌신하고 봉사한 대가를 지불하는 사회보장제도의 완비된 제공이 필요하다.

(6) 좋은 부모가 되기 위한 자기성찰

부모가 되기 전 스스로 좋은 부모가 될 자질을 갖추었는지 성찰이 필요하다. 다음의 몇 가지 요소는 좋은 부모가 되기 위해 갖출 인성 특성이다(Engel, 1998).

① 인내심

아이들은 어른보다 행동이 느리고 서툴며 그래서 부모에게는 인내심이 필요하다.

② 융통성

자녀가 출생하면 부모는 예전처럼 자신의 생활을 통제하고 계획한 대로 실행할 수가 없다. 자녀양육 기간동안 예측할 수 없는 일들이 많이 생기며 부모가 이들을 융통성을 가지고 대처할 수 있다면 부모역할은 더욱 쉬워질 것이다.

③ 방해받을 때 참을성

부모가 된다는 것은 자신의 물리적, 정서적 공간을 포기한다는 것을 의미한다. 아이가 직접 내는 울음소리 외에도 아이를 위한 노래, 장난감 소리, 비디오 게임 소리 등 부모는 아이의 출생과 함께 각종 방해를 받게 된다. 이에 대한 예측을 통해 참을성을 발휘할 수 있을 때 원만한 부모역할 수행이 이루어진다.

④ 자기희생

자녀가 출생하면 부모는 자기 자신에 관한 일은 우선순위에서 제외시키며 크고 작은 일상생활 속에서 희생을 하게 된다.

2) 어머니의 역할

자녀에 대한 부모의 교육적 역할은 시대를 초월하여 변함이 없다. 특히 자녀를 양육하는 데 있어 어머니의 역할은 아무리 강조해도 지나치지 않다. 자녀는 이 세상에 태어나 제일 처음 만나는 사람이 어머니이므로 어머니와의 애착 형성은 매우 중요하다. 이때 형성된 신뢰감이 이후 자녀가 살아가는 삶에서 매우 중요한 내적기제로 작용한다.

현대에는 과거의 맹목적 복종보다 아동의 발달에 관심을 갖게 되었고 과거에 요구되던 좋은 부모상이 현대의 좋은 부모상이 되지 못하는 것도 이러한 시대적 상황을 반영한다.

어머니의 역할을 정리해 보면 다음과 같다(김연진 · 이상희, 2010).

첫째, 어머니는 자녀의 인성형성에 중요한 영향을 미치며 인성의 형태를 결정한다. 자녀의 애정의 기초는 출생 후 최초로 접촉하는 어머니의 젖가슴에서부터 싹트고 어머니와 자녀관계에서 모성애를 느끼며 이것은 인성발달의 기초가 되고 시작이 되는 신뢰감 형성에 큰 역할을 한다.

둘째, 어머니는 자녀의 사회화 과정에 있어 최초로, 그리고 가장 장기간 대행자 역할을 담당한다. 어머니는 인생의 교사이다. 자녀는 인생의 가장 중요한 시기인 유아기를 어머니와 함께 생활하므로 어머니의 행동, 생활태도는 아동들에게 표본이 되며 인생을 살아가야 하는 기본적 틀을 형성해 주는 교사 중 교사이다.

셋째, 어머니는 자녀에 대해 표현적 · 정서적 역할을 담당한다. 어머니의 자녀에 대한 사랑은 강력하기 때문에 자녀와의 감정적 교류에 있어 자녀에게 흡수력이 강하다. 전통적 어머니는 육체적 · 신체적으로 건강하도록 보살피고 기본적 훈육에 있어 권위적으로 지도하는 반면, 민주적 · 발전적 어머니는 어머니와 자녀 간의 심리적 관계, 자녀의 인성발달, 친구관계, 그들이 성장한 후 성인으로서 역할을 다할 수 있는 준비 등에 중점을 두고 있다.

넷째, 자녀의 건강과 위생 담당자의 역할을 한다. 아무리 사회의 보건기구와 의료시설이 잘 되어 있다 해도 어머니의 애정이 담긴 간호와 양호는 자녀들의 성장에 절대적으로 중요하다.

다섯째, 어머니는 교량적 역할을 한다. 어머니는 아버지와 자녀 사이의, 사회와 가정 사이의 교량적 역할을 한다. 어머니는 가정에서 조정자 · 행정자의 위치에서 아버지와 자녀와의 관계를 원만히 또는 두텁게 해주고 사회생활을 할 수 있는 기초훈련을 시킨 후 사회로 내보내며 사회에서 얻은 좋은 경험을 격려하고 칭찬해 주며, 잘못 받아들여 온 경험은 올바로 시정하도록 지도해 주는 역할을 한다.

여섯째, 어머니는 종교적 차원에 이르는 도덕적 교육 담당자이다. 어머니는 자녀의 인성발달이나 사회화 과정에서도 교육적 역할을 담당한다. 그러나 종교적 차원에서 또는 자녀의 자아발달이나 양심의 발달과정에서 올바른 생활태도, 신념, 가치관을 무의식적으로 자녀 간의 대화 간에 도입함으로 은연중에 이들을 흡수하도록 하는 무의식적인 교육 담당자이다.

이와 같이 많은 가정에서 어머니는 계속 자녀에게 표현적인 역할을 수행하는 중요한 사람이다. 어머니 역할의 표현적인 특성은 좋은 어머니라고 묘사한 개념에서 찾을 수 있다. Duvall은 433명의 어머니에게 "좋은 어머니가 하는 다섯 가지 일은 무엇입니까?"라는 질문을 하여 그 응답을 전통적인 개념과 진보적인 개념으로 분류하였다. Duvall(1977)의 좋은 어머니에 대한 역할 개념을 소개하면 다음과 같다.

〈좋은 어머니에 대한 전통적인 역할 개념〉

- 집에 있으면서 가사의 의무를 수행한다.
- 자녀의 신체적 욕구를 충족시킨다.
- 자녀를 훈련시킨다.
- 자녀를 훈육, 보상, 명령하며 엄격하다.
- 도덕교육을 수행한다.

〈좋은 어머니에 대한 현대적인 역할 개념〉

- 자신감과 자율성, 생활적응을 위해 자녀를 훈련한다.
- 자녀를 정서적으로 만족스럽고 안전하게 해준다.
- 자녀의 사회성발달을 격려한다.
- 자녀의 지적 성장을 자극한다.
- 자녀의 수준에 맞는 양육환경을 제공한다.
- 자녀가 말하는 것에 관심을 가져주고 자녀와 감정을 공유한다.
- 이해심을 가지고 훈육한다.

전통적인 개념에서 좋은 어머니는 좀 더 엄격하며 양육과 통제의 기능을 모두 포함한다. 진보적인 개념은 전통적인 개념과 달리 엄격히 정해진 방식에서 융통성 있는 방식으로 역할 수행을 하도록 강조하였다.

전통적으로 아버지는 자녀양육에 참여하지 않았고 자녀양육의 책임은 전적으로 어머니의 역할이었다. 아버지는 가족 부양자로 밖에 나가 돈을 벌어오고 최종적 판단의 결정자로서 자녀행동을 최후로 통제하는 역할을 하는 반면 어머니는 가족의 소비생활과 가사를 담당하고 인간관계를 도모하며 가족 안에 협조와 이해가 있도록 애정과 정서적인 역할을 수행해 왔다.

20세기가 들어서면서 서구사회의 산업화와 도시화는 가족구조의 변화를 가져왔고 자녀양육 및 교육에 대한 부모의 역할 부담이 증가되고 책임도 가중되었다. 핵가족 속에서 젊은 부모들은 자신의 부모들로부터 직접적인 도움 없이 전적으로 자녀양육의 책임을 수행해야 할 상황에 부딪히게 되고 아버지와 어머니는 자녀의 문제를 공동의 관심사로 나누어 갖지 않으면 안 되게 되었다. 특히 서구사회에서는 여성의 노동시장 참여와 여성해방운동의 영향으로 기혼여성의 취업의 증가와 남녀 간 성역할 이데올로기 약화로 가족 내의 역할에 변화가 오기 시작하였다. 즉 부부간의 역할평등과 역할분담을 요구하며 가정에서의 아버지 역할에 대한 요구가 늘어났다.

또한 사회의 변화에 따라 여성의 역할 선택의 범위가 넓어지면서 여성들은 누구나 결혼해서 주부가 되고 어머니가 되어야만 한다는 고정 관념에서 벗어나게 되었다. 최근 취업모의 증가로 가족의 경제적 부양을 부부가 공동으로 책임지는 가정이 늘어나고 있으나 취업한 경우에도 어머니들은 아버지들과 달리 자녀양육을 수행하고 있다. 결국 취업모는 자녀양육과 직업을 수행해야 하는 이중역할의 부담을 안고 있다.

최근 육아의 사회화라는 관점에서 취업모의 자녀양육 문제를 사회적 또는 국가적으로 해결해야 한다는 시각이 제기되고 있고 국가와 정부가 자녀의 육아문제를 함께 해결해야 한다고 주장하고 있다. 이러한 관심은 어머니 역할에 대한 사회적 도움과 지원이 국가전략사업 차원에서 더욱 가속화될 수 있음을 시사한다.

3) 아버지의 역할

(1) 역할

최근에는 가족 내에서의 아버지 역할에 대한 중요성이 인식되면서 전통적인 가부장적인 역할과는 달리 다음과 같은 역할을 요구한다.

첫째, 가정에서 자녀와의 친밀한 관계를 유지하는 역할을 해야 한다.
둘째, 가족들과 함께 많은 시간을 보내는 역할을 해야 한다.

따라서 과거와는 달리 아버지의 역할이 한 남자로서 사회생활과 가정생활의 양립을 도모하려는 노력에 중요한 가치를 부여하는 쪽으로 변화하고 있다.

(2) 지원

현대에서 요구하는 사회생활과 가정생활의 양립을 위한 아버지의 역할을 잘 수행하기 위해서는 다음과 같은 정서적, 도구적, 정보적 지원과 같은 사회적 지원이 필수적으로 이루어져야 한다(Crockenberg, 1988).

- 정서적 지원이란 부모들이 자신의 역할을 잘 감당하기 위해서 정신적, 육체적, 그리고 경제적 어려움 속에서도 자녀를 돌본다는 사실을 이해하고 있다는 공감과 격려와 같은 표현을 전달하는 것을 의미한다.
- 도구적 지원은 부모가 해야 하는 일이나 책임, 특히 가사와 자녀양육과 같은 많은 일들을 감소시키는 구체적인 도움을 의미하며 사회적 역할 중 교육비 지원, 무상교육, 육아휴직, 주5일 근무 등 국가정책의 개선과 문화 및 놀이 공간 조성 등의 문화적 환경의 개선과 같은 지원을 의미한다..
- 정보적 지원은 육아나 양육행동에 관한 조언이나 정보를 의미하며 바람직한 아버지의 역할로 인식하고 있는 자녀놀이 상대자, 대화자, 상담자, 정서지원자의 역할을 하는 데 필요한 자녀돌보기와 자녀양육 조언과 같은 정보 제공을 의미한다.

이러한 사회적 지원은 부모가 경험하는 스트레스를 가져다주는 사건들을 감소시키는 데 직접적인 영향을 끼치지는 않지만 하나의 완충제로서 작용할 수 있다(박성연. 도현심. 정승원 역, 1996). 맞벌이부부가 늘어나면서 자녀양육에서 아버지들의 적극적인 참여와 더불어 그 책임을 부모가 공유해야 하는 현 시점에서 과중한 업무량과 시간의 과중은 자녀와 함께 지내는 시간이 1시간 30분정도로 자녀양육의 기회를 감소시키고 있다. 또한 가족과 아버지를 위한 교육 및 참여 프로그램의 보급이 자녀양육에 대한 뚜렷한 방향제시나 기준도 없이 막연하게 개성적이고 창의적인 인간상을 요구하는 불확실한 시대에, 부모가 된다는 것은 만족감을 주기도 하지만 동시에 스트레스를 주고 좌절감을 느끼게 한다(정옥분, 정순화, 2000).

그러므로 주변 사람들이나 친인척을 통해 자녀를 키우면서 발생하는 어려움에 대한 조언이나 도움을 받을 수 있는 개인적 관계망이 필요하다. 이를 위해 국가적 차원에서 건강가정지원센터의 프로그램은 정서적 지원과 도구적 · 정보적 역할을 하고 있다.

(3) 건강가정지원센터

건강가정지원센터는 '건강가정기본법'에 근거한 건강사업을 수행하는 전담체계로서 기존의 대상별, 사업별 접근의 복지 서비스 제공에서 벗어나 가정문제를 통합적으로 접근한다는 점에서 그 특징이 있다. 특히 지역에서 이루어지고 있는 직장으로 찾아가는 가족친화교육은 직장인들이 일과 직장의 조화를 찾고, 가정의 행복과 직장에서의 업무 효율성을 높이는 데 도움을 주고 있다. 예를 들어, 직장으로 찾아가 2시간씩 2회기에 걸쳐 MBTI를 통한 동료탐구생활을 주제로 성격유형별 해석과 이해를 통해 성격유형 업무처리내용으로 찾도록 하는 서비스, 그리고 출산과 육아로 인해 취업이 단절된 여성을 위해 일과 육아를 병행할 수 있는 직업교육을 통해 가베지도사 2급 과정 자격증을 취득하는 프로그램 등은 좋은 예라고 할 수 있다.

그러나 좋은 부모 됨과 바람직한 아버지 역할의 사회적 지원도 아버지의 요구를 정확히 파악하고 구체적이고 실제적인 지원이 효과적으로 이루어지도록 하기 위해서는 다음과 같은 부분에 대한 고려가 있어야 한다.

첫째, 부모 교육의 편중화와 일회성교육 지양

좋은 아버지가 되기 위해 아버지와 자녀가 함께 있는 시간의 양이 40대에는 1시간 31분으로 적으며 아버지와 자녀의 관계가 소원하며 고민을 털어놓을 수 있는 상대가 아니라는 연구결과는 이 부분에 대한 사회적 지원이 필요함을 의미한다. 이러한 부분의 근본적인 문제는 기존의 사회복지관이나 가족관련 상담소에서 수행해 왔던 부부관계교육이나 상담, 가족단위 캠프나 문화 사업 등을 확대한 형태인 단기간 또는 일회성의 교육으로 개선되는 것이 아니라 건강가정지원센터에서 목표로 하고 있는 생애주기별 교육을 통해 집단적 가정보다는 개인적인 가정의 특별한 요구를 중심으로 한 접근을 통해 개선되어야 한다.

이를 위해 건강한 가정은 연속적이고 복합적인 개념이 있기 때문에 개별 가정의 건강성이 어느 정도인지의 측정을 통해 필요한 부분을 충족시킬 수 있는 서비스 제공이 필요하지만 대부분의 지역 건강가정지원센터에서 운영되고 있는 프로그램은 단기간의 강의 위주의 교육이며 내용도 예비 부모세대와 청소년 자녀를 둔 부모를 위한 교육에 치중하고 있다.

그러나 유아기에 이루어진 사회적 가치체계는 올바른 인격형성의 기초가 되며 긍정적 자아개념 형성 및 사회적 적응력 등에 기여함으로써 평생을 거쳐 지대한 영향을 미치게 되므로 이 시기부터 믿음의 관계가 형성되어 청소년기에도 부모자녀 간의 관계가 건강하게 이루어지도록 부모교육의 기초를 제공할 필요가 있다.

둘째, 아버지의 가족역할 증진을 위한 프로그램 강화

아버지의 가족역할 참여증진을 위해 가족정책 지향과는 상관없는 특별한 외식하기, 차와 예절교육 등의 프로그램을 축소하고 가족생활이나 전반적인 의식변화 문화 운동에 아버지를 주도적으로 참여할 수 있도록 유도하는 아버지교육, 상담, 문화사업을 증진시키는 프로그램을 강화할 필요가 있다(정재훈. 송다영. 강창현, 2005).

셋째, 지역에서 실천할 행정체계와 네트워킹을 통한 지원체계의 공고화

건강가정기본법 제21조 가족해체 예방, 22조 자녀양육지원의 강화, 제30조 가정봉사원에 근거한 아이돌보미 사업이 주요한 사업이다. 그럼에도 불구하고 아이돌보미 지원 사업은 정부지원이 60~50% 가능한 '가', '나'형은 지원금의 조기 소진으로 중단되는 경우가 많아 중반기 이후에는 대부분의 센터에서 부모전액부담형인 '다'형만 등록을 받고 있다. '다'형은 1일 11시간 주 5일 평균 20일을 기준으로 102만 원을 부모가 부담하고 있다. 이러한 현상은 건강가정지원센터의 기능만으로는 한계가 있으므로 지역사회와의 네트워킹을 통해 건강가정지원센터에서의 지원이 어려운 경제적 지원을 할 수 있도록 지역에 맞는 프로그램을 선택하여 집중적으로 투자할 수 있도록 지원할 필요가 있다.

넷째, 아버지 역할 프로그램 내용의 다양화

대다수의 부모들이 겪는 자녀에 대한 과보호와 절제 없는 욕구 충동 등의 지도방법 상의 문제는 부모의 성격과 양육태도가 주요요인이다. 그러므로 유아기 자녀들을 위한 부모로서의 역할 준비 이전에 부모 자신을 돌아보고 부모역할을 잘 수행하도록 자녀와 상호작용하는 방법, 아동의 생활습관, 정신습관을 올바르게 교육시켜 부적응 행동을 감소시킬 수 있는 교육내용 제공이 필요하다. 또한 현대 아버지에게 요구하는 아버지 역할은 표현적 역할로서 어머니 역할과 같으므로 표현적 역할뿐만 아니라 도구적 역할의 교육내용도 보완하는 것이 필요하다. 아버지는 사회의 책임자이며 가정생활에 영향을 주는 모든 문화와 가정을 연결하는 고리이다.

다섯째, 상담시 사후문제해결 차원의 접근보다는 사전예방 차원으로 프로그램 운영

건강가정지원센터에서 운영되는 프로그램은 사후문제해결 차원의 접근 보다는 사전예방의 차원으로 프로그램을 운영, 접근하고 있어 기존의 가족관련 프로그램과 차별성을 띠고 있지만 일반적으로 참여하는 부모들은 사후문제해결을 위해 건강가정지원사업의 상담이나 교육에 참여하는 경우가 많이 있다. 그러므로 건강가정지원센터의 목적을 적극적으로 홍보하여 적극적인 참여를 유도할 필요가 있다. 예를 들어, 지역의 가족품앗이 등록회원을 검색한 결과 5~6개월 동안 등록회원이 한 명도 없는 지역이 여러 곳 발견되기도 하는데 이에 대한 대책으로 다양한 매체를 통해 홍보를 하거나 프로그램을 통해 건강한 가정으로 거듭남에 대한 효과를 입증할 수 있는 연구들이 이루어질 필요가 있다.

이러한 공공정책 및 프로그램 접근은 첫째, 부모의 관계망 형성 잠재력을 증진시킬 뿐만 아니라 부모의 자아존중감도 증진시킨다. 둘째, 부모에게 휴식을 제공해 주고 가족생활에 헌신할 수 있는 시간적 여유를 주는 가족 지원 프로그램은 부모들이 관계망 유대를 발달시키고 유지시키는 사회적 활동에 참여할 수 있는 능력을 증진시킨다.

Chapter 02

가족특성의 이해

이 장에서는 가족의 개념 및 정의, 사회적 변화 속의 가족, 가족 유형의 다양화, 그리고 가족위기와 스트레스를 살펴봄으로써 가족의 특성 이해를 개관하고자 한다. 부모교육과 부모자녀 관계를 논할 때 가족 안에서의 관계와 애착이 부모 됨과 자녀양육에 많은 영향을 끼치기 때문에 가족을 떠나서는 설명할 수 없다. 특히 각박해져 가는 현대사회는 가족의 중요성이 더욱 강조되고 있으나 가족 내의 여러 문제들에 대한 대처가 이루어지지 못하면서 가족 해체 등의 문제가 많이 일어나고 있다. 사람은 가족 안에서 태어나 그 안에서 양육되고 교육받으며 성인이 되어 또 하나의 가족을 이루고 살아가게 된다. 따라서 가족은 인간이 출생하면서 최초로 경험하는 사회 환경이며 부모와 자녀의 관계가 삶에서 맺는 관계의 기초를 형성하는 중요한 관계이므로 우리의 삶에서 가족은 매우 중요하다.

1. 가족의 개념 및 정의

가족은 인간이 가진 제도들 가운데 가장 오래된 것으로 문화와 사회변화에 따라 다양하게 영향을 받으며 지속되어 온 기본적 사회제도이다. 또한 가족은 가족 구성원 개개인이 모여 물리적 · 정신적 공간을 함께 공유하는 단순한 집단이 아니라 세대를 거듭하면서 그들 고유의 가족문화를 소유하고 규범, 역할, 권위구조, 대화 형태, 가족 구성원의 협동과정, 문제해결방법 등 여러 과업들을 효율적으로 수행해 나가는 자연스러운 사회체계이다.

우리나라 가족법(민법 제779조)에 의하면 가족의 범위는 배우자와 직계혈족 및 형제자매와 직계혈족의 배우자, 그리고 생계를 같이하는 배우자의 직계혈족 및 배우자의 형제 · 자매에 이른다. 그러나 현대사회에서는 전형적인 가족의 형태만이 정상적 가족이라는 관점보다는 한 부모 가족, 재혼가족, 입양가족, 비혈연가족, 맞벌이 가족, 노인부부 가족, 무자녀 부부 가족, 동거가족, 동성부부 등의 가족형태를 기존의 가족해체의 관점이 아닌 가족 재구성으로 다시 보아야 한다는 주장이 일어나고 있다(김진영 · 김정원 · 전선옥, 2011).

과거에는 가족을 '혈연, 결혼과 입양에 의해 관련되는 둘 또는 그 이상의 사람들이 함께하는 생물학적이고 구조적인 관계'로 정의하였으나(Zimmerman, 1992), 근대 가족은 배우자 선택에서도 낭만적인 사랑이 우선하고 재산이나 혈통보다는 개인의 행복이 우선하며, 가족의 기능 또한 생산적 기능보다는 정서적 기능에 우선하고 있다.

가족과 관련된 용어에는 가정, 가구, 가문, 집안 등이 있으며 가정은 한 개인이나 가족이 생활하는 거주지로 가족 구성원들의 안식처라는 개념이 포함된, 물리적 환경뿐 아니라 정서적 안정을 얻는 심리적인 분위기를 포함하고 있으며 가정과 가족은 혼용하여 사용하는 경우가 많이 있다. 가구는 결혼관계나 혈연관계를 고려하지 않고 주거하는 공간과 경제적 협력을 기준으로 하는 행정적 의미와 공간적 의미를 지니고 있다. 또 가문은 포괄적 의미로 혈연관계에 기반을 둔 공동체 관계를 의미한다.

2. 사회적 변화 속의 가족

1) 가족형태의 변화

가장 큰 변화는 과거의 대가족에서 핵가족으로 변화하고 있다는 것이다. 1세대, 즉 단독가구가 급격히 늘고 있고 3세대 이상 모여 사는 대가족이 급격히 줄어들고 있음을 나타내는 것이며 단독가구의 증가는 독신, 노인 가구, 무자녀 가구가 급격히 늘고 있다는 것을 의미한다.

2) 가족기능의 변화

일반적으로 가족의 기능에는 성적 기능, 출산의 기능, 교육의 기능, 보호의 기능, 경제적 기능, 애정 기능 등이 있으며 과거에는 이 모든 것이 가족 내에서 이루어졌으나 이제 많은 부분이 가족 밖에서 이루어진다. 교육의 기능은 공교육과 사교육 기관에서 이루어지고 있으며 경제적 기능은 대부분 가족 밖의 사회생활에서 이루어지고 가족 내에서는 소비기능이 증가하고 있다. 그러나 가족의 기능 중에 더욱 강조되고 있는 부분은 사회의 전문기관이 해줄 수 없는 정서적 안정이나 애정의 기능인데 급격한 사회변화로 인한 가족 간 대화의 단절, 가족의 위기 등으로 인해 여러 가족 문제가 생겨나고 있다.

3) 가족에 대한 가치관의 변화

현대에 들어 결혼과 자녀, 그리고 가족에 대한 가치관도 크게 변화하고 있다. 과거에는 혈연을 중시한 부계중심의 가족관계가 중시되었으나 현대에는 부부를 중시하는 가족관계가 강조되고 있다. 또한 반드시 결혼을 하고 자녀를 낳아야 한다는 인식이 많이 감소하였다. 2009년 전국 결혼 및 출산동향 조사(이삼식 · 최효진 · 오영희 · 서문희 외, 2009)에 따르면 22~44세 미혼남성의 23.4%, 미혼여성의 16.9%만이 결혼은 반드시 해야 한다고 응답하는 데 그쳐 결혼이 더 이상 의무나 숙명이 아닌 선택이라는 태도가 일반화되고 있음을 알 수 있으며, 자녀출산 의향 중 자녀를 반드시 가지고 싶다는 응답은 미혼남성 24.2%, 미혼여성 24.1%로 2005년 조사 시의 미혼남성 54.4%와 미혼여성 42.1%보다 현격하게 낮아졌으며 이와 같이 자녀출산 의향이 약화되고 있다는 점은 향후에도 출산율이 낮은 수준에서 지속될 수 있음을 시사한다.

자녀를 양육하는 비용과 노력은 더욱 많아지고 개인주의적 사고가 만연함에 따라 부모는 자신이 하고 싶은 것을 포기하면서까지 자녀에게 교육과 양육의 비용과 시간을 투자하는 것에 어려움을 느끼게 되었으며 자녀를 부모의 행복을 포기하게 만드는 존재로 인식하고 있다. 이는 전통사회에는 개인보다 가족을 매우 중요하게 생각하고 대가족 내 인간 관계에서도 엄격한 상하의 수직 서열 관계를 강조하여 부모와 형제 · 자매, 친척 간 유대의식과 화목을 위해 개인의 희생도 불사할 수 있어야 한다는 사고가 만연했으나 현대에는 개인주의 · 합리주의가 강조되면서 부모와 형제 · 자매, 친척 간 유대의식과 화목보다는 개인의 행복과 편리함을 중시하는 가치관의 변화가 나타나고 있기 때문이다.

부모-자녀 관계에도 많은 변화가 생겨나 과거에는 자녀의 무조건적 순종을 요구하는 효 사상을 강조하였으나 현재는 노후를 자녀에게 의존하지 않으려는 부모들의 태도로 변화하고 있으며 과거에는 아버지 쪽의 친가만이 중시되었으나 현재는 친가와 외가 모두를 중시하는 방향으로 바뀌어 형식적 모임은 친가를 위주로 하나 가족여행이나 모임은 외가를 중심으로 하는 경향이 높아지고 있다.

또한 현대사회는 저출산 문제 외에도 결혼하여 자녀를 출산하기 원하지만 자녀를 가질 수 없는 불임부부 또는 무자녀 부부도 증가하고 있는 추세이다. 불임은 배우자와 정상적 부부 관계를 가진 상태에서 1년 이내에 임신이 되지 않거나 생존아를 출산할 수 있는 임신을 지속할 수 없는 상태로 정의된다. 최근 불임의 증가 요인은 만혼과 만산, 환경오염과 스트레스, 다이어트 등으로 보인다. 또한 부부 둘만의 생활을 즐기고자 하는 무자녀 부부가 증가하는 것은 자녀에 대한 가치관 변화에 기인한 것으로 볼 수 있다.

이러한 가치관의 변화는 단순한 개인의 취향이나 선택의 문제로 인한 일시적이고 개별적인 것이 아니라 사회의 여러 요소가 장기간에 걸쳐 복합적으로 작용함에 따라 사회 구성원의 태도와 생각이 변화하고 있음을 보여주는 것이다.

4) 가족생활주기의 변화

일반적으로 남녀 두 사람이 만나 하나의 가족을 이루는 것으로부터 가족생활주기가 시작된다고 본다. 가족의 생활주기는 다음과 같다.

(1) 자녀형성기

자녀형성기는 신혼부부 시기로 결혼부터 첫 자녀출산 전까지를 말한다. 가족생활주기에서 가장 짧은 시간으로 일반적으로 부부 두 사람이 생활하는 시간이다. 성장배경이 다른 두 사람이 함께 생활하고 서로에게 적응해 가는 시기로 갈등도 많지만 행복감도 큰 시기이다.

(2) 자녀출산 및 양육기

자녀출산 및 양육기는 자녀출산으로부터 첫 자녀가 초등학교에 입학할 때까지를 말하며 자녀양육에 가장 많은 시간을 보내는 시기이다. 특히 주 양육을 담당하는 여성이 힘들고 보람되기도 한 시기이다.

(3) 자녀교육기

자녀교육기는 자녀들의 초 · 중 · 고등학교 교육시기를 말하며 자녀들의 성장에 따라 부모-자녀 관계와 부부관계에 변화가 나타난다. 부모들은 더 많은 자율성과 독립성을 자녀들에게 제공해야 하며 다소 지루해질 수 있는 부부관계의 극복을 위한 노력이 필요한 시기이기도 하다.

(4) 자녀성년기

자녀성년기는 자녀가 성인기에 들어가는 시기로 대학, 취업, 군복무, 가사 등에 임하게 되며 자녀와의 별거에 대비한 심리적, 경제적 준비가 필요한 시기이다. 또 부부만의 여가활용이나 취미생활에 신경을 써야 한다.

(5) 자녀결혼기

자녀결혼기는 자녀와 실질적 분리가 일어나는 단계로 빈 둥지 시기라고 불리기도 한다. 이 시기의 부모는 자녀와의 분리가 잘 이루어지는 것이 필요하다.

(6) 노년기

노년기는 막내 자녀의 결혼 이후로 사망할 때까지를 말하며 주로 은퇴 시기와 맞물려 있어 적절히 대비하지 못하면 경제적 어려움을 겪게 된다.

과거에 비해 결혼연령이 상승하고 출산율이 저하되어 가족형성기는 짧아지고 노년기는 길어지고 있다. 이러한 현상의 지속은 인구 규모의 감소뿐 아니라 인구 구조의 급격한 변화와 불균형 및 고령화로 인해 기존의 인구 구조에 맞게 형성된 교육 · 의료 · 복지 서비스 · 노동 및 산업 체계의 부조화를 촉발시켜 사회 전체적 혼란을 야기할 수 있고 경제활동 인구의 감소로 잠재 성장률 저하, 연금부담의 증가, 이로 인한 국가 재정의 악화 등의 문제를 가져올 수 있다(이경숙 · 정석진 · 박진아 · 신의진, 2009). 또한 자녀를 출가시킨 후 부부만의 중 · 노년기를 어떻게 보내야 할지, 배우자가 사망한 후 홀로 삶을 어떻게 살아가야 할지 등의 노인 문제도 점점 그 심각성을 더하고 있다.

이와 같은 다양한 변화로 인해 부모역할 수행에 어려움을 겪을 수밖에 없으며 다양한 부모역할이 요구되고 있다. 따라서 이러한 변화에 맞는 부모교육이 이루어질 필요가 있다.

3. 가족유형의 다양화

오늘날 다양한 사회적 변화와 함께 가족의 유형도 변화하고 있다. 과거 전통사회에서는 주로 확대가족이 가족의 유형을 대표하다가 산업화, 도시화가 이루어지면서 부부 중심의 핵가족이 보편화되었으나 최근에는 가치관의 변화와 급증하는 이혼 및 결혼율 감소로 인해 다양한 가족의 유형이 나타나고 있다.

다양한 가족유형과 그 특성을 가족구조 · 자녀양육을 중심으로 살펴보면 다음과 같다.

1) 확대가족

전통적인 가족형태로 확대가족은 직계의 부자중심 가족, 즉 아버지와 결혼한 아들 및 그의 자녀들로 구성된 가족형태로 보통 세 세대가 함께 거주하는 형태로 현대에는 그 수가 감소하고 있는 추세이다. 확대가족은 부모 외에 조부모가 양육의 보조자, 상담자이며 대리부모의 역할도 하기 때문에 전통과 관습, 생활태도를 전달하고 인성발달에도 영향을 미치게 된다.

따라서 다양한 인간관계와 상호작용 속에 자라나며 심리적인 안정을 가질 수 있으나 부모 외의 성인이 양육과 교육에 영향을 미쳐 일관된 양육을 하기 어렵다는 단점도 생길 수 있다.

2) 핵가족

오늘날 우리 사회에서 가장 일반적으로 나타나는 가족형태인 핵가족은 부부와 그들의 미혼 직계 자녀로 구성되는 형태이다. 가족의 구성은 기본적으로 부모와 자녀의 2세대에 한정된다. 핵가족은 자녀양육이 전적으로 부모에게 의존되므로 자녀에게 애정적이고 일관된 양육을 할 수 있고 이로 인해 심리적 안정감과 사율성을 갖고 욕구불만이 적게 나타나는 장점이 있지만 인격형성에 있어 공경심과 예의 부족, 친척 간 유대감 결여, 이기심 발달 등의 단점도 있다.

핵가족에서는 자녀양육이나 부모부양에 대한 관점이 확대가족과 차이가 있다. 자녀에 대한 인식은 아들을 통해 가계를 계승하거나 노후를 책임져야 한다는 것보다는 자녀양육 자체를 기뻐하고 즐거워하려는 인식이 더 강하다.

3) 한 부모 가족

한 부모 가족은 양친 중 한쪽 부모와 그 자녀로 이루어진 가족이다. 한 부모 가족은 부 또는 모의 사망에 의한 한 부모 가족과 이혼 또는 별거로 인한 한 부모 가족, 그리고 부 또는 모가 실종되어 생사를 알 수 없는 유실과 배우자를 고의로 유기함으로 인한 한 부모 가족 등으로 나뉜다. 한 부모 가구의 수는 '05년 1,376천 가구에서 '10년 1,594천 가구로 증가하고 있으며 전체 가구에서 한 부모 가구가 차지하는 비율은 '05년 8.6%에서 '10년 9.2%로 증가하였다. 또한 한 부모 가구의 형성 원인 중 사별이 29.7%, 이혼 32.8%, 미혼모 · 부가 11.6%로 사별 외의 요인으로 한 부모 가구가 형성되는 비율이 점차 높아지고 있음을 알 수 있다(통계청, 2011).

한 부모는 부모로서 재적응하는 과정에 배우자 없이 가족생활을 책임져야 하는 경제적 문제와 자녀교육, 주택, 사회적 편견 등 다양한 문제에 직면하게 된다.

결합형태에 따라 부자가족(male-headed family)과 모자가족(female-headed family)으로 구분될 수 있다. 부자가족은 배우자의 몫이었던 자녀양육의 문제를 해결해야 하기 때문에 높은 양육 스트레스를 경험한다. 부자가족의 경우 자녀와의 대화 단절 때문에 가사처리나 선물로 자녀를 즐겁게 해주는 것보다 자녀의 정서발달을 함양하는 것을 더 어려워한다(Demo & Cox, 2000). 특히 아버지가 딸을 양육하는 경우 모델링 대상이 부재하여 더 많은 어려움을 겪는 것으로 알려져 있다. 또한 아버지가 저학력인 경우 자녀양육과 가사를 병행해야 하므로 저임금 직종과 같은 제한적 범위 내에서 직업을 선택하기 쉽고 빈곤에 의한 경제적 스트레스를 받기 쉽다.

모자가족은 대부분이 경제적 어려움에 직면한 저소득층 계층으로 알려져 있다. 어머니 혼자서 가족의 생계를 책임져야 하고 자녀양육을 전담해야 하며 미래에 대한 불안과 고독, 우울, 절망감 등 높은 심리적 불안감과 부적응을 보이고 있다. 이러한 어머니의 심리적 특성은 자녀의 심리, 정서적 발달에 부정적 영향을 미치고 있다. 이는 어머니가 지니는 심리적 문제와 경제적 어려움으로 자녀에게 좀 더 권위주의적 양육방식을 사용하기 때문에 나타난 결과로 보인다(Nelson & Delzer, 1999).

이혼의 경우 헤어진 배우자에 대한 스트레스가 많을수록 부모자녀 관계에는 부정적 영향을 미쳐 한 부모 가족에서 자녀 학대의 빈도가 높고 가출하고 비행을 저지르는 자녀가 많이 발생한다. 또한 이혼으로 한 부모가 된 여성은 재정적 어려움과 자녀양육의 어려움을 겪게 되며 한 부모가 된 남성은 재혼 시까지 평균 2년 정도의 시간 동안 직장과 자녀양육을 함께 해야 하는 어려움에 처한다.

한 부모가 된 여성 가운데 법적 혼인 상태 이전에 아기를 낳아 어머니가 되는 미혼모도 있다. 미혼모의 증가는 십대의 임신과 결혼하지 않은 상태에서의 임신이 늘어나고 있기 때문이다. 그러므로 학교에서 성교육이 더욱 철저하게 이루어져야 하며 자녀를 양육하고자 하는 경우 이들을 지원해줄 수 있는 시스템 구축이 필요하다.

따라서 이혼, 여성의 경제력과 지위 향상으로 인한 미혼 출산 등으로 인한 한 부모 가족의 구성원들이 어려움을 극복하고 건강한 가족으로 유지될 수 있도록 하는 지원체제가 이루어질 필요가 있다. 또한 사회적 편견을 없애기 위한 한 부모 가족에 대한 이해와 한 부모 가족 구성원을 위한 상담 및 교육 프로그램이 요구된다.

4) 재혼가족

재혼가족은 이혼율이 높아지면서 생긴 가족의 형태로 배우자 한쪽이나 양쪽 모두가 결혼으로 자녀가 있거나 없으면서 새롭게 구성된 가정으로 생물학적 부모자녀 관계가 아닌 가족 구성원으로 이루어질 수 있다. 재혼가족을 일컫는 용어에는 혼합가족, 이붓가족, 계부모가족, 재결합가족, 재구성가족 등이 있다.

통계청이 발표한 '2011년 혼인 · 이혼통계' 자료에 따르면 지난해 남녀 재혼율은 전체 혼인의 11.5%(3만 7,700건)로 나타났다(통계청, 2011, 혼인 · 이혼통계). 이혼으로 인한 가족의 해체 현상은 매우 심각하며 재혼가족의 경우 자녀로 인한 갈등을 경험할 수 있다. 또한 새로운 두 가족이 관계를 형성해야 하는 매우 중요한 문제가 남아 있다.

재혼가족의 어려움은 다음과 같다(이경화 외, 1999).

첫째, 새로운 가족 구성원들이 점차적으로 첨가되는 것이 아니라 즉시 형성된다.

둘째, 결합되는 구성원들 사이의 발달과업이 서로 불일치한다.

셋째, 모든 구성원들이 새로운 관계를 형성하고 새로운 역할들을 맡아야 하기 때문에 어려움이 야기된다.

넷째, 새로운 가족에 포함되기를 거부하는 자녀들이 있을 수 있고 그들의 반항적 행동이 어려움을 가중시킨다.

다섯째, 이전의 배우자들이나 조부모들이 새로운 가족에게 계속적인 영향을 미칠 수 있다.

이러한 어려움을 극복하기 위해서는 첫째, 우리 사회에서 이혼과 재혼에 대한 부정적인 인식으로 인해 재혼가정을 비정상적으로 보는 시각에서 벗어나 다양한 가족 형태를 받아들이는 사회적 인식의 개선이 필요하다. 둘째, 여러 유형의 가정과 재혼가정 내의 자녀양육을 위한 다양한 교육 프로그램이 이루어져야 한다.

5) 조손가족

이혼율의 급증과 경제적 어려움 등으로 전통적 가족기능과 가족 간 유대관계가 점차 약화되고 가족해체가 증가되면서 부모 없이 조부모가 아동을 양육하는 조손가족이 증가하고 있다.

조손가족이란 조부모가 18세 이하의 손 자녀들과 동거하며 손자녀의 기본적 생활

욕구에 1차적 책임을 지는 경우로 1세대 조부모와 3세대 아동만으로 구성된 기능적 핵가족을 말한다. 조손가족 아동의 경우 부모의 이혼, 별거, 재혼 등으로 인해 조부모와 생활하는 경우가 압도적으로 많다. 따라서 대부분의 조손가족 아동은 부모가 생존해 있음에도 조부모와 살아야 한다는 사실 때문에 부모에게 버려졌다는 배신감과 그리움을 미움이나 원망 등으로 표현하는 등 왜곡된 심리, 정서적 특성을 나타내기도 하며 낮은 학업 성취도와 대인관계상의 문제가 나타나기도 한다. 그러나 손 자녀와 함께 사는 조부모들은 조부모 자신도 양육대리자라는 역할로 인해 높은 양육 스트레스를 경험하며 경제적 어려움에 처해 있는 경우가 많아 손 자녀의 심리, 정서적 부적응에 대처할 만한 준비가 되어 있지 못하다.

6) 장기분거가족

장기분거가족이란 기러기 가족을 의미하는 것으로 장기적으로 자녀와 아내는 해외로 보내고 남편은 경제활동을 위해 국내에 남아 생활하는 가족을 말한다(엄명용, 2005). 기러기 가족의 증가는 우리 사회에서 팽배하게 나타나고 있는 과도한 교육열로 인해 생겨난 것이다. 장기분거가족을 기러기 가족이라 부르는 것은 기러기 아빠라는 신조어에서 발생했으며 기러기 아빠가 포함된 기러기 가족은 장기간 떨어져 지내기 때문에 부모역할을 수행하는 데 어려움이 있다. 또한 국내에 남아 있는 아버지의 경우 경제적 부양자로서의 역할만 강조되고 있고 경제적 부양자 외에 훈육자로서의 역할이 효과적으로 이루어지지 않고 있어 가족관계에서 정서적 어려움을 겪는다. 어머니의 경우도 외국어에 익숙하지 않은 상황에서 자녀를 혼자 양육해야 한다는 부담감 때문에 힘들어하고 있다. 이러한 현실적 문제들로 인해 장기분거가족을 위한 부모교육이 필요하다.

7) 다문화가족

국제결혼이 증가함에 따라 다문화가족 아동 수는 매년 증가하고 있지만 이들은 다음과 같은 많은 문제에 직면해 있다.

첫째, 우리 사회가 전통적으로 단일민족의식이 강해 서로 다른 문화와 가치를 가진 이방인에 대한 포용성이 적다. 이러한 태도 때문에 다문화가족 아동은 우리 사회의 구성원으로 성장하는 데 있어 어려움을 겪는다.

둘째, 문화적 차이와 언어 소통의 문제로 발생하는 부부간 갈등에 노출되어 있다. 국제결혼의 특성상 다문화가족은 문화적 차이에서 오는 인식 차이의 문제를 근본적으로 안고 있으며 가족 내에 존재하는 이중문화와 언어적 장벽으로 생기는 의사소통의 문제로 갈등을 해결하지 못하는 경우가 많다. 다문화가족 아동은 부모의 갈등으로 인해 더 힘들어할 수밖에 없다.

셋째, 대부분의 다문화가족은 빈곤하다. 다문화가족의 빈곤문제는 다문화가족의 아동이 경제적 어려움 속에서 생활함을 의미하는 것으로 성장과 발달에 필요한 경제적 지원을 충분히 받고 있지 못함을 시사한다.

따라서 다문화가족 아동은 사회적, 가정적 차원에서 어려움에 처해 있으며 이는 학교에서의 학습부진, 따돌림, 정체성 혼란과 같은 발달적 부적응을 나타내며 의사소통의 불편함이나 문화배경과 가치관의 이질성 등으로 어머니들 역시 어려움에 처해 있다. 다문화가족의 아동을 위해서는 한국어교육이나 문화이해교육뿐 아니라 부모교육에 보다 많은 관심을 기울여야 할 것이다.

8) 맞벌이가족

현대사회의 특징 중 하나가 여성의 취업률 증가이며 기혼 여성의 취업 동기는 크게 두 가지로 나누어 볼 수 있다. 그 하나는 경제적 필요에 의한 것이고 또 하나는 개인적 성취동기에 의한 것이다. 생계유지형 맞벌이가족은 가족의 경제적 필요성에 의해 기혼 여성이 취업하는 경우이며 내조형 맞벌이가족은 생계위협은 받지 않지만 가족의 보다 나은 경제적 안정을 위해 취업하는 경우와 남편의 학업이나 출세 등을 위해 여성이 생계를 전적으로 담당하는 경우로 나눌 수 있다. 자아실현형 맞벌이가족은 경제적 이유도 있지만 자아를 실현시키고 평등한 부부관계를 정립하기 위한 유형이며 나아가 사회에 기여하려는 목적도 가지고 있다. 여가활용형 맞벌이가족은 육아나 가사, 건강 등으로 인해 종일 취업이 힘든 경우 사회경험이나 취미활동, 여가 활용, 사회 기여 등을 위해 취업하는 형태이다.

맞벌이가족의 문제는 자녀양육, 가사노동, 가족관계, 직장생활의 부담이 여성에게 너무 많이 요구된다는 것이다. 따라서 취업으로 인해 가족 간 갈등, 일과 직장 간 갈등이 생기며 슈퍼우먼 신드롬이 생기게 된다.

맞벌이가족을 위한 대책은 취업 여성뿐 아니라 가족 모두의 복지를 증진시키는 대책이 되어야 하며 보육시설의 확대, 육아휴직제, 시간제 근무, 육아 후 복직 제도 등이 활성화될 필요가 있다. 또한 부부가 함께 자녀양육과 교육을 한다는 의식을 갖는 것이 필요하며 가사분담도 이루어져야 한다.

4. 가족위기와 스트레스

급변하는 현대사회에서 인간은 언제나 자연적, 사회적 환경에서 발생하는 수많은 위험을 안고 생활한다. 인간의 최소집합체인 가족도 예외는 아니다. 가족위기란 가족체계의 안정성이 심하게 깨지거나 지나치게 심한 변화를 겪게 되어 가족체계가 마비되거나 무력해진 상태로 위험에 노출되어 가족이 위험한 상황에 처하는 것을 의미한다.

1) 가족위기의 원인

가족위기의 원인은 크게 가족내적 원인과 가족외적 원인으로 나누어볼 수 있다.

(1) 가족내적 원인

가족내적 원인은 주로 가족생활 주기상의 단계로 살펴볼 수 있다.

신혼기는 가장 행복한 시기이면서도 갈등도 많은 시기이다. 이 시기에는 원가족과 분리가 잘 되지 못하는 부분으로 인한 갈등이 있을 수 있고 재정적인 부분이나 역할 분담에서 오는 갈등, 조화로운 성생활이 이루어지지 않는 것으로 인한 갈등, 가족계획에 대한 의견이 일치하지 못할 때 오는 갈등이 있을 수 있다.

자녀를 출산하는 시기에는 자녀가 새로운 구성원으로 등장해 부부의 역할 외에 부모의 역할을 감당해야 하면서 여러 위기가 생긴다.

자녀를 교육하는 시기에는 부부, 부모자녀 등의 가족관계가 원만하지 못하거나 세대차이, 자녀의 탈선, 반항, 진학 문제가 생겨나면서 갈등이 생길 수 있다.

자녀가 결혼하고 독립하는 시기에는 자녀의 배우자 선택에서 합의가 이루어지지 못하거나 자녀가 직업을 가지지 못해 안정적인 상태가 되지 못할 때 갈등이 생길 수 있다.

노년기에는 은퇴를 하고 신혼기처럼 부부만 생활하거나 자녀와 동거하면서 평온한 시기이지만 완벽한 노후대책이 없거나 경제적 대책이 완벽하지 못할 때, 건강이 좋지 않을 때 갈등이 생길 수 있다.

(2) 가족외적 원인

가족외적 원인은 자연적 원인과 사회적 원인으로 나눌 수 있다.

자연적 원인은 전쟁, 질병, 폭풍, 홍수 등 개인의 힘으로 예측 불허한 것이며 사회적 원인은 현대 산업사회가 안고 있는 여러 상황에 의한 것으로 고도 산업화와 인터넷 발달, 가치관 변화, 경제적 상황 변화 등이 해당된다.

2) 가족 스트레스

가족 스트레스란 어떤 사건이나 상황으로 인해 가족이 적응해야 하는 문제가 가족에게 상당한 부담을 주어 일어나는 긴장상태를 말한다. 가족은 생애주기에 따라 구성원이 새로 태어나기도 하고 죽기도 하며 생활양식도 변하고 상호작용 방식도 변하는 역동적 조직체이다. 따라서 끊임없는 변화로 인해 새로운 상황이 발생하고 대처할 크고 작은 과제와 부담 등이 스트레스의 요인이 된다.

스트레스는 사회문화적 환경에 따라 각기 다르게 나타나며 가족 스트레스와 가족위기는 다소 그 구분이 모호하기는 하지만 어떤 상황으로 인해 가족의 긴장감이 생기면 그것은 가족 스트레스가 되며, 그것이 지나쳐 가족의 기능을 제대로 할 수 없다면 가족위기로 발전한다.

가족 스트레스 요인의 종류는 많지만 가장 크게 스트레스를 주는 요인은 가족 구성원의 상실이다. 가족 구성원의 죽음은 슬픔과 애도뿐 아니라 분노, 죄책감과 같은 정신적인 부담을 주며 심하면 신체적, 정신적 질병을 야기하기도 한다. 또한 경제적 기능을 책임진 가족 구성원이 사망할 때는 경제적 문제에 대한 스트레스가 생기기도 한다.

(1) 가족 스트레스 유형

가정에서 발생하는 사건들은 그 성격에 따라 미미한 수준의 스트레스를 유발하기도 하고 가정이 파괴될 정도의 높은 스트레스를 유발하기도 한다. 대표적인 스트레스 유형으로 일상적 스트레스 요인 대 비일상적 스트레스 요인으로 나눌 수 있다.

일상적 스트레스 요인은 대부분의 가족들이 가족주기에 따라 일정시기에 이르면 겪게 되는 사건을 말한다. 혼인, 임신, 직장, 자녀입시, 새 가족 등장, 정년퇴직, 부모사망과 같은 사건들은 일반적으로 대부분의 가족이 겪는 문제이지만 긴장을 야기하는 상황들이다. 이러한 상황에서 가족 구성원들은 상황에 대한 적응, 역할변화, 관계변화를 요구한다. 하지만 이 상황들은 대부분 예측 가능한 것이므로 어느 정도

준비를 갖출 수 있기 때문에 비일상적 스트레스 요인에 비해 극복이 쉽고 가족위기를 초래할 가능성이 적다.

비일상적 스트레스 요인은 가족주기와 상관없이 예기치 않게 발생하는 사건으로 자녀나 배우자의 사망, 사고와 질병, 유산, 실직, 이혼, 별거, 배우자의 외도 등이 있으며 이런 문제에 적절히 대처하지 못할 때 쉽게 해결책을 찾지 못하고 파국을 맞이하는 경우도 있다.

(2) 가족위기와 스트레스 대응 극복

스트레스에 직면해도 문제를 해결할 수 있는 역량은 가족마다 차이가 있다. 그 역량을 결정하는 세 가지 요인을 살펴보면 다음과 같다.

① 가족의 자원

가족이 보유하고 있는 자원, 즉 교육수준, 지적 능력, 건강, 의사소통 능력, 사회적 기술이나 경제력은 스트레스 극복에 도움이 된다. 예를 들어, 재산이 있는 가족은 아버지가 실직하거나 누군가 병으로 입원해도 다른 고통을 경험할 수는 있지만 경제적 어려움은 겪지 않는다. 또한 지적 능력이나 교육수준도 문제에 대한 합리적 판단이나 문제해결 방안 모색에 도움을 줄 수 있다.

② 가족의 구조적 특성

가족의 구조적 특성도 스트레스 상황 극복에 중요하게 작용한다. 구조적 특성은 결속력과 적응력 두 가지로 나눌 수 있다. 결속력은 가족 구성원들의 공동적 기대, 공동목표, 친밀성과 유대감, 만족감 등으로 표출되며 적응력은 가족역할 체계의 유연성, 가족 구성원의 자율성으로 나타난다.

이러한 특성은 가족을 구조적으로 견고하게 해주어 가족이 겪는 스트레스를 극복할 수 있는 가능성을 높여주며 이런 결속력이나 적응력이 떨어지는 가족은 어려운 문제에 처하면 쉽게 해체될 가능성이 있다.

③ 사회적 유대

가족이 심각한 스트레스 상황이나 위기에 처한 경우 가족외부에서의 지원은 위기 극복에 큰 도움이 된다. 주로 친족집단이나 친구, 동료, 사회단체 등과의 관계에서 생기는 가족외부에서의 지원은 스트레스 상황에서 물질적, 정신적 지원과 인력지원의 공급원이 되며 가족 구성원의 행동에 대한 감시와 통제로 작용하여 가족위기의 발생이 덜 일어나게 하는 효과를 주기도 한다.

5. 가정폭력

폭력은 타인에게 해를 입힐 의사를 가지고 하는 행위로 정신적, 신체적 폭력을 모두 말한다. 가정폭력은 피해당사자의 신체적, 정신적 손상이 심각하고 가족해체라는 결과를 가져올 수도 있다. 가정폭력은 범죄이지만 가정폭력을 그저 사적인 문제로 생각하고 외면하기 쉬우며 가정 내에서 많이 일어나지만 외부에 노출이 되지 않는 경우도 많다.

우리나라의 경우 가정폭력을 제지하고 피해자가 도움을 받을 수 있도록 가정폭력 방지 및 피해자 보호 등에 관한 법률 및 가정폭력 범죄의 처벌에 관한 특례법을 1997년 12월에 제정하여 1998년 7월부터 시행되고 있다. 이 법률에서 가정폭력이란 가족 구성원 사이의 신체적, 정신적, 재산상의 피해를 수반하는 행위이며 가족 구성원이란 배우자 또는 배우자 관계에 있었던 자, 자신 또는 배우자와 직계 존비속 관계에 있거나 있었던 자, 계부모의 자의 관계 또는 적자와 서자의 관계에 있거나 있었던 자, 동거하는 친족관계에 있는 자를 말한다.

1) 가정폭력의 원인

(1) 원가족에서의 학습

성장과정에서 원가족의 폭력을 보고 자랐거나 폭력을 받았던 사람들이 폭력을 행사하기 쉽다. 가정폭력을 보고 자란 자녀들은 어릴 때 엄마를 동정하고 아버지를 미워하지만 아버지를 동일시하여 자신도 폭력적 성향을 지니기 쉽다.

(2) 낮은 자존감

학대하는 남편은 낮은 자존감으로 아내가 자신을 얕본다고 생각하는 경향이 높아서 폭력을 행사하여 낮은 자존감을 보상받으려 하는 경향이 있다.

(3) 외부 갈등의 전치

외부 환경에서 좌절감을 맛보거나 화가 났을 때 배우자에게 폭력으로 자신의 갈등으로 인한 긴장을 해소하는 전치를 보이는 경우가 많다.

(4) 폭력에 대한 강화

강화란 어떤 행동이 보상에 의해 빈도가 늘어나는 것을 말하며 폭력을 행사해 자신의 뜻을 관철시키게 되면 폭력행동이 더 강화되어 점점 더 심한 폭력으로 발달하게 된다.

(5) 가정폭력에 대한 시각

우리 사회는 가정폭력을 사적인 사건으로 보는 시각이 많아서 가정폭력이 있을 때 남의 가정사에 참견하는 것이 아니라는 사고방식 때문에 적절한 중재가 이루어지지 못하는 경우가 많다.

(6) 폭력의 미화

TV나 영화에서 폭력이 지나치게 미화되고 있으며 이에 대한 무감각과 모방심리가 가정폭력의 한 예가 될 수 있다.

6. 아동학대

아동학대란 아동의 부모 또는 보호자가 아동에게 계속적으로 폭력을 가하거나 방임함으로 아동이 심각한 해를 입는 것을 말한다.

1) 유형

학대부위나 방법에 따라 신체적 학대, 언어적 학대, 정서적 학대, 성적 학대, 방임 등으로 나눌 수 있다.

(1) 신체적 학대

신체적 학대는 신체나 도구 등에 의해 신체적 손상을 주는 학대를 말한다. 신체적 학대를 받는 아동은 지나치게 적대적이고 공격적 행동을 보이거나 지나치게 위축되어 불안에 떨고 자존감을 상실할 수 있다.

(2) 정서적 학대

정서적 학대는 일반적으로 신체적 학대에 비해 정의하기 어렵다. 아동을 무시하고 증오, 차별, 고립, 위협, 공포감을 조성하는 것이 정서적 학대에 속한다.

(3) 언어적 학대

언어적 학대는 아동에게 심한 욕을 하거나 악담을 하고 고함을 지르는 행위, 아동의 단점을 지적하여 수치를 주는 행위를 말한다.

(4) 성학대

성학대는 성인이 자신의 성적 충족을 위해 아동을 악용하거나 착취하는 행위이다. 근친상간, 강간, 아동의 생식기를 놀리는 행위, 기타 성적 행위가 포함되며 성기접촉이나 아동의 옷을 강제로 벗기는 행위, 포르노 비디오를 보여주는 행위도 해당된다.

(5) 방임

신체적 방임은 적절한 의식주가 제공되지 못하는 것으로 영양부족의 음식이나 날씨와 어울리지 않는 더러운 옷, 불결한 위생상태 유지, 위험하고 비위생적인 주거환경을 제공하는 것이 포함된다. 의료적 방임에는 정기적 검진이나 예방주사 방치, 아플 때 제대로 치료하지 않는 것 등이 있다. 정서적 방임은 아동에게 적절한 관심이나 애정을 베풀지 않는 것을 의미하며 교육적 방임은 아동 교육에 필요한 정신적, 물질적 지원을 제대로 제공하지 못하는 상태를 말한다. 성적 방임은 아동이 부모의 성관계를 보게 하거나 포르노 테이프 등을 방치하는 행위를 말한다.

2) 원인

(1) 부모 요인

학대부모는 충동성, 우울, 무책임, 자기도취적, 가학적, 불안 등의 성격을 나타내며 부모의 자녀양육에 대한 지식부족과 능력부족, 가족해체나 부부갈등이나 원치 않는 임신 등으로 인한 적대적 양육태도를 갖고 있는 경우가 많다

(2) 아동 요인

아동 자신이 학대를 유발시키기도 한다. 아동의 반항, 적대감, 고집, 무반응, 위축, 둔감, 언어장애, 비굴함 등의 특징을 가진 아동이 학대에 상대적으로 많이 노출된다. 또한 발달적으로 지연된 경우나 장애를 가진 경우, 입양아 등이 학대를 많이 받는 것으로 밝혀지고 있다.

(3) 상황적 요인

낮은 사회경제적 지위로 인한 사회에 대한 적개심, 좌절감 등이 아동에게 투사되어 학대를 유발하는 경우가 많아 빈곤층에서 아동학대가 더 빈번히 발생한다. 또 실직으로 인한 분노, 사회적 소외감, 알코올남용이 아동학대와 직결될 가능성이 많다.

Chapter 03

영유아의 성장발달단계와 부모역할

이 장에서는 태내기의 성장발달과 부모역할, 1세 미만의 영아발달과 부모역할, 1~2세의 영아발달과 부모역할, 그리고 3~5세의 유아발달과 부모역할 등을 살펴봄으로써 영유아의 성장발달단계와 부모의 역할에 대해 전반적인 개관을 하고자 한다. 영유아의 발달에 대한 신체적 · 심리적 지식은 부모의 자녀양육과 교육에 필요한 중요한 정보를 제공한다.

1. 태내기의 성장발달과 부모역할

태내기는 정자와 난자가 결합되는 순간부터 출생하기 전까지로 발아기, 배아기, 태아기의 단계를 포함한다.

1) 발달적 특징

(1) 태아의 발달단계

① 발아기

정착기라고도 하며 수정에서부터 수정란이 분열을 계속하면서 난관에 내려가 자궁벽에 착상되기까지의 2주간을 발아기라고 한다. 수정란에서 분열된 배반포로부터 가시모양의 섬모가 자궁벽의 혈관을 뚫고 들어가면서 생리학적으로 태내발달 동안 계속되는 어머니와의 의존관계가 형성되고 발아기가 끝난다.

② 배아기

발아기 이후 약 6주간을 말하며 이 시기에 대부분의 중요기관과 생리계통이 분화되고 생성되며, 배아기가 끝날 때쯤에는 사람의 형체를 갖추게 된다. 이 시기는 매우 빠른 발달과 분화과정으로 인해 태내환경에 가장 민감한 시기이다. 배아기 후반에는 태아의 얼굴윤곽이 드러나고 손가락, 발가락과 생식기관을 구별할 수 있을 정도로 사람의 모습을 갖추며 소화기관, 심장, 간의 기능이 작용한다.

③ 태아기

태아발달의 마지막 단계인 태아기는 배아기가 끝나는 수정 후 8주후부터 출생하기 전까지를 말한다. 이 시기에는 더 이상의 신체분화는 일어나지 않으나 근육과 중추신경계가 빠르게 발달한다. 4개월 말에는 산모가 태아의 움직임을 감지한다. 5개월경에는 빨고 삼키고, 딸꾹질과 같은 반사가 나타난다. 6개월에는 눈이 발달하여 눈의 개폐 움직임이 일어난다. 28주가 되면 생존 가능성이 높아지며 수정으로부터 약 280일경이 되면 출산을 한다.

2) 부모역할

태아기에 태아에게 영향을 줄 수 있는 요소는 유전적인 요소와 환경적인 요소로 구분할 수 있다. 유전적인 요소는 태아와 모체의 유전형이 태내환경에 영향을 받는 중요한 요소라고 할 수 있다. 약물이나 영양결핍, 풍진 등도 태아가 유전적으로 민감한 성향을 가지고 있을 때 결함 있는 아기를 출산하는 요인이 된다. 그러나 아기가 유전적으로 민감한지를 알 수 없으므로 환경적인 요소의 영향을 간과할 수 없다. 약물, 질병, 알코올, 담배, 풍진, X선, 영양결핍 등은 태아에게 나쁜 영향을 줄 수 있으므로 부모는 주의를 해야 한다.

① 흡연

임신 중 흡연을 하는 어머니는 체중미달인 아기를 낳기 쉬우며 니코틴은 태반의 혈관 벽을 좁게 만들고 태아의 영양분과 산소 공급을 감소시킨다. 자궁 내에서 느린 성장의 한 원인은 담배연기에서 나오는 가스의 종류인 일신화탄소가 있음을 보여주고 있다.

② 스트레스와 음주

임산모의 지나친 스트레스는 태반으로 아드레날린이 유입되고 아기는 출생 후 몇 달 동안 불안해한다. 음주는 낮은 체중의 아이를 낳게 되며 심한 음주는 아기의 안면 뼈 이상과 뇌의 손상을 가져올 수 있다.

③ 약물

임신기에 헤로인과 메타돈에 중독된 어머니에게서 태어난 아기는 중독이 되었고 출생 후 사망률이 두 배이다. 또한 아기의 감각운동기능에 나쁜 영향을 미칠 수 있다.

④ 영양

임신 중 철분부족으로 인한 철분결핍성 빈혈은 성질이 급하고 낮은 주의 집중력, 낮은 지능을 나타낸다.

2. 1세 미만의 영아발달과 부모역할

출생 후 1세 미만의 영아로 생애중 발달이 가장 빠른 시기로 변화의 폭이 가장 크다. 또한 환경의 변화에 적응이 이루어지는 시기로 안정된 생리적 상태가 된다. 구체적인 발달특징과 부모역할을 살펴보면 다음과 같다(백혜리, 2005).

1) 발달적 특징

(1) 신체발달

① 신체발달

몸의 구조가 급속히 변화한다. 개인차가 있으나 출생 시 평균신장은 약 50㎝이고, 평균체중은 약 3㎏이다. 태어난 후 4일까지는 체중이 일시적으로 줄어들지만 7일부터는 출산 시 체중이 된다. 신체비율에서 신생아의 머리길이는 키의 약 1/4정도가 되며 가슴둘레가 머리둘레보다 조금 더 크다. 그러나 점차 신체발달에 변화가 크게 일어난다. 생후 2개월이 되면 가슴을 드는 능력이 생기며, 3~4개월에는 눈에 보이는 사물에 손을 뻗친다. 6개월에는 몸을 뒤집을 수 있으며 등을 받쳐주지 않아도 혼자 앉아 있을 수 있다. 11개월에는 손을 잡아주면 다리를 든다. 1세 미만 영아는 걷기를 수행하기 위한 기본적인 발달형태인 앉기, 기기, 일어서기 등이 이루어지며 생후 1년을 전후로 걷기 시작한다.

② 골격

뼈는 연골이 많고 두개골도 완전히 형성되지 않아서 말랑말랑한 숨구멍이 6개 있다. 숨구멍은 출생 후 급속하게 뼈가 발달되어 닫히지만 앞 이마위에 있는 숨구멍인 대천문은 생후 2년경에 굳어지게 된다.

③ 피부

신생아의 피부는 붉고 주름이 많으며 솜털도 많다. 신생아는 태어나면서부터 태지가 분비되어 있고 피지를 분비하나 분비가 많으면 습진이 생길 수 있다. 또한 간의 기능 미숙으로 피부가 황색 기미를 띠는 데 이를 신생아 황달이라고 한다. 이런 증상은 심한 경우를 제외하고는 자연히 사라진다.

④ 반사반응

반사란 신생아가 적절한 자극에 부딪혔을 때 자동적으로 생기는 선천적으로 조직된 자극-반응 연합이다. 신생아는 강한 자극에 눈을 보호하기 위해 양쪽 눈을 감는 눈깜빡반사, 이두근의 짧은 수축이 일어나는 이두근반사, 빠른 무릎 펴기와 같은 무릎반사, 발바닥을 만지면 발가락을 부채처럼 피는 바빈스키반사, 물건을 손바닥에 대면 그 대상을 쥐는 파악반사, 갑자기 큰소리를 내거나 자세를 변화시키면 팔을 폈다가 안으로 껴안듯이 움츠리거나 손을 부채꼴로 폈다가 꼭 쥐는 모로반사, 걷기와 같은 동작을 하는 걸음마반사, 규칙적으로 빠는 빨기반사와 같은 주요 반사가 일어난다. 또한 다리를 차거나 팔, 다리, 몸통, 머리 등을 반복적으로 움직이는 율동적 행동은 영아에게 중요한 적응적 기능을 갖는다. 다리를 반복적으로 움직이는 행동은 1개월부터 증가하여 6개월에 최고조에 달하고 서서히 감소한다. 그러나 점차적으로 근육의 조정과 눈과 손의 협응력의 발달이 이루어지면서 자신의 신체를 통제할 수 있게 되어 자율적인 존재로 성장한다.

⑤ 생리적 기능

신생아의 호흡은 1분에 평균 40~45회 정도이고 수유는 보통 2~3시간 간격으로 7~8회, 수면은 하루 20시간정도 산다. 체온은 출생 직후에는 급격히 떨어지다 정상으로 돌아온다.

⑥ 울음

울음은 자신의 욕구를 양육자인 부모에게 전달하는 초기 수단의 하나로 의사소통 역할을 한다. 울음에는 배고파서 우는 울음, 화난 울음, 고통의 울음이 있다. 아기와 경험이 많은 사람이 아기의 울음에 더 민감하고 울음의 유형을 잘 구별한다.

(2) 인지발달

피아제(Piaget)에 의하면 출생 후 1년 반에서 2년을 감각운동기라고 한다. 감각운동기는 여섯 단계로 나뉘는데 이 가운데 1세 미만의 영아에게 나타나는 네 단계를 제시하면 다음과 같다.

- **1단계:** 반사단계(출생~1개월)로 단순반사행동만 나타난다.
- **2단계:** 일차 순환반응단계(1~4개월)로 단순한 반사행동이 아니라 여러 행동의 협응이 일어난다.
- **3단계:** 이차 순환반응단계(4~8개월)로 순환반응이 사물로 확대되어 자신의 행동이 어떤 결과를 가져온다는 것을 발견하고 계속적으로 실험한다.
- **4단계:** 이차 도식협응단계(8~12개월)로 이 시기부터는 점차적으로 눈에 보이지 않아도 존재한다는 물체의 영속성을 이해하고 물체를 숨겨도 찾아낼 수 있으며 물체를 기억하는 능력이 발달한다.

감가운동기의 네 단계에 제시한 것처럼 이 시기의 영아는 주변 환경으로부터 필요한 정보를 지각하고 선택적으로 그 정보를 조직하며 환경적 자극에 반응하는 도식을 형성한다. 영아의 인지발달은 오감을 통하여 습득한 정보를 협응하고 통합하는 능력의 발달, 외부세계는 영속하는 장소이며 그 실제가 영아의 지각에 따라 변화되는 것이 아니라는 물체영속성의 개념, 목표지향적인 활동을 할 수 있는 능력, 그리고 모방하기라고 할 수 있다. 이러한 인지발달 과정 중 물체의 영속성(The permanent object)의 개념은 기억력과 표상발달에 매우 중요한 요인이다.

(3) 언어발달

영아의 언어는 울음이다. 아기는 태어나서 몇 초 안에 울기를 시작하며 울음은 점차 세분화되어 배고프거나, 아픔에 따라 울음이 달라진다. 울음과 함께 옹알이도 나타나는데 옹알이는 발성 연습의 효과, 다른 사람과의 의사소통 욕구의 자극, 그리고 영아 자신이 사회 집단의 일원임을 느끼게 하는 역할을 하며 언어발달에 중요한 영향을 미친다. 이 시기의 의사소통은 울음과 제스처, 몸짓, 옹알이 등으로 이루어지며 말하기 이전에 듣기를 통해 다른 사람의 말의 의미를 받아들이기 시작한다.

(4) 사회 · 정서발달

태어나면서 영아는 사회적 표현행동을 통해 친근한 사람과 애착관계를 형성하고 이를 통해 사회적 관계를 맺는다. 1세 미만 영아들은 사회적 표현방법으로 미소 짓기, 모방하기, 그리고 울음 등을 사용한다. 특히 애착형성은 영아의 대인관계뿐만 아니라 자아개념과 같은 정서적 발달에 결정적인 영향을 미친다. 영아기에 애착이 안정되게 형성되지 못하면 타인에 대한 신뢰감과 자아에 대한 신뢰감을 발달시킬 수 없다.

영아의 정서는 1개월 이내에 나타나기 시작하며 돌보는 사람이 자신에게 가지는 정서를 인지할 뿐만 아니라 주위의 사람들에게 반응하고 때로는 그들의 반응을 끌어낸다. 1세 미만 영아의 기본적인 정서는 기쁨, 분노 그리고 불안 등이다. 이 시기에 나타나는 불안의 정서는 낯선 사람을 두려워하는 낯가림과 격리불안이 있다. 낯가림은 생후 6~8개월경에 나타나기 시작하여 12개월경에 심하게 나타나며 이후 점차 사라진다. 낯가림과 격리불안은 특정인에 대한 애착의 표시이며 이는 주변을 탐색하고 타인을 지각한다는 것을 의미하므로 정서발달에 중요하다.

2) 부모역할

이 시기의 신생아들은 일상적인 주기 패턴에서 대부분을 차지하고 있는 울음, 수면, 수유, 기저귀, 그리고 애착을 중심으로 신체, 인지, 사회, 정서발달이 이루어진다. 그러므로 부모는 1세 미만 영아의 신체발달을 위해 건강한 성장이 이루어질 수 있도록 충분한 영양과 적절한 배설과 수면과 같은 일차적인 욕구가 다음과 같이 충족될 수 있도록 한다.

첫째, 신생아기의 울음은 의사소통 신호의 기능을 가지고 있으므로 부모와 사회적인 상호작용의 기회를 제공한다. 영아가 울음으로 자신의 요구와 불편함을 나타내면 부모는 이를 통해 배가 고프므로 젖을 달라는 요구를 들어주고, 젖거나 더러워진 기저귀를 갈아주어 불편함을 해소하는 등 상호작용이 일어난다. 또한 울음을 그치게 하기 위해 아기를 즐겁게 할 수 있는 방법을 사용하므로 즐거운 상호작용이 일어난다.

둘째, 수면은 아기의 패턴에 맞추어 하도록 한다.

셋째, 신생아에게 모유는 면역력을 키우는 최고의 영양을 지니고 있으므로 건강한 어머니는 여건이 허락한다면 모유 수유를 하는 것이 좋다. 특히 초유는 영양이 풍부하고 면역항체를 포함하고 있다. 모유 수유 시 젖을 항상 청결하게 유지하고 누워서 먹기보다는 엄마의 심장박동소리를 들으며 피부접촉이 일어날 수 있도록 안아서 먹이는 것이 좋다. 젖을 먹인 후에는 입 주변을 닦아주고 일자에 가까운 신생아의 위는 먹었던 젖을 쉽게 토해 기도가 막힐 수 있으므로 반드시 곧추세워 트림을 시킨 후에 눕히도록 한다.

넷째, 언어 · 인지적 발달을 위해 다양한 방법을 통해 자신의 의사를 표현해 보는 기회와 다른 사람의 말소리를 들을 수 있는 기회를 많이 제공한다. 또한 감각운동기능의 발달과 대상의 영속성의 발달과 목적 있는 행동이 이루어지도록 탐색과 성장의 기회를 제공한다.

다섯째, 사회 · 정서적 발달을 위해 다른 사람과 안정적이고 따뜻한 관계를 유지하기, 다양한 방법으로 의사소통하기, 애착형성을 통해 신뢰감을 가지도록 한다.

3. 1~2세의 영아발달과 부모역할

1) 발달적 특징

(1) 신체발달

생후 2년 동안 영아의 신체적 발달에 큰 변화를 나타낸다. 신체적 성장은 이전보다 빠르지 않지만 활동량이 증가한다. 일반적으로 12~14개월경이 되면 혼자 설 수도 있고 걷기도 한다(최경숙, 2006). 1세가 된 영아는 수평적 이동형태에서 벗어나 수직적인 자세를 유지하며 걷기를 통해 스스로 이동을 할 수 있게 된다. 신체 자세를 곧게 유지하고 자유롭게 움직이는 능력은 균형을 유지해야 하고 균형을 잡아야 한다. 이러한 균형과 힘을 이용하여 넘어지지 않고 안정되게 걷는다. 이러한 걷기를 통해 단순히 운동능력만 발달하는 것이 아니라 움직이는 속도변화와 공간의 이해를 하게 되며 이를 통해 사물의 원인과 결과를 인식하게 된다(구수연, 2005).

(2) 인지발달

이 시기는 전조작기의 1시기로 표상능력이 현저히 발달하며 상징놀이를 통해 엄마놀이를 하거나 돌멩이를 자동차라고 상상하며 가지고 논다.

- **5단계:** 삼차 순환반응단계(12~18개월)로 새로운 상황에 부딪혔을 때 실험하고 이전에 습득한 도식만 사용하는 것이 아니라 새로운 방식을 알아낸다. 모방능력도 발달한다.
- **6단계:** 내적표상단계(18~24개월)로 자신이 알고 있는 사실을 표상할 수 있으며 기억을 저장했다가 표상할 수 있다.

영아는 탐색을 통해 사물의 명칭을 알게 되며, 감각기관을 통해 모든 사고와 문제해결을 하며, 이를 통해 지능이 발달한다. 영아기의 인지는 실제적이고, 지각적이며, 행동적인 인지기능으로, 피아제에 의하면 지능발달은 감각과 신체적 움직임인 동작의 협력을 통해 이루어진다.

(3) 사회 · 정서발달

이 시기에는 타인의 도움을 인식하고 말을 잘 듣기도 하며, 자신이 원하는 대로 하겠다고 고집한다. 이러한 정서적 상태에서는 자신의 소유물이라고 주장하는 말이나, 상대방의 말을 거부하는 부정어가 발달에 영향을 준다. 세상과 관련된 자아를 인식하게 되면, 자신과 사물, 혹은 타인과의 관계를 인식하게 되고, 다른 것에 영향을 주는 존재로서 자신을 인식하게 된다. 이로 인해 자아개념이 생기며, 타인을 인식하고, 타인의 감정을 인식하거나, 타인에게 도움을 청하거나, 타인의 요구를 받아들이면서 자신을 조절하기 시작한다.

(4) 언어발달

이 시기의 유아는 적극적으로 언어를 습득하므로 사물의 명칭이나 의성어, 의태어를 반복적으로 따라하는 등 소리를 모방하며, 부정어 사용이 늘어나며, 의사소통이 가능한 문장을 사용한다.

2) 부모역할

1~2세 영아의 가장 중요한 발달은 신체적 발달이다. 영아의 신체 운동적 측면은 단순히 몸을 움직이는 것만이 아니라, 환경을 탐색하고, 타인과 관계를 형성하고, 공간, 환경과의 상호작용 속에서 관계성을 인식하는 것을 포함한다. 영아들은 자신의 신체를 다양하게 움직이면서 움직임을 통해 학습한다. 움직이기 위한 학습은 운동기술의 발현과 정교화, 일반적 운동능력의 계발이며, 움직임을 통한 학습이란 영아의 연합형성과 인지적 관계 형성을 말한다. 움직임을 통해서 영아는 움직임에 관련된 언어와 표현을 익히며, 움직임의 성공을 통해서 정서적인 만족감과 뿌듯함을 갖게 된다. 이러한 과정을 거치면서 영아들은 점진적으로 자신에게 속한 환경에 대

한 이해를 하고 적응을 하게 되므로 부모는 다음과 같은 역할을 해야 한다.

첫째, 영아기는 기거나 걷기 시작하면서 행동반경이 넓어지고 주변에 호기심을 가지고 탐색하려는 특성을 나타내므로 호기심을 충족시킬 수 있는 다양한 사물을 제공한다. 또한 여러 사람들과 사회적 관계를 맺을 수 있는 기초를 형성할 수 있도록 한다.

둘째, 아이를 많이 안아주고, 말을 많이 해주고, 사랑을 주어야 한다.

셋째, 영아 자신의 행동을 통제하기가 아직은 어려우나 자아가 싹트는 시기이므로 반항기의 현상을 보이면 충분한 사랑과 애정을 주면서 훈육을 시작한다.

넷째, 놀이는 아이에게 중요한 과업이므로 충분히 뛰어놀면서 자신의 행동을 조절하고 자신의 욕구를 적절히 발현하도록 함으로써 주도성과 자율성을 인정해 준다.

다섯째, 영아가 사용하는 의사소통 체계와 기술을 알고 빈번한 상호작용을 통해 언어가 발달하도록 한다. 예를 들어, 의성어와 의태어가 반복적으로 나오는 동화책이나 사물의 명칭 그림책을 큰 소리로 읽어주고, 친숙한 노래를 자주 들려준다.

여섯째, 다양한 감각을 활용한 조작을 직접적으로 경험할 수 있도록 환경을 제공한다.

4. 3~5세의 유아발달과 부모역할

취학 전 유아는 자기만족적이나 감정 통제가 이루어져 초기에 보였던 부잡스러운 행동이 보다 성숙해지며 자신감과 신뢰감뿐 아니라 책임감도 형성된다. 특히 이 시기의 유아는 언어기능을 담당하는 측두엽이 발달하므로 조금만 자극을 주어도 쉽게 이해하고 재미있어하며, 또 하나의 뇌 부분인 두정엽이 발달하여 수학 · 물리적, 공간적 인식기능에 대한 사고능력을 발달시키는 교육이 필요하다(서유헌, 2003).

1) 발달적 특징

(1) 신체발달

신체 성장은 다소 둔화되나 꾸준한 성장률을 보이는 시기이므로 세 끼 식사 이외에 간식으로 영양을 보충하도록 한다. 초등학교에 들어가기 전의 시기로 어른의 행동을 흉내내기를 즐기며 대근육을 사용하는 모든 운동기술이 발달하고 신체활동이 이전보다 안정되고, 움직임도 자제하고, 성숙해진다. 소근육 활동에 많은 관심을 가지고 정교함을 요구하는 자르기, 붙이기, 그리기, 글씨 쓰기 등의 기술을 습득한다. 이러한 흥미는 확장되어 단순히 그리기보다는 무언가를 만들기를 원하고, 활동을 즐기기보다는 점토로 만들고 조작하는 것을 좋아한다. 이 시기의 신체발달 특징을 요약하면 다음과 같다.

- 수면 시간이 줄어들어 낮잠을 자지 않는 유아가 많으므로 점심 후 휴식을 취하도록 한다.
- 이동운동은 한쪽 발을 들고 깡충깡충 뛰어다닐 수 있으며 던지는 공도 받을 수 있다.
- 가위로 표시된 선을 자를 수 있고, 사람도 그리고, 여러 가지 모양을 만들 수 있다.
- 구슬을 실에 꿰고, 연필과 크레용을 자유롭게 사용한다.
- 눈과 손의 협응이 잘 이루어져서 단추를 채우고 옷을 입을 수 있다.
- 한 발로 균형을 잡을 수 있고 배변 처리를 할 수 있다.
- 두발자전거와 스케이트를 탈 수 있으며 수영, 다이빙도 할 수 있다.

(2) 언어발달

언어는 한층 성숙해지고 발음이 정확해지고 수천 개의 어휘력을 획득하고 보다 복잡하고 완전한 문장력을 구사하며 유아어는 거의 사용하지 않는다. 언어발달은 흥미가 증가하고 주변세계가 확장되면서 가족, 어린이집, 이웃과의 경험을 반영한다.

만 5세 유아는 여러 가지 내용의 의사소통, 즉 전화하기, 식사 주문, 생일파티 가기를 위한 다양한 문자대본을 사용하고 익숙해진다. 구두 언어발달은 유아의 사회발전에 중요한 역할을 하고 정서적 표현의 수단이 된다. 5세 유아는 언어를 통해 그들의 행동을 생각하고 통제한다. 자기가 생각한 것을 자유로이 표현할 수 있으며 사물에 대해 깊이 생각하고 질문받은 것에 대한 어른의 대답을 납득할 수 있을 때까지 반복하기도 한다. 이 시기의 언어발달 특징을 요약하면 다음과 같다.

- 친숙하지 않은 사람도 유아의 말을 알아들을 수 있을 정도로 언어표현 기술이 발달한다.
- 문법에 맞고 길이가 긴 문장을 사용할 수 있다.
- 친구, 다른 사람들과 실제 생활이나 공유한 경험에 대해 능숙하게 대처한다.
- 부분적으로 글자를 읽고 그림을 보며 실제 단어를 몇 개 사용하여 꾸며 말하기식으로 읽을 수 있다.
- 그림과 글자, 글자와 숫자를 변별한다.
- 자신이 낙서처럼 쓴 글자와 실제 글자 사이의 차이를 인식하게 되고, 이 과정에서 글씨 쓰기가 어려운 것이라고 생각하기도 한다.
- 두 단어 문장이 4, 5개 단어 문장으로 나타나면서 급속한 문장 능력을 나타낸다. 2000~3000단어 정도의 어휘를 이해하고 구사한다.
- 위 · 아래 · 안 · 앞 · 뒤와 같은 위치에 관한 전치사들도 사용할 줄 알게 된다.
- 새로운 단어에 호기심을 나타내며 끊임없이 모르는 단어의 의미를 질문하고 정보를 모으기 위해 질문을 한다.
- 6~8단어로 된 문장을 사용하기 시작하며 간단한 단어의 의미를 정의할 줄 알며 반대말도 이해하기 시작한다.
- 말하기를 좋아하고 비교적 긴 대화를 나눌 수 있다.
- 집이나 유치원에서 일어난 일을 말한다.
- 이야기 듣기나 책 보기를 좋아하며 내용을 모두 기억한다.
- 유머를 좋아하고 경쾌한 리듬과 운율을 암송하거나 노래하기를 즐긴다.

(3) 사회 · 정서발달

① 사회성발달

3~4세에는 혼자놀이를 하며 다른 사람의 입장을 고려하기가 어려우므로 놀잇감 나누어 쓰기, 양보하기, 차례 지키기, 기다리기, 하고 싶은 것 참기에 어려움을 겪는다. 그러므로 또래들과 신체적 싸움을 자주 한다(곽현주, 2005). 특히 동성친구에게 관심이 많아지면서 타인의 요구를 이해하고 규칙을 어느 정도 지키게 된다. 5세가 되면 유아는 특별한 우정관계가 형성되고 장난감을 나누고, 교대하기, 협동놀이 등이 이루어진다. 집단놀이가 정교해지지만 상상놀이는 오랜 기간이 필요하다(Allen & Marotz, 1994; Ames et al., 1980). 상상놀이는 특히 사회적 능력발달에 중요하다. 이 놀이는 유아들에게 미래에 자기가 해야 할 역할을 연습하게 할 뿐만 아니라 다른 사람의 역할과 감정을 경험할 수 있게 한다. 유아의 사회성발달 특징을 요약하면 다음과 같다.

- 평행놀이 형태에서 연합놀이로 무리를 지어 논다.
- 놀이집단의 놀이를 모방하는 행동 전염이 일어난다.
- 친사회적 행동이 증가하며 모방 행동을 한다.
- 타인에 대한 감정이입이 생기기 시작한다.
- 상상놀이가 절정에 달한다.
- 다양한 역할놀이를 한다.
- 동성놀이를 즐긴다.
- 상황에 따라 사람들의 감정을 안다.

② 정서발달

자기중심적인 성향이 강하게 나타나다가 점차적으로 침착한 경향이 나타나고 공격성이 줄어들고 자기중심적인 사고에서 벗어나 타인의 관점을 이해하려는 경향이 생긴다. 스스로를 자제할 수 있는 능력과 자율성의 형성에 따라 자기주장이 강해진다. 부모와 가정의 울타리에서 벗어나 친구와 어울려 지내게 되는 시간이 점점 많아져 다른 사람의 평가와 비교를 접할 기회가 많아지면서 정서적 갈등을 겪게 된다. 유아의 정서발달 특징을 요약하면 다음과 같다.

- 정서 표현이 분명해진다.
- 동물에 대한 공포심은 줄어들고 상상력이 발달하므로 어둠에 대한 공포가 증가한다.
- 다른 유아를 놀리고, 흉보고, 욕하고, 상대방을 위협하고 모욕하는 등 언어적 공격성도 나타난다.
- 타인의 분노와 슬픔을 이해하기 시작한다.
- 엄마와 잘 떨어지며 의연히 대처할 수 있다.
- 자조기능이 발달하면서 자기 몸과 주변의 환경을 능숙하게 조절할 수 있는 능력이 생긴다.
- 새 기술을 익히고 그것을 기초로 세련된 다른 기술을 새로이 배우려고 끈질기게 시도한다.

(4) 인지발달

유아는 인지, 지능, 언어 학습의 각 영역에서 현저한 발달을 보인다. 사고와 행동에서 상징을 사용할 수 있고 연령, 시간, 공간, 도덕적 개념들을 더 효과적으로 다룰 수 있게 된다. 그러나 아직 실제가 아닌 것으로부터 실제를 완전히 분리시킬 수 없으며 자기중심적이다. 유아의 인지발달 특징을 요약하면 다음과 같다.

- 다른 피조물들도 여전히 생명과 느낌을 가지고 있다고 생각한다.
- 다른 사람의 입장에서 생각할 수 없다.
- 부분적으로 분류를 하지만 그 기준이 명확하지 않다.
- 부분적으로 서열화가 이루어지나 완벽하게 나열하지는 못한다.
- 원인과 결과를 쉽게 추론하지 못하며 여전히 물활론적 사고를 가지고 있다.
- 공간개념을 정확하게 획득하지 못한다.

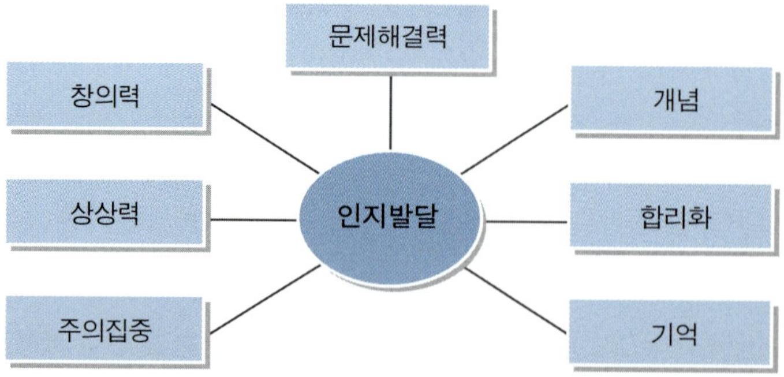

| 그림 3-1 | 인지발달

2) 부모역할

유아기는 언어 · 인지 능력이 급속히 발달하는 시기이므로 부모는 언어발달을 촉진시킬 수 있는 다양한 유형의 활동을 다음과 같이 제공한다(강숙현. 최미숙 역, 1995).

첫째, NAEYC의 발달에 적합한 언어발달과 문해능력의 실제에서 강조한 것처럼 형식적인 읽기나 쓰기를 학습하기 전에 동시나 이야기 듣기, 읽기, 산책하기, 여행가기, 역할놀이, 의사소통하기, 부모와 비형식적인 이야기 나누기, 그림 그리고 글씨 쓰는 연습, 모방하여 베끼기, 자기 이름을 구성하는 글자 찾아내기, 큰소리로 읽기 등과 같이 유아에게 의미 있는 경험을 통해 언어를 발달시킨다.

둘째, 유아들이 쓸 줄 모르더라도 쓰기경험을 여러 활동에서 많이 제공할 필요가 있다. 쓰기는 평생교육의 기초가 되는 것으로 매일 주변에서 일어나는 일, 자신의 생각과 감정 등을 정리하여 글로 쓰는 훈련을 하게 하는 것은 언어능력이 결정되는 민감기(만 5~10세) 초기의 유아에게는 매우 큰 의미를 갖는다. 쓸 줄 아는 유아라면 스스로 쓰게 하고, 쓸 줄 모른다면 그들이 쓰고자 하는 것을 받아 적어준다.

셋째, 유아기는 논리수학적 사고뿐 아니라 과학적 사고가 현저히 발달하는 시기로 유아의 사고발달을 위한 부모교육을 할 필요가 있다.

넷째, 유아의 논리수학적 사고 활성화를 위해서는 수학개념뿐만 아니라 수세기 학습도 중요하다. 만 5세는 개념적 지식과 절차적 지식이 밀접하게 관련되어 있으므로 분리하기보다는 이 두 가지 형태의 수학적 지식을 적절히 연결하여 적용하는 교육을 해야 한다(이경우. 홍혜경. 신은수. 진명희, 1997). Spodek(1985)은 유아 수학교육의 내용에는 집합이나 물체의 수집, 집합수와 순서수의 학습, 1 : 1 대응, 더하기, 빼기, 곱하기, 나누기, 셈, 분수개념, 비형식적 기하학, 2차원적인 공간, 부피와 무게의 측정개념, 시간에 대한 학습이 포함되어야 한다고 하였다.

다섯째, 과학적 사고는 유아가 자연의 사물이나 현상에 대한 문제를 가지고 그것을 해결해 가는 논리적 사고이다. 사고는 어떤 문제의식에서 출발하여 중간과정을 거쳐서 문제해결에 도달하는 일련의 정신적 에너지 과정이다. 그러므로 과학적 사고발달을 위한 교육은 추론을 중심으로 호기심을 가지고 추론하고, 증명을 하면서 문제를 해결하도록 하는 활동을 제공해야 한다.

여섯째, 유아의 자아형성에 중요한 시기이므로 애정, 칭찬, 인정, 존중, 성취를 위한 자원을 제공함으로써 긍정적인 자아가 발달하도록 한다.

일곱째, 유아는 스스로 하기를 좋아하므로 무엇을 할 것인지에 대한 계획을 세우고 자기평가를 할 수 있는 기회를 제공함으로써 자기주도적인 역량이 발달하도록 한다.

Chapter 04

외국과 우리나라 부모교육 프로그램

이 장에서는 미네소타 주의 유아 가정교육 프로그램, Tucson 조기교육 모델 프로그램, 워싱턴 주 부모교육 모델 프로그램, 최초 교사로서의 부모교육 프로그램, Levenstein의 부모-자녀 가정 프로그램과 우리나라 부모교육 프로그램 중 총체적 부모교육, 대중매체를 통한 부모교육, 장애아 부모를 위한 교육, 다문화 가족을 위한 부모교육 프로그램을 살펴봄으로써 외국과 우리나라의 부모교육 프로그램을 개관하고자 한다.

1. 외국의 프로그램

1) 유아 가정교육(Early Childhood Family Education, ECFE) 프로그램

미네소타 주 정부의 Department of Children, Families, and Learning 부서에서 담당하는 아동, 부모 그리고 가족들을 위한 주요 프로그램들은 Early Childhood Family Education, Head Start, Way to Grow 등이다. 이 프로그램들은 상호 인력과 자원의 교환을 통해 가족, 부모, 그리고 아동에게 각 프로그램을 제공하고 있다.

이러한 부모교육 프로그램은 사회와 가정의 변화와 함께 부모들이 자녀를 키우면서 발생하는 많은 스트레스 관리와 새로운 역할과 능력들이 요구됨을 강조한다. 또한 유아기(0~5세) 교육이 후기의 인간 성장발달에 많은 영향을 미친다는 연구 결과들이 밝혀지면서 부모가 유아의 성장과 발달을 위한 가장 중요한 교사라는 신념하에 미네소타 주에서는 1974년 미네소타 주 입법부와 교육위원회의 후원으로 Early Childhood Family Education에 대한 시범 교육을 실시하였다.

(1) 프로그램의 철학

유아 가정교육 프로그램의 철학은 다음과 같이 존중, 신뢰, 인정, 다양성을 중심으로 한다. 구체적으로 살펴보면 다음과 같다.

① 존중

교육 프로그램의 내용, 구성, 진행 등은 참가하는 부모의 입장을 존중한다.

② 신뢰

부모들의 능력을 믿고 스스로 문제 해결을 하는 법을 교육해야 한다.

③ 인정

부모들을 좋은 부모 또는 나쁜 부모라고 판단할 수 없으며 모든 부모들은 자녀를 키우면서 고민하고, 노력하기 때문에 자신들의 역할을 검토하고 좋은 점을 받아들이고 나누는 것을 중요시해야 한다.

④ 다양성

자녀를 키우는 데 어느 한 가지의 방법 또는 답은 없으므로 자신과 아이에게 맞는 많은 좋은 방법을 받아들이고 시도해 보는 것이 필요하다.

따라서 ECFE 프로그램은 존중, 신뢰, 인정, 다양성을 바탕으로 부모들이 직접 실천해 보고, 함께 나누고, 경청하면서 자신에게 맞는 부모역할의 방법과 방향을 찾는 것이라고 할 수 있다.

(2) 프로그램의 목적

ECFE는 부모를 최초의 교사로, 교육의 담당자로 인식하고 부모가 자신의 역할을 충분히 담당할 수 있도록 도와주는 것을 목적으로 한다. 미네소타 주의 법령 규정에 명시된 ECFE의 목적은 다음과 같다.

첫째, 가족의 기능을 강화한다.
둘째, 부모들이 자녀들의 교육과 발달에 필요한 것들을 제공하도록 한다.
셋째, 유아들의 신체적, 정신적, 사회적 발달을 돕는다.

위의 세 가지 목적에 따라 부모교육의 지원체계에 대해 설명하면 다음과 같다.

첫째, 부모들에게 교육의 기회를 제공한다. 부모들이 자녀를 키우면서 겪는 걱정 또는 고민 등을 서로 나누며 적절한 대응책 또는 방법 등을 교환하며 장기적으로는 네트워크를 형성한다. 따라서 교육은 그룹 토의와 연구조사를 바탕으로 한 정보 제공을 기본으로 하며 부모들이 스스로 적절한 부모노릇을 할 수 있는 능력과 전략 등을 개발하는 것을 목적으로 한다. 워크숍 등을 통해 부모 그룹은 자녀들의 연령대와 특성에 따라 같은 입장에 있는 부모들로 구성된다. 편부모(single parents), 십대 부모(teen parents), 장애아를 가진 부모, 이민자 부모, 또는 다른 특성의 부모 그룹으로 이루어진다.

둘째, 부모와 함께 참여한 0세부터 5세까지의 유아를 교육한다. 유아들은 계획된 교육 프로그램하에서 유아 담당교사와 함께 놀이와 학습을 동시에 한다. 유아 그룹은 같은 나이에 있는 또래 집단으로 구성된다. 따라서 유아들의 학습과 발달을 고려해 환경을 구성하는 것이 중요하다. 환경은 유아에게 필요한 장난감과 학습교구들로 꾸며지며 유아의 정서적, 신체적, 지적 발달을 고려한다.

셋째, 부모-자녀의 접촉을 위해 부모들에게 자녀와 함께할 시간을 제공한다. 부모-자녀가 함께하는 시간은 매주 프로그램의 시작 또는 끝나는 시간으로 부모-자녀가 함께 놀이에 참여한다. 또한 동시에 부모들이 자신의 자녀가 다른 유아들과 어떻게 활동에 참여하고 행동하는지를 관찰할 기회를 주며, 다른 부모들은 그들의 자녀에게 어떻게 행동하고 접촉하는지를 관찰할 기회를 준다. 따라서 부모들은 자신의 자녀가 다른 아이와 함께 놀이하는 것을 지켜보면서 스스로 배울 수 있는 기회를 갖게 된다.

따라서 ECFE 프로그램은 목적 달성을 위해 첫째, 부모들이 자녀의 정서적, 인지적, 신체적 요구를 알고 노력하도록 돕는다. 둘째, 가족들 간에 건전한 자존감과 자긍심을 갖도록 돕는다. 셋째, 자녀를 키우는 데 필요한 노력을 서로 나누고 기술을 공유하도록 돕는다. 넷째, 부모들에게 자녀를 키우는 데 필요한 창의적이고 실제적인 경험을 하도록 돕는다.

(3) 프로그램의 내용 및 진행

ECFE 프로그램의 내용 및 진행과정은 다음과 같다.

- 부모들의 토론 및 그룹 활동
- 놀이와 교육적 활동
- 부모와 아동 간 함께하는 활동
- 가족 전체를 위한 행사
- 가정방문

- 아동의 발달 상태와 건강 체크
- 부모와 유아에게 필요한 정보 및 자료 제공
- 도서관을 통한 책, 장난감, 교육자료 대여
- 다양한 워크숍 및 토론 그룹 모임 참여의 기회 제공

ECFE 프로그램이 처음 실시될 당시에는 6가지의 프로그램이 이루어졌으며 이후 1983년에는 지역사회교육 프로그램으로 자리 잡게 되어 36가지 프로그램들을 진행하게 되었다. 또한 프로그램 10년 만에 미네소타 내의 99% 학교교육청이 ECFE 프로그램 보급을 허락함으로써 ECFE 프로그램이 전체적으로 실시됨에 따라 2000년까지 310,000명 이상의 부모와 유아기 자녀가 교육에 참여했다.

ECFE 프로그램 내용은 부모교육, 유아와 부모의 상호작용, 유아교육과 발달이다. 이 프로그램은 다른 프로그램들과 연계하여 어린이집 또는 유치원의 교사들의 교육과 컨설팅도 담당하고 있다. ECFE 프로그램은 부모와 유아들이 있는 곳이면 어디든지 찾아가는 프로그램도 운영하고 있다. 학교의 빈 교실, 지역센터, 병원, 종교기관, 도서관 등의 장소뿐 아니라 쇼핑센터나 기관 · 기업 등의 요청에 따라 현장에서 교육기회를 제공하기도 한다. 만약 부모가 프로그램에서 이루어지는 단체 활동에 참여할 수 없는 경우에는 가정 방문자가 가정을 방문해 장난감 및 교구들을 통한 교육을 한다.

ECFE 프로그램은 주 1회, 2시간 30분 진행하며 유아와 부모들이 함께 참여함을 기본으로 한다. 프로그램의 참여는 자발적으로 이루어지며 아침, 오후, 저녁 또는 주말시간 반으로 나누어져 있는 반을 선택할 수 있다. ECFE 프로그램은 기본 교육과정이 있으나 그룹에 따라 구성원들의 요구를 받아들여 교육내용이 재편성되기도 한다. ECFE 프로그램의 토론은 초보 부모들에게 사회적 지지와 아동발달, 부모발달에 관한 지식을 제공하는 것으로 토론의 시발점이 되는 주제는 부모들이 직접 선택하기 때문에 부모들의 현 상태에서 가장 관심 있는 문제들이 토론의 주제가 된다. 그러므로 토론의 주제는 영아의 행동으로부터 시댁식구들과의 문제에 이르기까지 광범위하다.

기본적으로 프로그램의 일일계획안은 주제에 따라 준비된 학습활동을 가지고 부모와 아동이 30~45분간 함께 참여하고 사후 활동으로 둥글게 모여앉아 노래를 부르거나, 이야기 듣기가 진행된다. 이후 부모와 유아가 분리되어 부모들은 선택한 주제에 대해 토론을 하며, 이를 통해 자신 및 아동양육의 제반 문제 인식과 대안을 찾게 되는 계기를 갖게 된다. 이외에도 ECFE 프로그램은 지역사회 교육, 건강, 그리고 가족 서비스 등의 기관과 연계하여 부모와 유아 모두에게 교육뿐 아니라 필요한 서비스 혜택도 제공한다.

(4) 프로그램의 연계기관

ECFE 프로그램의 연계기관은 다음과 같다.

① 성인 문해 교육(Adult Basic Education) 기관

성인교육과 ECFE를 같이 묶어 유아와 부모를 위한 가족 문해 교육을 실시한다. 주로 GED(General Equivalency Degree), 타 자격증 코스, 영어 교육, 부모와 자녀의 연계 활동, 그리고 부모교육 등을 연계한 교육과정을 편성하고 전달한다.

② 여성쉼터

주마다 여성쉼터의 부모-유아와 활동시간을 갖고 부모교육의 기회를 제공하며 부모들을 위해 교육장소와 운송수단을 제공한다. 또한 부모-자녀를 위한 특별행사나 견학기회 등을 제공한다. 각 참가자들이 함께 소속감을 갖고 서로 연계하도록 도움을 준다. 주요 부모-유아를 위한 행사 등을 홍보한다. 주요 ECFE 프로그램과 ECFE의 특별행사는 방송국에서 직접 촬영하여 방영한다.

③ 어린이집과 유아원

어린이집이나 유아원들의 요청에 의해 어린이 보호 프로그램(Child care programs)을 실시한다. ECFE 부모교육을 어린이 집이나 유아원에서 진행한다. 주로 유아원이나 어린이집의 프로그램의 전이나 후에 제공되며 특별행사를 위해 Family Night나 주말에도 부모교육을 진행한다. ECFE 교사들은 유아원 교사들에게 유아를 어떻게 다루는지 또는 부모들과 어떻게 대화하는지 등에 대해 교육 컨설팅을 한다. ECFE 교사들은 어린이집이나 유아원 등의 자문 위원으로 활동한다.

④ 보호소

단기간 또는 장기간 수용된 부모를 위해 부모 교육의 기회를 제공한다. 특별 저녁이나 간식 등의 시간을 갖고 ECFE 프로그램에 따라 유아와 부모가 함께하는 시간 등을 마련한다. 인원이 많은 경우는 기관에서 직접 ECFE 프로그램 교사를 고용한다.

⑤ 병원 및 발달검사

병원에는 ECFE 프로그램을 알리는 브로슈어와 안내문 등을 비치하고 있으며 새로 들어온 부모들을 위해 정보를 제공하고 부모교육을 받을 기회를 제공한다. ECFE 프로그램에서는 병원에서 한 달에 한 번씩 특별한 이벤트를 준비한다. 아기의 손이나 발 지문 찍기, 노래 부르기, 장난감 보급, 응급처치법 등이며, 아동병원에서는 어린 환자와 부모를 위한 교육 프로그램을 제공한다. ECFE 교사는 학교교육청과도 연계하여 병원에 있는 아동들에게 필요한 책이나 지식 등을 보급하는 것도 도우며 병원에 있는 상담사와 함께 환자의 가족들을 교육하고 이들이 겪는 특수한 상황을 이해하고 받아들이도록 돕는다. 또한 환자 자신이 부모인 경우는 부모로서 겪는 문제들을, 어린 환자인 경우는 가족과 함께하는 문제 등을 함께 나누고 도움을 받도록 한다. 이와 더불어 유치원에 가기 전에 유아의 건강 상태와 발달을 체크하고 부모의 건강 상태를 체크하는 등 유아의 건강, 안전, 영양에 도움을 준다.

⑥ 장애아교육

부모들은 부모 그룹에서 토론 시간과 자녀와 함께하는 놀이 시간을 가진다. 장애유아교육 담당교사는 특수교육이 필요한 부모와 아이들을 위해 ECFE 교사와 함께 프로그램을 진행한다. 저녁이나 주말 등의 시간에도 프로그램을 제공하며 특수교육 분야의 전문가를 초청하거나 아이 발달단계에 맞는 특별한 놀이 시간도 갖는다. ECFE 교사는 커리큘럼을 짜고 진행하는 데 많은 도움을 주며 장애유아교사들의 교육과 훈련을 담당한다.

2) Tucson 조기교육 모델(Tucson Early Education Model) 프로그램

Tucson 조기교육 모델은 1965년에 멕시코계 미국인(Mexican-American) 아동들의 지적 개발을 목적으로 애리조나 대학교에서 3년간의 프로젝트로 시작되었다. 그 후 1968년 애리조나 센터는 미국의 교육국에 의해 Follow Through 프로젝트의 모델 스폰서로 선정되어 유아교육 프로그램으로 활발한 활동을 하고 있다.

(1) 프로그램의 목적 및 영역

Tucson 조기교육 모델 프로그램의 목적은 부모와의 상호작용 격려, 자녀들의 전인적 성장과 발달, 학습지원, 그리고 부모와 지역사회의 요구와 목적의 적극적 수용을 통해 초등학교로의 전이가 잘 이루어지도록 한다. Tucson 프로그램은 부모들을 위한 지식과 동일시 능력, 개발과 계획 능력, 수행절차 능력, 기록과 문서화 능력, 측정과 평가 능력 등 5개 능력별 영역으로 구성되어 있다. 실제적인 방법과 실행에는 긍정적인 대화, 부모의 기능강화, 수업 참관, 수업참여, 학급활동을 가정으로 전이, 부모의 관심이나 흥미 등이 있다. 학교에서 부모를 초청하여 학교방문 및 참관을 통해 아동이 어떻게 학습하게 되며, 어떠한 학습경험이 아동에게 의미 있는지를 이해하게 됨으로써 보다 적극적인 의미의 부모참여자로서의 역할 수행을 감당하도록 한다.

(2) 자기훈련 기록체계 및 부모참여

Tucson 부모참여 프로그램은 STARS라 불리는 자기훈련 측정기록체계(Self-Training Assessment Recording System)와 TIPI라 불리는 부모참여의 TEEM 이행(TEEM Implementation of Parent Involvement)을 개발하였다. STARS와 TIPI는 각각 연방정부 발행의 관보에 기록된 여러 내용 중 부모참여에 관한 규칙과 규정을 포함하고 있다.

STARS는 각 지방의 지역사회에서 이행되고 있는 부모 연계 활동의 자기평가와 측정을 기록하기 위한 것으로 연방정부 관보에 수록된 부모참여 활동을 위한 요구사항들이 모든 부모들에게 공지되어 진행되고 있는지의 여부를 자기평가하게 된다. 자기평가가 완성되면 지역사회의 부모참여 프로그램의 장점과 취약점 등을 종합적으로 평가할 수 있는 정보를 제공함으로써 추후 프로그램의 장 · 단기 계획을 위한 송환효과를 제공하게 된다.

TIPI는 연방정부의 규칙과 규정에 대한 이행의 평가를 위한 체크리스트로 사용되는 도구로 주목적은 지역사회의 부모참여 프로그램의 이행을 기술하고 계획된 다음 훈련을 위한 필요를 결정하기 위해 현재 진행되고 있는 프로그램을 정확히 파악하는 데 있다. TIPI는 개별적으로 사용할 수 있으나 STARS와 함께 사용할 때 더욱 바람직한 분석이 이루어진다.

3) 워싱턴 주(시애틀) 부모교육 모델(Parent Education Model) 프로그램

워싱턴 주 부모교육 프로그램은 전문대학 수준의 대학이나 직업교육기관과의 연계하에 시행되는 특징이 있다. 이러한 교육기관은 지역사회의 Parent Cooperative Preschool을 의무적으로 후원하고 있다. 부모들이 부모역할의 실제적인 기능 습득의 기회를 통해 아동행동에 관한 기술과 지식을 습득하여 적극적인 리더 또는 교사로서의 역할 수행을 목적으로 하고 있다.

(1) 프로그램의 과정

부모는 먼저 대학에서 개설되는 부모교육 강좌를 신청해 듣게 됨과 동시에 그 자녀는 가까운 이웃에서 운영되는 '유아 협력 그룹'에 등록한다. 유아 그룹은 아동과 부모 모두에게 아동의 성장과 발달에 관한 실험적인 경험이 제공되는 교육의 장으로서 각 부모는 그들 자녀가 속해 있는 집단에서 최소한 1주일에 하루정도는 같이 지내게 된다. 이때 부모는 교사의 보조자 역할을 수행한다. 이곳에서 부모는 다른 부모와 자녀들의 관계에서 나타나는 여러 상호작용들을 관찰하게 되는 기회를 갖게 된다. 이러한 관찰을 통해 부모는 그들 자녀의 성장과 발달정도를 올바로 이해하게 되어 그들에게 마땅히 제공되어야 할 실제적인 기술을 습득하는 계기로 삼게 된다. 그리하여 각 아동에게 잠재되어 있는 학습의 잠재성을 촉진시킬 수 있는 다양한 활동을 개발하여 적용하게 되는 효율적인 교사로서의 부모의 역할 수행이 가능하게 되는 것이다.

이 프로그램에서의 교사는 충고자 또는 자원을 제공하는 자의 역할로 정의된다. 이들은 각 지역사회의 대학에서 선정되어 그 지역에 속한 유아 그룹으로 임명받게 된다. 이들 교사의 주 과업은 부모교육의 학급을 경영 · 관리하는 책임자가 되는 것이다. 부모회를 통해 교사는 아동의 성장과 발달에 관한 상호 의사교환의 기회를 제공해 줌으로써 부모 스스로가 유아 그룹에서 전개되는 활동 및 조직을 구성 · 운영할 수 있도록 조언과 지도를 한다.

(2) 프로그램의 교육 내용

워싱턴 주(시애틀) 부모교육 모델의 교육 내용은 다음과 같다.

① 부모-교사 간의 의견 교환하기

일주일동안 발견된 자녀들의 행동변화 및 새로운 사실들을 서로 이야기함으로써 자녀에 대한 부모들 자신의 개인적인 가치 및 목표들을 자각하는 계기가 된다.

② 특별한 흥미 영역 참가하기

인간발달, 관찰기능, 상호교류 분석법, 응급처치법 그리고 효율적인 소비교육에 관한 주제발표를 통해 부모는 아동양육이라는 어려운 과업을 수행하는 데 도움을 받게 된다.

③ 부모역할 및 생활에 필요한 기능 습득하기

교사가 기저귀 갈아주기와 우유 먹이기 등을 시범적으로 보여주며 이때 부모들은 관찰을 통해 보다 용이한 새로운 아이디어나 대안을 찾게 된다.

④ 아동과의 상호작용–게임이나 놀이 전개하기

간식시간–아동양육이라는 힘든 과업 수행에 필요한 필수적인 영양관리에 관한 실제 수업이 전개된다. 이때 요리방법이 제공되어 부모들은 그들의 가정에서도 이용할 수 있도록 한다.

⑤ 공예 및 놀이 시간

가정에서 쉽게 구할 수 있는 재료를 이용해 아동의 놀이 및 활동에서 사용될 교재와 교구를 만든다.

예를 들어, 시애틀 취학전교육 모델(Seattle Preschool Education Model)에서는 토요일 오전에 아버지와 그들 자녀를 대상으로 하는 수업이 전개된다. 이 수업의 진행은 남자교사가 한다. 주목적은 아동의 성장과 발달에 필요한 아버지로서의 역할을 습득하는 데 있다. 그러나 아내에 대한 남편으로서의 역할과 같은 주제도 토론함으로써 가족 구성원 속에서의 자신의 위치와 역할을 재조명해 보는 기회를 가지기도 한다.

4) 최초의 교사로서의 부모(Parents as First Teachers, PFT) 프로그램

1960년대 이후, 발달심리학적 연구 결과가 소개되는 과정에서 유아기의 중요성이 인식되면서 1964년 대통령 린든 B. 존슨(Lyndon B. Johnson)에 의해 '빈곤퇴치전쟁(War on Poverty)'이 선포되었다. 물리적 결핍과 사회적 타락이 끝없이 계속될 것으로 보이는 몇몇 빈곤지역과 흑인 거주지역을 대상으로 빈곤의 악순환을 타파하는 교육과 훈련의 기회를 제공하였다. 이를 통해 PFT는 미국 정부차원의 부모교육 프로그램으로 실시되었다.

(1) 프로그램의 목적 및 목표

① 목적

PFT 프로그램은 자녀의 초기경험과 환경의 중요성을 강조하면서 교육환경의 가장 중요한 인적 자원인 부모의 중요성을 고려한 프로그램이다. 이 프로그램의 목적은 다음과 같다.

첫째, 아동의 첫 번째 교육을 담당하고 있는 가정의 능력을 강화시켜 학교와의 협력적 관계를 구축함으로써 유아가 최고의 교육적 출발을 할 수 있도록 한다.

둘째, 부모교육의 효과를 향상시키기 위하여 임신 3기부터 부모교육을 실시하여 유아가 접하는 생후 최초의 3년 동안의 가정환경을 바람직하게 형성할 수 있도록 부모역할과 유아발달에 관한 정보를 제공하도록 한다.

셋째, PFT 프로그램에서 제공하는 아이디어를 이용하여 부모로 하여금 자녀양육 과정에서 경험하게 되는 과도한 불안과 스트레스를 피하고 기쁨을 얻도록 하여 가정생활 전체에 이익이 되도록 한다.

② 목표

목적을 달성하기 위한 목표는 다음과 같다.

첫째, 부모역할을 긍정적으로 변화시켜 프로그램에 참여한 어머니들은 자녀와의 관계 형성이 향상되도록 한다.

둘째, 부모로서의 역할에 자신감을 가지게 됨으로써 자녀의 교육에 좀 더 효과적으로 참여하여 유아는 인지적 · 언어적 · 사회적 능력의 의미 있는 향상을 가져오도록 한다.

(2) 프로그램의 구성요소

프로그램의 구성요소들은 다음과 같다.

① 가정 방문

가정 방문은 부모 교육자가 가정에서 부모-자녀 간의 상호작용을 관찰하고 관찰한 행동에 관하여 의견이나 조언을 제공할 수 있는 기회가 된다. 보통 정해진 가정 방문자가 있지만 객관적인 정보를 제공하기 위하여 정기적으로 다른 부모 교육자가 가정을 방문하기도 한다. 가정 방문의 빈도는 프로그램이 진행되는 3년의 기간 동안 다양하게 변화된다. 초기에는 유아의 발달 속도가 매우 빠르고 부모교육자와 가정 간의 라포를 형성해야 하므로 방문의 빈도가 일정한 기간 동안 자주 이루어진다. 그러나 유아의 발달 속도가 완만해짐에 따라 방문의 빈도는 감소한다. 가정 방문 교육을 통하여 부모는 스스로 자신의 역할을 다음과 같이 인식하게 된다.

- 자녀의 호기심을 자극할 수 있고 탐색의 기회를 허용하며 안전한 환경을 조성한다.
- 적절한 때에 적절한 언어를 구사하여 자녀가 요구하는 것에 즉각적으로 반응한다.
- 자녀에게 단호하고도 일관성 있는 한계를 설정해 주는 훈육자의 역할을 한다.

② 집단 모임

개별적인 가정 방문 이외에 비슷한 연령의 자녀들을 양육하고 있는 약 20명 정도의 부모들을 모아서 집단 부모교육 프로그램을 실시한다. 집단 부모교육 모임은 비슷한 연령의 자녀들의 행동에 관하여 공통의 관심을 나눌 수 있는 기회가 된다. 부모들이 서로 의견을 나누게 됨에 따라 아동의 문제를 이해하고 또 정보교환을 통하여 교육에 대한 지식을 습득할 수 있게 된다.

③ 부모 강연회

부모 강연회는 전문가로부터 부모교육이나 자녀양육에 대한 정보를 듣는 것이다. 강연회에서 다루는 주제는 아동발달, 부모의 양육태도, 가정환경의 중요성, 유아기의 중요성 및 상담 등을 내용으로 하되 이해하기 쉽게 강의하는 것이 중요하다. 강연회는 한 장소에서 여러 사람들에게 정보를 제공할 수 있는 장점이 있지만 부모들이 공통적으로 관심이 있는 주제를 선정하는 것이 좋다. 강연회에 참석한 부모들이 자녀지도에 많은 도움을 받았다고 느끼면 다음의 부모교육에도 꼭 참석하고 싶은 동기를 갖게 된다.

④ VTR 및 영화상영

부모들의 관심을 끌 수 있는 우수한 영화들이 많고, 연구기관이나 단체에서 교육용으로 제작한 영화들도 많이 있다. VTR이나 영화상영은 자녀교육이나 혹은 부모들이 평소에 흥미와 관심이 많은 주제에 대해 적합한 내용을 선정하여 함께 관람을 하고 서로 소집단 토론 또는 질의응답을 통하여 내용에 대한 효과를 높일 수 있다. 일반적으로 영화는 토의의 도입을 위해서 사용될 때 효과적이다. 즉 부모들이 영화를 감상하고 이에 대해 토의해 보는 것이다.

⑤ 토의모임

토의모임은 전체 모임을 통하여 토의할 주제를 선정한 후 소집단으로 구분하여 토의를 실시하는 것이 바람직하다. 토의모임에 참여하는 부모들은 모두 자신의 의견을 발표할 수 있는 기회를 갖기 때문에 민주적인 방식으로 진행된다. 토의모임을 통하여 대부분의 부모들은 자신만이 자녀의 양육문제로 고민하는 것이 아니라 발달연령이 비슷한 부모들은 공통된 문제를 겪고 있는 것을 알고 걱정을 덜 수 있으며, 토의과정에서 다른 사람의 성공적인 경험담이나 때로는 실패 경험담을 들으면서 용기와 자신감을 가질 수 있게 된다.

토의모임의 집단구성은 15명 정도가 적당하며, 토의시간이 너무 길어지면 10분 정도 휴식시간을 배려하는 것이 좋다. 토의시간에는 주변의 소음이 적고, 온도가 적당하여 쾌적하고 편안하고 자유로워야 하며, 사회자로 참여하는 사람은 누구나 쉽게 볼 수 있는 위치에 좌석을 배치해야 한다. 토의모임에서 사회자는 참석자들이 자유롭게 자신의 의견을 발표할 수 있는 분위기를 조성해야 하며, 토의 문제의 핵심을 명확히 제시하고 적당한 시점에서 주의를 집중시켜 토의 방향을 유지시킬 수 있어야 하며, 가끔 엉뚱한 의견을 내는 부모가 있더라도 무시하지 않으면서 문제의 핵심으로 접근하여 여러 사람의 의견을 규합하여 문제를 해결해 나가고, 끝 부분에서는 토의를 거쳐 도달한 결론이 무엇인지를 분명히 하고, 앞으로의 과제를 제시하면서 토의를 끝낼 수 있어야 한다.

⑥ 진단 검사

유아발달의 각 영역에 관한 검사는 시각, 청각, 언어 능력, 그리고 사회적 기술 등을 검사한다. 만약 검사 결과가 유아의 추가적인 처치를 필요로 하는 경우에는 그 처치를 제공함으로써 유아들이 능력이 부족한 상태에서 초등학교에 진학하게 되는 것을 미연에 방지한다. 부모와 부모교육자들은 진단 검사의 결과를 함께 보고 특별한 도움이 필요한 경우에는 그 도움을 제공해 줄 수 있도록 한다.

⑦ 자료 센터

부모와 자녀들은 장난감, 도서, 비디오 자료들을 대여할 수 있는 자료 센터를 활용할 수 있다. 부모를 참여시키고 교육시키면서 교육기관과 가족의 원활한 관계와 상호협조하려는 목적에서 부모들에게 장난감을 대여해 주는 프로그램이다. 유아들에게는 다양한 장난감을 가지고 놀 수 있는 기회를 제공해 주고, 부모들에게는 자녀에게 적절한 장난감의 선택과 사용법을 익혀서 가정에서의 학습을 강화시키도록 해준다.

5) 부모-자녀 가정(Parents-Child Home Program, PCHP) 프로그램

(1) 프로그램의 배경

미국의 롱 아일랜드 주의 뉴욕에서 Levenstein에 의하여 개발된 모-자 가정 프로그램(Mother-Child Home Program)은 고등학교 중퇴자의 증가를 줄이기 위한 목적으로 개발되었다. 빈곤, 절연, 언어, 문학, 문화 장벽에 의해 출발선이 늦은 아동 및 중퇴 아동들에게 학교를 입학하기 전부터 효과적인 개입을 통해 긍정적인 효과를 나타낼 수 있다고 보았다. 학교 중퇴를 예방하는 방법은 유아기부터 부모와 가정환경에서 개입이 시작되어야 한다고 강조했다. 이에 따라 국립센터에서는 초기 부모와 자녀의 언어적 상호작용을 기반으로 부모-자녀 가정 프로그램(Parents-Child Home Program)의 학교 준비 모델을 검증, 확립하고 가정에서 학습에 소외된 지역사회를 지원하기 위해 1979년에 설립되었다. 이에 Levenstein은 (원래 모자 가정 프로그램이라고 함) 부모-자녀 가정 프로그램을 개발하였고 프로그램 시작 이후 부모-자녀 가정 프로그램의 혜택을 받은 가정은 70,000가구 이상이다.

(2) 프로그램의 목적

기본적으로 PCHP 프로그램은 부모-자녀의 상호작용과 아동의 인지 및 사회 · 정서 발달을 향상시키는 긍정적인 양육을 촉진함으로써 아동의 학업 성취를 위해 아동을 준비시키고 집중적인 가정 방문을 통해 가족을 강화하기 위해 노력한다. 이에 PCHP 프로그램의 목적은 부모-자녀 가정 프로그램에서는 학교 진학을 위한 준비에 필요한 가정환경을 확인하고 가정 안에서의 부모와 자녀의 언어적 상호작용을 강화하고자 읽기와 놀이 활동을 지원하여 사회 · 정서적 기술을 가지도록 하는 것이다.

언어적 상호작용에 중점을 두는 프로그램을 수행하기 위하여 부모-자녀 가정 프로그램은 판매하고 있는 놀잇감과 책을 사용하는데, 가정 방문자들은 연속적인 단계에 따라 점점 더 복잡해지는 언어적 상호작용 기술을 설명하는 자료를 사용하여 부모교육을 실시한다.

① 목표

PCHP 프로그램의 목표는 다음과 같다.

첫째, 긍정적인 부모-자녀의 상호작용을 지원
둘째, 어린이의 건강한 사회 · 정서 발달
셋째, 학교 준비에 필수적인 포스터 미리 읽기 · 쓰기 능력

② 구성요소

PCHP 프로그램의 구성요소는 다음과 같다.

- 가정 방문
- 책과 장난감 지원
- 읽기와 놀이 활동 지원
- 지역사회 서비스 지원

③ 지원 내용

PCHP 프로그램에서 이루어지는 지원 내용은 다음과 같다.

- **언어적 상호작용 기술**: 부모나 주 양육자와의 대화를 통해 아동의 지적 성장 육성에 초점을 맞추고 있다. 언어적 상호작용 기술은 각각의 책과 장난감이 함께 가이드 시트로 구성된다.
- **긍정적인 양육 행동**: 가정 방문의 2년에 걸쳐 긍정적인 양육 행동을 지원한다. 아동의 언어적 또는 비언어적 요청에 구두로 응답한다.
- **사회 · 정서 발달**: 자신의 내면을 표출할 수 있는 작업, 놀이를 통해 언어 및 인지 능력과 사회적 관계뿐 아니라 개발 지원에 초점을 맞추고 있다. 긍정적인 양육의 연습을 통해 달성할 수 있는 프로그램의 목표는 아동의 사회 · 정서적 능력을 육성하는 것이다.
- **교과과정 자료(도서 및 완구)**: 대부분의 책과 장난감은 가족을 위한 선물로 제공된다.
- **가정 방문자**: 사회복지사 또는 교사로 교육과정의 세 부분을 활용하는 방법을 훈련받는 사람들이다. 이들은 가정 방문에서 발생하는 문제에 대한 지원과 조언을 하기 위한 준비로 활동과 가이드를 검토하여 각각의 새 책이나 장난감에 대한 언어적 상호작용 기술을 배운다.
- **감독(코디네이터)**: 프로그램 코디네이터는 PCHP의 효과적인 이행에 대한 책임을 가지는 사람으로 유아 또는 교육, 간호, 심리학 또는 사회 복지 육아 분야의 전문가이다.

④ 프로그램의 내용

부모-자녀 가정 프로그램(PCHP)은 긍정적인 양육 방법을 지원하며, 부모가 자녀의 인지, 사회 · 정서 발달을 자극하는 방법을 배우는 데 도움을 주는 가정 방문 프로그램이다. PCHP 프로그램에서 가정 방문자는 총 2년에 걸쳐 연간 일주일에 두 번 가정에 찾아가며 가정에서 30분정도 부모와 자녀를 만난다. 매주 첫 번째 방문 시 가정 방문자는 한 주 동안 이루어지는 언어적 상호작용 교구, 책이나 교육 장난감을 제공하고, 독서를 통해 책이나 장난감을 사용하는 방법을 보여준다, 이러한 과정은 가정 방문자가 아이들의 지적, 사회 · 정서 발달을 자극하여 도움을 줄 수 있으며 초기 능력 및 부모-자녀의 언어적 상호작용을 촉진하고 학교 준비를 지원하게 된다. 가정 방문자에 의한 프로그램이 완료된 후에도 교구와 자료를 가정에 지원해 주기 때문에 부모는 일주일 동안 아이들과 함께 다양한 상호작용 행동을 할 수 있게 된다. 이외에도 발달 지연의 아이들에 대한 지원 등 지역사회 자원에 대한 연결을 용이하게 하고 장애 식별에 대한 적극적인 개입을 통해 다양한 프로그램을 지원하는 것뿐 아니라 놀이 그룹, 부모 그룹, 워크숍 및 현장 학습 등의 가족 프로그램을 제공한다.

2. 우리나라의 부모교육 프로그램

1) 총체적 부모교육

우리나라의 교육기관 및 부모교육을 실시하는 관련 기관에서는 대부분이 외국에서 개발된 프로그램을 번역하여 사용하고 있는 실정이다. 따라서 부모교육을 받는 대상의 특성이나 요구를 반영할 수 있는 우리의 현실에 적합한 프로그램으로 개발된 프로그램이 총체적 부모교육 프로그램이다. 총체적 부모교육 프로그램은 어느 한 가지 철학이나 이론을 근거로 개발된 프로그램이 아니라 유아기 자녀를 둔 우리나라 부모들의 요구, 전문적인 연구 자료, 그리고 교육 전문가들의 의견 등을 총체적으로 고려하여 우리나라의 문화적 · 정서적 특성 및 부모의 특성에 맞게 개발된 프로그램이다.

(1) 프로그램의 목적 및 목표

① 목적

총체적 부모교육의 목적으로는 첫째, 가정에서의 아동교육의 의의를 인식한다. 둘째, 아동교육에 필요한 일반적 지식과 기능을 습득하는 일을 강조한다. 셋째, 부모와 자녀 간의 관계를 원만히 하고 이를 유지 · 발전시키는 데 필요한 부모의 태도에 대하여 훈련한다. 넷째, 상호적 신뢰와 용기를 주는 분위기에서 긍정적이며 신뢰감 있는 태도로 교육한다.

② 목표

총체적 부모교육의 목표는 다음과 같다.

첫째, 부모-자녀 사이의 민주적인 인간관계를 성립한다.
둘째, 올바른 자녀 교육관을 확립한다.
셋째, 자녀에 대하여 올바로 이해한다.
넷째, 부모역할을 위한 바람직한 기술을 획득한다.

(2) 프로그램의 개요

① 개요

총체적 부모교육 프로그램은 3~5세의 부모를 대상으로 한다. 3~5세는 다양한 전이의 경험을 갖는 시기이다. 3세 유아는 처음으로 가정에서의 생활을 떠나 집단생활을 시작하며, 5세 유아는 초등학교에 진학하게 되므로, 이들 연령의 유아들을 가진 부모들이 자녀들의 전이 상황에 관하여 많은 도움을 필요로 하기 때문에 3~5세의 자녀를 둔 부모를 대상으로 교육이 이루어진다.

② 부모교육자

총체적 부모교육 프로그램은 부모교육, 유아교육, 교육학, 아동학 등 관련 학문 분야에서 학위를 받은 전문가를 부모교육자로 선정하여 전문가와 부모의 상호 협력적 관계의 개념을 도입했다. 전문가를 부모교육자로 선정한 이유는 다음과 같다. 첫째, 프로그램 운영 과정 시 전문적인 지식과 경험을 가지고 있는 전문가가 효과적인 역할을 담당할 수 있다. 둘째, 전문가들이 부모교육자들이었던 프로그램들에서 부모교육의 효과가 더 높아졌다는 연구 결과에 근거했다. 셋째, 우리나라 문화의 특성 때문이다. 우리나라를 비롯한 동양 문화권의 나라에서는 교육 현장의 교사나 권위자의 의견에 대한 신뢰도가 높고, 전문가의 의견을 전폭적으로 수용하는 경향이 크기 때문이다.

③ 실시기간

총체적 부모교육 프로그램 실시기간은 1주 1회, 1회 2시간으로 12주 동안 총 24시간이며 장소는 유치원과 인접한 장소에서 실시한다.

(3) 프로그램의 교육 내용

부모, 유아, 부모-자녀 상호작용 모두에 초점을 맞추어 총체적으로 고려하였다. 총체적 부모교육 프로그램의 교육 내용은 다음과 같다.

① **발달 특징**: 신체 및 운동 능력 발달, 인지발달, 언어발달, 또래관계, 성역할의 발달, 주도성, 자율성(독립심), 자아개념

② **그림책**: 그림책을 읽어주는 이유, 좋은 그림책, 유아가 좋아하는 그림책, 그림책 읽어주는 방법, 그림책 선택하는 방법, 그림책 활용하는 방법, 연령에 맞는 좋은 그림책 소개

③ **창의성**: 창의성의 개념, 창의성의 구성 요소, 창의적 과정, 창의성 계발과 발달을 위한 부모들의 지도 방법

④ **언어지도**: 유아의 언어 특성, 연령에 따른 유아의 읽기와 쓰기 행동, 유아에게

읽기와 쓰기를 가르치는 바람직한 방법

⑤ **문제 해결**: 3~5세 유아들이 갖기 쉬운 버릇들, 버릇 고치기의 바람직한 방법과 바람직하지 못한 방법, 유아들의 바람직하지 못한 버릇의 예시와 지도 방법

⑥ 의사소통, 격려하기, 자녀와의 문제 해결을 위한 바람직한 부모역할

⑦ **놀이와 놀잇감의 중요성**: 놀이의 중요성 및 의의, 놀이 유형별 발달 과정, 좋은 놀잇감 선택하는 방법, 생활 주위에서 찾을 수 있는 다양한 놀잇감의 예

⑧ **유아 미술**: 유아 미술의 중요성, 유아발달과 미술 교육, 유아 미술의 이론, 유아 그림의 발달 단계, 유아 그림의 특징, 자녀의 미술 교육을 위한 부모 역할

⑨ **유아 음악**: 유아 음악에 대한 이해, 유아 음악의 중요성, 유아 음악의 발달 단계, 유아 음악 교육, 함께 해볼 수 있는 활동

⑩ **또래관계**: 또래관계가 유아들의 삶에서 중요한 이유, 친구들에게 환영받는 유아의 특징, 친구들에게 환영받는 아이로 키우는 방법

⑪ **성교육**: 유아기 성교육의 의미, 유아기 성교육의 필요성, 유아의 성 개념 발달에 영향을 주는 요인, 성교육의 내용과 방법, 성교육에 관한 질의응답

⑫ **정서발달과 스트레스**: 정서적으로 안정된 유아의 특징, 정서적으로 안정된 아동으로 키우는 방법, 스트레스의 증상, 유아가 스트레스를 받는 원인과 상황, 유아가 스트레스를 극복하게 도와주는 방법

⑬ **컴퓨터**: 컴퓨터의 정의, 유아기 컴퓨터 교육에 대한 연구 결과, 컴퓨터 활동의 교육적 효과, 컴퓨터 교수법, 컴퓨터 교육의 내용, 소프트웨어, 인터넷

3. 대중매체를 통한 부모교육

대중매체란 신문, 잡지, 영화, 텔레비전과 같이 많은 사람에게 대량으로 정보와 사상을 전달하는 것으로 현대사회에서는 성인뿐 아니라 아동도 다양한 매체를 접하고 점차 많은 시간을 대중매체에 소비하게 되었다. 대중매체의 접촉 없이는 하루도

생활할 수 없을 정도로 방송 및 인쇄매체의 영향을 많이 받고 있으며, 특히 교육적 활용에도 각종 방송매체를 학습장면에 도입할 수 있다. 이를 통해 부모들은 텔레비전, 라디오, 신문, 잡지, 전문 서적, 뉴스레터 등 대중매체를 통해 직접 또는 간접의 학습경험을 가질 수 있다. 이러한 대중매체를 통한 부모교육이 갈수록 늘어나는 이유는 쉽게 접근할 수 있으며 한 번에 많은 사람들이 정보를 습득할 수 있다는 장점 때문이다. 또한 시간과 공간에서 자유롭기 때문에 긴장완화의 기능을 가지고 오락의 기능을 하기도 한다. 도심뿐 아니라 지방에서도 쉽게 접할 수 있으므로 원거리지역에서의 정보전달이 가능하고 세계적인 정보전달이 가능하다는 장점을 가진다.

1) 도서 및 잡지

부모역할에 관한 내용을 읽는 부모들의 수가 점점 증가하고 있으며 부모들은 복잡한 문제에 단순한 해결책을 찾으려고 시간을 맞추고 어딘가로 가야 하는 것보다 책을 찾는 경우가 많아졌다. 또한 육아 정보뿐 아니라 다양한 분야에서의 유익한 정보와 지식을 제공받을 수 있다는 장점을 가진다. 여러 육아 잡지나 여성 잡지에서도 육아에 관한 정보를 주기도 하고, 자녀를 양육하기 위한 건강, 놀이 등의 영역을 다룸으로써 부모들이 자녀교육에 필요한 지식을 얻을 수 있다. 손쉽게 정보를 얻을 수 있으며, 최신 경향을 다루고 있기 때문에 실생활에 유용하게 활용할 수 있다.

(1) 도서

① 예비 부모교육 관련

영아기를 대상으로 영유아의 발달과 부모역할에 대한 내용을 다룬 것으로 일반인들이 부모가 되는 데 필요한 교양서로도 활용할 수 있도록 기초적이면서 다양한 내용을 담고 있다. 임신에서부터 생후 1년의 영아발달과 관련된 최신 자료와 연구 결과들을 풍부하게 제공한다. 예를 들어 임신기의 생활, 부모 됨의 준비 및 태교, 영아의 안전생활과 질병, 영아기의 이유식에 관한 내용들을 다루고 있다.

② 자녀지도와 부모교육 관련

가정과 사회에서 활용할 수 있는 부모역할 전략, 가족 유형에 따른 부모교육, 특별한 도움을 필요로 하는 자녀를 위한 부모교육, 그리고 부모교육의 현황과 대안 등 부모교육의 이론적인 내용뿐 아니라 자녀지도를 위한 실제적인 지식과 정보를 제공할 수 있는 내용까지 구성되어 있다.

부모들이 책을 읽었을 때 실제적으로 만족감을 느낄 수 있는 실제를 많이 다루었다. 예를 들면 자녀의 식사지도를 위한 부모역할, 자녀의 웰빙을 위한 부모역할, 자녀의 스트레스 관리를 위한 부모역할, 자녀의 성교육을 위한 부모역할, 원만한 교우관계를 위한 부모역할, 장애 자녀를 위한 부모역할에 관한 내용들을 다루고 있다.

(2) 잡지

① Babee

임신, 출산, 육아를 위한 월간지. 아름다운 임신에 대한 기초적이고 상세한 안내를 비롯해 머리 좋은 아이 낳는 태교, 두려움 없는 출산의 방법과 경험, 일찍 시작하는 조기교육, 갑자기 아픈 아이 당황하지 않고 대처하는 법, 영양가 높은 이유식 소개까지 임신과 출산, 육아 전 과정을 안내한다.

② Ange

임산부와 육아를 위한 잡지책으로 임산부의 계획과 초기, 중기 출산 등에 대한 부분에서 산후조리와 영유아까지의 부모역할에 대해 제시하고 있다.

③ Best Baby

교육, 놀이, 육아, 건강, 임신, 출산, 이유식, 간식 등으로 나누어 정보를 제공하고 있으며 아이의 월령별 매거진과 임신 주차별 매거진으로 나누어져 있어서 좀 더 구체적이고 다양한 정보를 얻을 수 있다.

2) 텔레비전 및 라디오

예전에는 방송매체를 통한 부모교육이 체계적으로 이루어지지 않았으나 1980년대 들어서면서 유아교육 및 부모교육 프로그램이 본격적으로 시작되었다. 자녀교육 및 아동발달에 관한 방송이 부분적으로 실시되었으며, 조기교육의 필요성이 대두되기 시작하면서 유아를 대상으로 하는 TV 프로그램이 편성되었고, 생동감 넘치는 화면을 통해 시공간을 초월하여 필요한 시간대에 필요한 교육정보를 제공받을 수 있다. 자녀교육에 관한 프로그램을 설치하여 강의를 들을 수 있고 자녀교육에 관한 고민이나 문제점들을 전문가와 상담하여 해결할 수도 있다.

(1) 텔레비전

① EBS '60분 부모'

부모교육상담 전문 프로그램인 '60분 부모'는 월요일부터 금요일까지 요일별로 정해진 주제를 가지고 전문가와 함께 육아, 교육, 가족 등에서 나타나는 문제점의 해결책을 모색하며 좀 더 행복한 가정을 꾸리기 위해 기획된 프로그램이다. 전화, 인터넷, 방청객 참여 등 다양한 방식으로 참여를 유도하며, 또한 양육 분야에서 내노라 하는 최고 전문가들이 패널로 참석하여 섬세하고도 진정성 있는 상담, 그 가운데 학습 관련 핵심정보만을 간추려 제공한다.

② SBS '우리 아이가 달라졌어요'

다양한 문제행동을 일으키는 아이의 행동을 집중 조명하여 행동의 문제점을 발견하고 부모와 함께 이를 바로잡아 주고 어머니에게 올바른 육아 방법을 집중 코치하는 방법으로 진행된다. 육아 방법에 대해 집중 코치를 하고 문제행동에 대한 교육법을 제시해 주는 프로그램이다.

(2) 라디오

① EBS '멘토 부모'

키즈 클리닉을 통해 유아의 질환과 건강, 행복한 육아에서 영유아기의 아이들에 대한 발달, 기질 등을 제시해 줌으로써 육아를 돕고 양육에 있어 어려움을 고민하는 프로그램으로 진행된다.

② EBS '이지희의 해피 패밀리'

유아, 건강, 가정의 행복과 같은 부모를 위한 다양한 팁을 알려주고 지혜로운 부모로 이끄는 길잡이의 역할을 하기 위한 프로그램으로 진행된다.

3) 인터넷

정보통신의 발달과 원격교육의 확대로 다양한 매체와 열린 교육 프로그램 등을 통해 부모교육에 참여하는 경우가 늘어나고 있다. 배움의 장인 학교를 떠나 시공간을 초월하여 이루어질 수 있다는 평생교육이 가능해지므로 자녀교육에 관심을 가지고 있는 부모들이 필요한 정보와 지식을 얻기 위해 매체를 활용하기도 하고 자녀를 양육하는 동호인으로서 사이트를 운영하고 있어 부모참여의 형태는 더 빠르고 큰 모임으로 확산되고 있다.

(1) 중앙육아지원센터(http://central.childcare.go.kr/ccef/main.jsp) 및 육아지원센터

중앙육아종합지원센터는 1995년 전국 시도 및 시군구 육아종합지원센터의 사업관리와 운영을 지원함으로써 보육 및 가정양육 정책수립에 일조하고 지역 육아지원 사업을 활성화하는 데 그 목표를 가지고 저출산 시대를 극복하고 미래인재를 육성하기 위해 출생과 더불어 생애초기의 질 높은 보육과 양육의 환경을 조성하고자 한다.

(2) 부모넷(www.bumonet.or.kr)

아이들을 키우면서 생기는 고민을 함께 나누고 교육정보를 얻을 수 있는 사이트로, 일방적인 정보전달이 아니라 부모들끼리 서로 고민을 털어놓고 조언을 하는 곳이다. 이곳에서는 학습, 성, 진학 등 관심 분야별 검색이 가능한 게시판도 활용된다. 다양한 강좌나 뜻을 같이하는 동호인들의 유익한 정보를 나눌 수 있는 보다 적극적인 참여형태를 취하기도 한다.

(3) 동화사랑(http://donghwasarang.com)

인터넷으로 동화 읽기, 이야기 짓기, 색칠공부 등을 할 수 있다. 인터넷을 이용한 책읽기 방법은 다양한 책을 접할 수 있고 정보교환에도 좋다.

(4) 각종 블로그

다양한 블로그 활동을 통해 실제 육아를 하는 부모가 올린 글과 사진을 통해 정보를 얻을 수 있다.

4. 장애아 부모를 위한 교육

장애아는 신체나 심리적 손상이 있어 생활이나 노동을 하는 데 지장이 있는 상태를 의미한다. 장애아동으로 진단, 판별받았을 때 부모와 가족의 충격은 말로 형용하기 어려울 정도이다. 따라서 장애아를 위한 부모교육 프로그램에서는 장애아동을 올바르게 이해하여 긍정적인 자녀교육관을 가지고 발달과정에서 나타나는 지적, 심리적, 행동적 특성과 장애의 특성을 알 필요가 있으며 장애아동을 위한 가정교육의 중요성을 알아야 한다. 장애아 부모의 적응 단계를 보면 일반적으로 처음에는 의혹이나 충격을 받고 시간이 지남에 따라 수용해 가는 양상을 띤다.

보통 부모는 충격 → 거부 → 치욕 → 자책, 갈등 → 고통, 질투 → 과보호, 배척 → 적응의 단계를 거친다. 어떤 부모들은 이러한 과정을 잘 넘겨 장애아동을 잘 받아들이고 현실적인 치료와 교육을 할 수 있게 되나 그렇지 못한 부모들이 있어 부정적 반응을 보이는 경우가 있다. 부정적 반응으로 인한 현상으로는 첫째, 의사나 전문가의 의견을 불신하고 자녀의 장애를 인정하지 않고 있을 수 없는 완전치유나 정확한 진단을 찾아 방황함으로써 현실적인 치료나 교육을 이용하지 못하게 되고 아동의 발달에 큰 저해를 초래한다. 둘째, 장애를 인정하면서도 장애의 원인을 계속 추구하는 부모는 장애를 부정하고 싶은 심리, 원인을 찾음으로써 내 잘못인가 아닌가, 어떤 사람의 잘못인가를 가려내려는 심리, 또 원인을 찾으면 완전치유를 할 수 있다는 잘못된 생각에서 비롯된다.

이를 통해 가정불화가 일어나기도 한다. 부적절한 감정의 지속적인 책임 추구와 죄책감 때문에 가정불화와 파탄을 일으킬 수가 있는데 이러한 가정은 장애아동에게 일관성 없는 태도와 불규칙한 양육방법 등을 사용함으로써 아동들을 정서적으로 불안정하게 만들 가능성이 많다. 또한 부모는 우울증, 자신에 대한 의구심, 열등감, 무력감에 시달리기도 하며 자녀를 과잉보호하거나 어린애 취급함으로써 자녀를 과보호하고 철저히 헌신적인 태도를 취함으로써 결과적으로 아동의 발전을 저하시킨다. 이러한 결과 장애아 부모와 장애아동을 위한 부모교육이 필요하다.

1) 놀라운 연령: 부모 및 아동 훈련시리즈
(The Incredible Years: Parents, and Children Training Series)

놀라운 연령: 부모 및 아동 훈련시리즈(Webster-Stratton, 1992, 2000)는 포괄적인 다중요소 프로그램으로 3~12세의 고위험 아동과 그 부모와 교사를 위한 선별적 예방개입 프로그램이다. 단기목표는 부모에게 긍정적 대화, 일관적이고 명확한 한계설정, 비폭력적인 훈육전략을 교육하여 부모의 능력을 강화하는 것이다. 부가적인 주제로는 아동에게 문제 해결방법, 분노 해결방법을 교육하는 법, 부모와 교사의 긍정적인 협력관계를 증진하는 법 등이 있다. 아동을 위한 목표는 사회적 능력, 학습능력을 강화하고 행동문제를 감소시키고 친구, 교사, 부모와의 긍정적인 상호작용을

증가시키는 것이다(Webster-Stratton & Herbert, 1994).

(1) 프로그램의 구성

이 프로그램은 집단을 단위로 부모에게 제공된다. 집단은 커리큘럼을 마치기 위해 매주 2시간씩 대략 11~14주 동안 만난다. 부모 집단에게 부모와 자녀의 상황에 대한 비디오를 보여주고 이에 대한 문제해결과 토론을 장려한다. 기초 프로그램은 연극, 아동의 학습 돕기, 칭찬과 격려의 가치, 아동에게 동기를 부여하기 위한 인센티브의 사용, 효과적인 제한설정, 비행행동 다루기 등과 같은 주제를 다룬다. 기초 프로그램은 두 가지 종류가 있는데 하나는 2~7세 아동을 위한 것이고 다른 하나는 7~12세의 학령기 아동을 위한 것이다.

(2) 프로그램의 내용

이 교육 프로그램은 자녀의 교육을 후원하기(Supporting Your Child's Education)라는 시리즈가 보충될 수도 있다. 자녀의 교육 후원하기 시리즈는 아동의 자기 확신을 증진시키기, 좋은 학습습관을 기르기, 숙제에 참여하기, 부모모임을 통해 아동을 대변하기 등의 주제를 다룬다. 반면 고급 부모교육 프로그램은 부가적으로 14세션을 더 진행하고 효과적인 대화, 분노조절, 문제해결, 가족모임, 지지를 주고받는 방법 등의 주제를 다룬다.

2) 가족강화 프로그램(Strengthening Families Program)

(1) 프로그램의 배경

가족강화 프로그램은 6~12세의 고위험 아동과 그 부모를 대상으로 하며 적응유연성(resiliency)을 증가시키고 약물남용, 우울증, 폭력, 공격성, 비행, 학교실패 등의 위험요인을 감소시키도록 고안된 선별적 가족기술훈련 프로그램이다(Kumpfer & Alvarado, 1995). 이 프로그램은 1982년에 Kumpfer와 그 동료에 의해 개발되었다. 원래 약물중독자의 자녀를 위해 개발된 것이지만 약물중독자가 아닌 부모를 가진 가정에서도 효과성이 입증되어 널리 사용되고 있다.

(2) 프로그램의 구성

이 프로그램의 커리큘럼은 2시간짜리 14회의 세션으로 이루어진 부모 기술훈련, 아동 기술훈련, 가족 삶의 기술(life skills)훈련 등 세 가지 코스로 구성되어 있다. 2시간 중 첫 번째 한 시간에는 부모와 자녀가 분리된 수업에 참여하고 각 수업은 2명의 지도자에 의해 운영된다.

(3) 프로그램의 내용

부모는 관심과 보상, 명확한 대화, 효과적인 훈육, 약물남용 교육, 문제해결, 한계설정 등을 사용하여 아동의 바람직한 행동을 증가시키는 방법을 배우게 된다. 아동은 효과적인 대화, 감정 이해하기, 분노와 비판을 잘 대처하기, 스트레스 조절, 사회기술, 문제해결, 또래집단의 영향 거부하기, 약물남용의 결과, 부모의 규칙에의 순종 등을 배우게 된다. 2시간 중 두 번째 한 시간에는 부모와 자녀가 함께 구조화된 가족활동, 치료적인 아동 역할극, 가족모임, 대화기술, 효과적인 훈육, 긍정적 행동을 서로 강화하기, 가족활동을 함께 계획하기 등을 실습한다. 효과성의 배가를 위해 참가, 적극적 참여, 숙제 완수, 졸업 등에 대한 인센티브의 마련을 권장한다. 각 세션 전에는 가족식사, 교통, 보육 등을 제공하여 프로그램 참여의 제한조건을 완화해준다. 이 프로그램을 마친 뒤 효과부양을 위한 세션(booster session)과 이 프로그램을 졸업한 부모가 진행하는 가족지지집단이 권장된다.

3) 순종적이지 않은 아동 지원(Helping the Noncompliant Child)

(1) 프로그램의 배경

순종적이지 않은 아동 지원 부모교육 프로그램은 Hanf가 개발한 것을 Forehand와

McMahon(1981)이 발전시킨 것이다. 이 프로그램은 3~8세의 비순종적이거나 품행장애(conduct disorder)가 있는 위기 아동과 그 부모를 대상으로 한다. 이는 고위험 아동과 그 부모를 대상으로 할 수도 있다. 이 부모교육 프로그램의 장기적 목표는 학령전기나 초등학교 시기 아동의 심각한 품행장애의 이차적 예방과 계속되는 청소년 비행의 일차적 예방이다. 단기 및 중기적 목표는 부모와 아동 간의 불건전한 상호작용의 제거와 긍정적이고 친사회적인(prosocial) 상호작용 유형의 수립, 양육기술의 개선, 아동의 친사회적 행동 증가와 품행장애 행동의 감소 등이다(Forehand & Long, 1996).

(2) 프로그램의 구성

세션들은 일반적으로 집단으로 이루어지기보다 개별 가족 단위로 이루어진다. 부모와 아동은 매주 60~90분 정도의 세션에 참여하고 평균적으로 세션은 10회로 이루어진다.

(3) 프로그램의 내용

프로그램은 아동의 적절한 행동에 대한 긍정적인 관심을 증가시키고, 심각하지 않은 아동의 부적절한 행동을 무시하고, 아동에게 명확한 규칙을 제공하고, 순종과 불순종에 대해 적절한 결과(예를 들어 순종에 대해서는 긍정적인 관심을 비순종에 대해서는 외출 금지 등)를 제공함으로써 부모가 아동과의 불건전한 상호작용 사이클에서 벗어날 수 있도록 계획된 양육기술 습득으로 구성되어 있다. 이러한 기술들은 광범위한 시범, 역할극, 교육환경 내에서 혹은 가정에서 아동과의 직접적 연습 등을 통해 습득된다.

5. 다문화가족을 위한 부모교육 프로그램

1) 다문화 프로그램(Cross-Cultural Parenting Program, CCPP)

(1) 프로그램의 배경

캐나다 캘거리이민자여성연합회(Calgary Immigrant Women's Association)의 다문화 프로그램은 이민자 여성 역량 강화와 이민자 가정이 사회에 잘 적응할 수 있도록 1986년에 만들어졌다.

(2) 프로그램의 목적

CCPP의 목적은 이민자 여성의 가정이 사회에 잘 적응하고 통합될 수 있도록 하는 것으로 긍정적인 다문화적 부모역할을 강화하고자 하는 것이다.

(3) 프로그램의 목표

구체적 목표는 문화이해와 가정과 지역사회의 특성에 대한 이해, 문화적 맥락 속에서 다문화 가정의 자신감과 긍정적 태도를 형성시키고 긍정적인 다문화가정의 부모역할을 수행함으로써 캐나다 사회에 실질적으로 참여하는 기술을 습득하는 것이다.

(4) 프로그램의 구성

CCPP는 14회기로 프로그램이 구성되는데 집단의 크기는 10명에서 15명이며 소집단 토론, 강의 워크숍, 사례발표, 실습, 역할극, 모델링 등의 교수학습 방법이 활용된다. CCPP의 내용은 이민자 부모에게 자녀와 부모의 관계개선과 가족의 긍정적 미래탐색, 실질적 지식과 기술을 제공하는 내용으로 이루어진다.

(5) 프로그램의 내용

CCPP 프로그램의 내용으로는 프로그램에 대한 소개, 사회환경 이해, 부모로서의 기대 인식하기, 부모의 양육태도와 가치 이해하기, 자녀발달 이해하기, 자녀의 자존감 지지하기, 자녀교육 이해하기, 긍정적 가족 분위기 조성하기, 효과적인 소통방법 이해와 적용하기, 자녀문제 예방 및 해결하기, 인종차별 문제에 대처하기, 따돌림 문제에 대처하기, 양육기술 습득하기, 자녀교육에 필요한 정보와 서비스에 대한 접근 등이 있다.

이에 따라 집단토론을 통해 인쇄자료와 시청각자료, 교수자 등의 지원을 제공하며 이민자 아버지를 위한 미디어 교육 시스템 및 종교기관 등의 사회적 환경을 자녀교육의 매체로 활용한다. 또한 이중 문화 간의 효과적인 소통방법이나 자기표현, 부모 역할 문제해결능력 등의 기술증진으로 개인적 차원에서 사회적 책임감을 증진시킨다. 마지막으로 이민자 가정의 부모에 대한 언어소통 문제를 고려하여 부모의 언어를 습득시키는 것에 대한 능력향상을 돕는다.

2) 부모역량 증진 가이드(Parents Empowering Parents Guide)

(1) 프로그램의 목적

미국 캘리포니아 주의 학부모 교사 연합회(Parent-Teacher Association, PTA)의 부모역량 증진(PEP) 가이드는 학부모 교사 연합회의 리더들이 효과적인 부모교육 프로그램을 실행하기 위한 목적으로 구성되었다.

(2) 프로그램의 목표

PEP에서 제시한 부모역량을 증진하기 위한 교육의 방향과 목표는 다음과 같다.

첫째, 부모는 모든 자녀발달에 영향을 미치는 교사의 역할을 담당하며 자녀가 정신적, 신체적, 정서적으로 건강한 성인으로 성장하기 위한 기술과 필요한 가치를 배울 수 있는 바탕이 되도록 환경을 조성한다.

둘째, 의사 전달자이며 조언자로서 부모의 능력을 갖게 한다. 부모는 자녀의 개인적이며 교육적인 문제를 조언할 수 있도록 지속적인 의사전달 능력을 유지한다.

셋째, 부모는 자녀교육과 사회발전을 위해 기술과 지식을 전달하기 위해 노력한다.

넷째, 부모는 자녀와의 대화와 문제해결을 위해 교사 교육자와 함께 협력해서 결정한다.

(3) 프로그램의 내용

소집단 토론, 강의 워크숍, 사례발표, 피드백, 실습, 역할극, 모델링, 시청각자료 등의 교수학습 방법을 통한 PEP 프로그램의 내용은 다음과 같다.

첫째, 태어나서부터 유아기까지 부모가 알아야 하는 발달에 대한 지식으로 두뇌발달과 성장의 단계 이해하기, 유아기 자녀교육을 위한 지침 알기, 교육자로서의 부모 역할 알기, 자녀를 어떻게 키울 것인지에 대한 지식 이해하기, 취학 전 학교교육에 대해 준비하기 등이 제시되어 있다.

둘째, 유년기에 필요한 부모와 자녀와의 관계에 대한 내용으로 바쁜 부모들에게 필요한 부모역할 이해하기, 자녀에게 경청하고 대화하기, 자녀의 자존감 세우기, 자녀에 관한 결정 내리기, 일관성과 공정함에 대해 훈련하기 등으로 구성되어 있다.

셋째, 자녀에게 필요한 부모와 자녀의 관계 이해에 대한 내용으로 자녀의 고민 상담, 자녀가 원하는 것을 이해하고 돕기, 자녀와의 파워 게임, 역할 이해하기, 십대의 문화 이해하기, 교과과정 외의 활동 알기, 위기극복을 위해 탄력적인 자녀로 성장하게 하기 등이 제시되어 있다

3) 다문화가정 어머니 부모역량 프로그램

(1) 프로그램의 목적

다문화가정 어머니의 부모역량 프로그램은 다문화가정 어머니로서 부모역할을 수행할 수 있는 역량을 강화하는 데 그 목적이 있다.

(2) 프로그램의 목표

다문화가정 어머니 부모역량 프로그램의 목표는 다음과 같다.

첫째, 부모로서의 역할을 이해하고 자기관리 능력을 증진한다.
둘째, 자녀발달의 원리를 이해하고 실천의 능력을 증진한다.
셋째, 자녀의 교육 문제에 대한 해결 능력을 증진한다.
넷째, 시대적 변화에 따른 새로운 문화적 공감과 소통의 능력을 증진한다.

(3) 프로그램의 내용

다문화가정 어머니의 부모역량 강화 프로그램의 내용 요소는 부모로서의 자기관리 능력, 자녀와의 의사소통 능력, 자녀의 교육 문제해결 능력, 생태 문화적 공감과 소통 능력으로 구분되어 있다. 각 내용 요소별 하위내용으로 부모로서의 자기관리 능력은 '긍정적 자기인식 갖기', '가족 관계에서의 '자아존중감 느끼기', '부모역할 이해하기'이며 자녀와의 의사소통 능력에는 '자녀의 성장발달 이해하기', '자녀의 성격 유형 이해와 소통 능력 익히기', '놀이를 통한 자녀와의 상호작용 방법 익히기'가 있고 자녀의 교육 문제 해결 능력에는 '창의적 인재교육 이해하기', '학교 문화의 적응 능력 익히기'가 있다. 또한 생태 문화적 공감과 소통 능력의 하위내용은 '음악활동을 통한 대인관계 기술 익히기', '지역사회 소통을 위한 이웃관계 중요성 이해하기', '부모역할에서 소통과 공감 능력 익히기', '문화 적응의 실제 감각 익히기' 등이다.

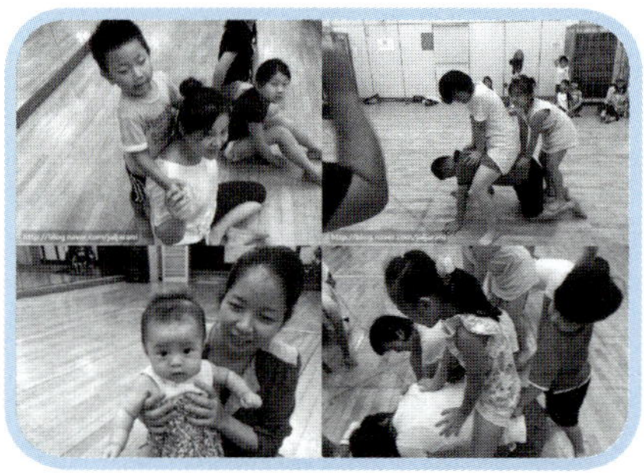
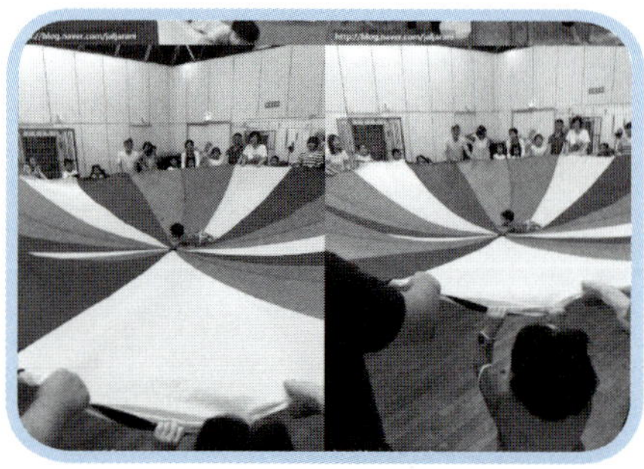

출처: http://blog.naver.com/jaljarani/220467472585: 다문화 지원센터 부모교육

Chapter 05

부모교육의 이론적 체계

이 장에서는 부모교육에서 가장 잘 알려진 드라이커즈(Dreikurs)의 민주적 부모교육의 이론, 기노트(Ginott)의 인본주의적 부모교육의 이론, 고든(Gordon)의 효율적 부모교육이론, STEP 부모교육 프로그램, 코칭의 효과적인 대화기법, 그리고 행동주의 부모교육이론 등을 살펴봄으로써 부모를 위한 부모교육의 이론체계를 개관하고자 한다.

1. 드라이커즈의 민주적 부모교육이론

1) 목적

드라이커즈(Dreikurs)는 민주적인 가족의 분위기를 강조하여 가족 내에서 일어나는 사회화 과정을 매우 중요시하였다. 부모들은 그들의 자녀가 잘못된 목표를 지향해 나가지 않도록 지극히 세심한 배려를 하도록 해야 하며 부모와 자녀 관계를 민주적 관계로 긴밀히 유지한다면 아이들이 극단적인 행동을 하는 일은 없을 것이라고 강조하였다.

드라이커즈의 민주적 부모교육이론은 부모가 자녀의 행동을 이해하고 부모와 자녀 간의 평등한 인간관계를 형성해 나가도록 하는 데 그 목적이 있다. 드라이커즈는 민주주의 사회에서는 모든 사람들이 평등하듯이 아이들도 평등하게 취급되어야 한다고 주장하였다. 따라서 부모교육의 목적은 유아는 경험과 교육뿐만 아니라 자기 스스로 선택하고 결정할 수 있는 능력을 가지고 있으므로 부모는 가족 모두의 이익을 위해 가정 내의 규칙을 세우고, 이러한 제한 내에서 유아들에게 선택권을 주어 유아 자신이 결정하도록 허용하는 민주적 양육태도를 갖도록 돕는 데 있다.

드라이커즈의 이론은 부모 효율성을 위한 체계적 훈련 프로그램(STEP)에서 자세히 소개되고 있는데, 좋은 부모와 책임감 있는 부모를 구별하였다.

'좋은 부모'는 깊이 있게 아동에게 관여하여 자녀를 위하여 모든 것을 해야만 한다고 믿는 부모를 의미하고, '책임감 있는 부모'는 자녀에게 스스로 선택할 기회를 주고 자녀의 결정에 대한 결과들을 경험하도록 허용하는 부모를 의미한다.

자녀와의 갈등을 해결하기 위한 전략으로서 자녀의 느낌 메시지를 분석하고 느낌을 포함한 단어들을 사용하여 반응하는 반성적 경청태도를 제시하고 있다.

한편, 그는 유아의 행동 목표를 세 가지 심리적 목표로 제시하였다(이연섭, 강문희, 1997).

① **직접적 목표:** 어떠한 상황이 일어날 때 그 즉시 설정하는 잘못된 행동 목표로 관심 끌기, 힘 행사하기, 복수하기, 무능함 보이기 등 4가지 유형이 여기에 속한다.

② **중간적 목표:** 심리적 · 신체적 편안함, 다른 사람을 기쁘게 하기, 다른 사람을 조정하기, 다른 사람보다 우세함 느끼기, 삶의 의미 찾기 등을 추구한다.

③ **장기적 목표:** 항상 좋은 사람, 착한 사람이 되려고 노력하며 어떤 상황에서나 주의집중을 받는 인물이 되고자 한다.

2) 행동 전략

유아에게 부모는 유아가 잘못된 행동 목표를 변경하고, 긍정적 행동의 목표를 다시 설정할 수 있도록 하며, 스스로 책임 있는 결정을 내리도록 자연적 귀결방법과 논리적 귀결방법의 행동통제 방법을 제시할 수 있다.

자연적 귀결방법은 자연스러운 상황에서 유아가 자신의 행동으로 인하여 보상을 받고 있다고 느끼는 방법이다. 논리적 귀결방법은 유아 자신과 부모에 의해서 행동의 결과가 결정지어지게 하는 방법이다. 이러한 제 과정을 통하여 유아는 자신의 욕구 충족을 위해 가상적 목표를 설정하고 목표에 대해 성공하려고 새로운 또 다른 행동양식을 창조하게 되는데, 나이가 어릴수록 부모가 자신을 사랑한다고 느끼게 해주고 가정에서 소속감과 안정감을 느끼도록 해주어야 환경에 보다 잘 적응할 수 있다.

유아의 잘못된 행동 목표에 대한 부모의 대안방법은 다음과 같다(이경우 역, 1985, pp.26~27).

(1) 관심 끌기

- **자녀의 신념:** 내가 관심을 끌 때만 나는 소속감을 느낀다.
- **부모의 반응:** 귀찮다는 느낌을 가지고 있으나 관심을 보이고 달래려 한다.

- **부모의 행동에 대한 자녀의 반응:** 일시적으로 잘못된 행동을 중단한다. 잠시 후 같은 행동을 반복하거나 다른 방법으로 관심을 끄는 행동을 한다.
- **대안:** 가능한 잘못된 행동을 무시한다. 고의적으로 관심을 얻으려 하지 않을 때 긍정적인 행동에 대해 관심을 보인다.

(2) 힘 행사하기

- **자녀의 신념:** 내가 모든 것을 마음대로 할 수 있으며 누구도 나를 지배 못 할 때 소속감을 가진다.
- **부모의 반응:** 부모의 권위가 도전받는 것 같아 흥분하여 싸우거나 포기를 한다.
- **부모의 행동에 대한 자녀의 반응:** 적극적이거나 공격적이며 그 행동이 심해진다. 또는 반항적인 순종을 한다.
- **대안:** 갈등에서 한 걸음 물러선다. 힘을 건설적으로 어떻게 사용하는지를 가르쳐 준다(예: 무거운 물건을 같이 들어 달라고 도움을 청한다. 힘이 세서 도와주니 정말 기쁘다고 말한다.).

(3) 복수하기

- **자녀의 신념:** 자신은 사랑을 받지 못하고 있으며 상처를 받았으니 다른 사람도 상처를 받아야 소속감을 느낀다.
- **부모의 반응:** 깊이 상처를 받으며 보복하려는 경향을 보인다.
- **부모의 행동에 대한 자녀의 반응:** 잘못된 행동의 강도를 높임으로써 복수심을 나타내거나 다른 무기를 선택한다.
- **대안:** 감정을 상하게 하거나 벌을 주기보다는 신뢰적인 관계를 맺도록 노력한다. 즉, 사랑받고 있다는 확신을 준다.

(4) 무능함 보이기

- **자녀의 신념:** 나는 무능력하고 무기력하므로 자신에게 아무런 기대를 갖지 않도록 함으로써 소속감을 느낀다.
- **부모의 반응:** 절망감과 포기하고 싶은 마음이 든다. 어떤 일도 할 수 없다고 인

정하려는 경향을 보인다.

- **부모의 행동에 대한 자녀의 반응:** 어떤 것에든지 수동적으로 반응하거나 거의 반응하지 않으므로 향상도 보이지 않는다.
- **대안:** 비난하지 않으며 작은 거라도 긍정적인 시도가 이루어지면 칭찬을 아끼지 않는다. 관심을 보이며 동정하거나 포기하지 않는다.

2. 기노트의 인본주의 부모교육

기노트(Ginott)는 정신의학적 이론과 부모교육을 연결시켜 부모와 자녀 간의 의사소통 기술을 증진시키는 데 공헌하였다. 기노트의 인본주의 부모교육이론은 어떻게 부모가 자녀와 대화를 잘 나눌 수 있는지, 자녀의 이야기를 잘 경청할 수 있는지, 또한 어떻게 자녀들의 관심을 부모에게로 집중시킬 수 있는지에 대하여 다루고 있다.

1) 대화 기술

자녀와 효율적인 대화가 이루어지기 위한 전략은 다음과 같다(신홍민 역, 2003).

(1) 암호 해독하기

아이들과의 대화는 직접적으로 자신의 생각이나 느낌을 표현하지 않고 말과 행동 속에 전달하고자 하는 의미를 포함하고 있으므로 아이가 말하고자 하는 내용을 파악하는 것은 암호 해독과 같은 기술이 필요하다. 예를 들어, 아들과 아버지의 대화를 들어보면 다음과 같다.

"전쟁이 나서 죽는 아이들은 몇 명이나 있어요?"
"한국 전쟁이 일어났을 때는 몇 명이나 죽었어요?"

"베트남에서는요?"
"시리아에서는요?"

아버지가 아들의 관심이 사회적인 것이 아니라 개인적인 것이며 혹시 자신도 다른 나라의 아이들처럼 전쟁이 나서 죽으면 어떡하는가에 대한 두려움 때문이라는 것을 깨달은 것은 오랫동안 대화가 이루어지고 난 후였다.

(2) 존중하기

아이와 대화를 하기 위해서는 다음과 같이 아이를 존중하는 태도를 보이는 것이 중요하다.

첫째, 부모가 자신의 자존심과 마찬가지로 아이의 자존심을 존중해 주는 태도를 가진다.
둘째, 조언이나 충고를 할 때는 아이의 말을 잘 경청하여 그 말을 충분히 이해한 후에 아이의 행동보다는 감정을 나누는 태도를 가진다.
"어린이 대공원에 가기를 기다렸는데 비가 와서 정말 속상하다."

(3) 이해와 감정이입

아이가 어떤 사건에 대해 말을 할 때, 그 사건보다는 사건을 둘러싸고 있는 아이의 감정을 이해하고 받아들이며 반응하는 것이 도움이 된다.

아이: "나는 바보예요. 계산문제를 틀렸어요."
엄마: "계산은 쉽지가 않아. 엄마도 물건을 사고 계산을 잘못할 때가 많아!"
아이: "계산문제는 정말 싫어!"
엄마: "시험을 볼 때는 더 힘들 거야. 혹시 점수가 나빠서 엄마와 아빠가 실망하면, 그리고 야단을 맞으면 어떡하지 하는 걱정 때문에 두렵기도 할 거야. 엄마는 네가 최선을 다해서 열심히 했을 거라고 믿어!"

이와 같이 아이와의 대화는 아이가 느끼고 있는 감정뿐만 아니라 그 감정이 뜻하는 내용까지도 이해한다는 것을 보여주는 것이 아이에게 도움을 줄 수 있다.

(4) 감정 이해하기

사람들의 마음에는 항상 두 가지 감정이 존재한다. 대상을 좋아하는 마음과 싫어하는 마음이 존재한다. 아이가 예쁘다가도 귀찮게 하면 싫다는 감정을 가진다. 이는 아이도 마찬가지다. 엄마가 좋다가도 엄마가 밉다는 감정을 갖는다. "공부를 해야 한다고 생각하면서도 하기 싫은 생각도 가지고 있어." 야단치기보다는 부드러운 말씨로 아이가 가지고 있는 상반된 감정을 인식하도록 아이를 도와줄 수 있다. 또한 아이가 느끼는 감정을 비난하지 않고 느끼는 감정 그대로 받아들인다. "기분이 나빠 보이네. 속상한 일이 있었니?"

2) 말의 힘: 격려하고 이끌어 주는 방법

말에는 칭찬하고 격려하고 위협하고 파괴하는 힘이 있다. 따라서 자녀와 말을 할 때는 다음과 같은 점을 유의해야 한다.

(1) 무조건 칭찬하지 않기

칭찬을 할 때 가치를 평가하고 판결을 하는 칭찬은 오히려 자녀를 불편하게 한다. 칭찬을 할 때는 "너는 착한 아이야."보다는 "길거리에 있는 휴지를 주워 길이 깨끗해졌구나!"라는 말이 더 자연스러운 칭찬이다. 칭찬을 하려면 자녀가 도움을 주었거나, 노력을 했거나, 배려, 새로운 것을 해냄 등과 같이 성취한 일에 대해서 어떤 점이 마음에 들고 높이 평가를 받는지를 명확하게 표현해야 한다.

예 **도움이 되는 칭찬:** 자동차를 닦아줘서 고맙다.
긍정적인 결론: 내가 일을 잘 한 거야. 내가 한 일이 인정을 받았어.
도움이 되지 않는 칭찬: 너는 천사야, 착한 아이야.

(2) 비판하기보다는 이끌어 주기

부모들은 자녀의 인격적인 면이나 성품을 비난하기보다는 이끌어 줄 때는 문제에 대해, 그리고 가능한 해결책에 대해 언급을 한다. 예를 들어, 주스를 쏟은 아이에게 침착하게 "주스가 쏟아졌구나. 다치지는 않았니? 가서 다른 잔하고 행주를 가져와야겠다."라고 말한다. 또한 비판은 오히려 분노와 적대감을 낳으므로 비난하는 대신에 미비한 점에 대해서 정보를 준다. 예를 들어, "차를 좀 더 닦아야겠는 데. 특히 지붕과 오른쪽 창문 말이야. 언제 할 수 있겠니? 그래, 고맙구나."

(3) 분노 삭이기

사람은 누구나 화가 날 때가 있다. 그러므로 마음의 분노를 다스리려면 마음이 평화로울 때 이에 대한 다음과 같은 준비를 해야 한다.

첫째, 아이들을 대하다 보면 화가 날 수도 있다.
둘째, 죄의식이나 부끄러움을 느끼지 않고 화를 낼 수 있다.
셋째, 감정을 표현할 수 있다(예: "화났어!" "나 무척 화났어!" "나 정말 화났어!").

3) 부모의 태도

자녀들이 자라면서 거짓말을 하고, 물건을 훔치고, 버릇없는 행동을 하면 당황하여 자녀를 협박하고, 매수하고, 약속하고, 빈정대고, 무섭게 야단을 치지만 이는 해결책이 되지 못한다. 효과적인 해결을 위한 방법은 다음과 같다.

첫째, 부모가 아이의 행동을 어떻게 판단하고 있는지를 분명하게 밝혀준다.
둘째, 이미 대답을 알고 있으면서 아이에게 질문을 하면 안 된다.
셋째, 아이가 잘못된 행동을 했을 때, 권위를 잃지 않으면서 침착하게, 그리고 친절하게 대처한다.

4) 책임감 길러주기

아이가 스스로 선택을 하고 힘을 발휘할 수 있다는 것을 믿는다는 부모의 마음을 보여 주어야 한다. 아이가 어떤 요구를 하였을 때 부모의 마음 속 반응이 긍정적이면 마음을 담아 표현을 한다(예: "네가 원한다면" "네가 바라는 것이 진정으로 그거라면" "네가 어떻게 결정하든, 난 다 괜찮아"). 아이가 책임감 있는 아이로 자라기를 원한다면 존중하는 마음을 담아 안내해야 하며, 아이가 독립적이 되려고 노력을 한다는 점도 이해하여야 한다.

5) 규율 세우고, 지키기

규율의 핵심은 처벌을 대신할 효과적인 대안을 찾는 것이다. 부모에게 벌을 받으면 아이는 몹시 화를 낸다. 분노와 불만을 가진 아이는 부모의 말에 귀를 기울이거나 집중할 수 없다. 그러므로 규율을 정해 아이들에게는 받아들일 수 있는 행동과 받아들일 수 없는 행동을 분명하게 구분해 주어야 한다. 부모가 허락해 준 행동의 한계를 알면, 아이들은 안정감을 느낀다. 아이의 행동을 세 가지 영역으로 구분하면 다음과 같다.

첫째, 이 영역은 바람직하고 허락된 행동으로 구성되며 아이의 모든 행동을 받아들인다.

둘째, 이 영역은 인정하지는 않지만 특별한 이유로 너그럽게 받아들이는 행동을 포함한다(예: 아프거나, 친구와 헤어짐, 이사를 함).

셋째, 관용을 베풀 수 없고, 무조건 중단시켜야 하는 모든 행동이 포함된다(예: 가족의 행복, 법률이나 윤리적으로 금지된 행동, 사회적으로 용인될 수 없는 행동).

부모가 지혜로운 방법으로 행동의 한계를 정하고 아이들이 여러 가지 감정을 드러내면, 이를 공감해 주고 이해해 주며, 용납할 수 없는 행동을 했을 때는 아이를 존중하면서 제지하고 규율에 따를 것을 요구하면 사회의 규범을 존중하는 아이로 자랄 것이다.

6) 자녀교육 방법

기노트의 인본주의 자녀교육 방법을 요약하면 다음과 같다(곽덕영, 김미화, 1994 재인용).

첫째, 부모는 치료자, 상담자의 역할을 수행한다.

둘째, 부모의 경험, 지식, 양육방식의 부족으로 인해 유아의 정상적인 발달에 어려움이 생기므로 이에 대한 지식을 가진다.

셋째, 유아의 말을 주의 깊게 들어주고, 말속에 담겨져 있는 메시지가 무엇인지를 예민하게 파악할 수 있는 통찰력을 가진다.

넷째, 유아에게 당연한 칭찬은 하지만 무조건적인 칭찬은 하지 않는다.

다섯째, 유아의 눈높이에 맞추어 진정한 대화가 이루어지도록 상호작용하는 대화기술이 필요하다.

여섯째, 유아 자신의 감정을 언어로 표현할 수 있도록 교육한다.

3. 고든의 부모 효율성 이론

고든(Thomas Gordon)은 부모의 역할에도 훈련이 필요하다는 인식을 가지고 효과적인 부모교육훈련(Parent Effectiveness Training, PET) 프로그램을 통해 부모역할을 효과적으로 수행할 수 있다고 주장하였다(이훈구 역, 2002).

1) 배경

1966년 미국 플로리다(Florida) 대학에서 고든에 의해 실험 프로그램으로 시작된 유아교육 프로그램인 PET 프로그램은 특정한 이론을 따르는 것이 아니라 정신분석, 아동심리 및 발달에 관련된 여러 이론들을 종합한 후 실제 인간관계에 적용하게 일반화한 것이다. 고든은 유아들의 정서적 문제는 정신의학적 문제로 다루어질 것이 아니라 부모-자녀 간의 관계상 문제가 생긴 것으로 보아야 하며 양자의 관계를 개선시킬 수 있는 방법을 부모들에게 교육해야 한다는 취지로 PET 프로그램을 개발하였다. 따라서 부모 효율성 훈련(Parent Effectiveness Training) 프로그램은 다음과 같은 기초를 중심으로 한다.

첫째, 가족이 유아의 지적 발달 및 인성에 가장 중요한 영향을 끼칠 수 있다.

둘째, 부모가 유아에게 고정적인 틀에 박힌 행동을 기대하기 이전인 어린 시절(특히, 영아기)이 교육하기에 가장 적합하다.

셋째, 가족이 유아발달에 아주 중요한 역할을 할 수 있으므로 가족을 교육하는 것이 장래 유아의 건전한 발달을 이룰 수 있다.

PET 부모교육 프로그램이 많은 부모들에게 신속하게 파급됨에 따라 고든은 부모 효율성 훈련협회(Parent Effectiveness Training Associates)를 창설하게 되었으며 이 기구를 통하여 아동을 위해 일하는 전국의 교사, 행정가, 부모들을 대상으로 전문적인 훈련 프로그램을 실시하게 되었다. 1980년대에는 거의 60만 명의 부모들이 참여하였고 PET 부모교육 프로그램을 교육하는 강사들도 15,000명에 이르게 되었다. 1994년에는 42개국에서 수백만 명의 부모가 PET 부모교육 프로그램에 참여하였다.

2) 프로그램의 목적 및 목표

고든의 부모 효율성 훈련 프로그램은 인본주의적 가치를 기초로 효과적인 의사소통 전략을 명확히 제시하며 상호 만족스러운 인간관계의 증진을 목적으로 하고 있다. 즉, 고든은 만족스러운 인간관계를 발전시키는 데 있어 필수적인 세 가지 요인을 제시하고 있다.

첫째, 강력한 치료적인 힘이 되는 수요
둘째, 내면적인 감정의 일치된 표현
셋째, 인간관계에서 생기는 필연적인 갈등을 해결하는 방법

고든의 부모 효율성 훈련은 위의 세 가지 요인들을 부모들이 습득할 수 있도록 함으로써 자녀를 도울 수 있는 준전문가의 역할을 부모들이 담당하도록 하는 것이다.

3) 프로그램의 구성 및 내용

고든은 효율적 의사소통에 장애요인이 되는 언어 대신 부모 자신의 감정에만 제한된 진술을 보냄으로써 그들에게 수용 불가능한 행동을 하는 유아에게 대처하는 능력을 얻도록 '나 메시지(I Messages)'의 활용을 제시하였다. 또한 부모가 유아의 문제를 의식할 때 '능동적 경청'이 도움이 될 수 있음을 강조하였다. 이는 부모가 듣고, 주시하고, 이해하는 것을 의사 전달하는 비단독적 반응이다. 나아가 고든은 부모-자녀 간의 의사소통에서 갈등을 해소하는 방안으로 적용한다. 이 기법은 부모와 자녀가 상호 수용한 해결점에 도달하는 6단계의 문제해결 과정을 거친다.

일반적으로 PET 프로그램의 형태는 부모들을 가르칠 수 있는 강사교육과 부모를 대상으로 하는 일반교육으로 나뉘며 PET 코스는 기능훈련을 하는 다른 프로그램과 그 형식에 있어서 거의 다를 바 없다. 즉 학급에서 참여자는 의사소통에 대한 여러 기법에 대해 강사에 의한 시범과 모델링을 통해 구체적인 기능을 관찰하며, 그 기능을 역할놀이에서 코치를 받으며 연습할 기회를 얻는다. 또한 모든 참석자는 자기 의견의 발표 기회를 얻고 다른 사람의 이야기를 경청하면서 그들의 견해와 현실 상황을 이해하는 것이 중요하다. 그렇게 함으로써 모든 참석자에게 동의될 수 있고 좋게

느껴지는 이상적인 해결방안을 얻게 된다.

우선 의사소통 이론과 기법에 대한 강의 및 정보제공을 하고 매 회기마다 주제에 관련된 생활 장면의 소재를 도입하여 역할 연습을 하는 과정에 많은 비중을 두고 시간을 할애하여 효율적으로 진행되도록 하였다. 프로그램을 매 회기별 90분으로 총 8회기로 구성하였으며 프로그램의 전 과정에 걸쳐 의사소통의 주요 기법들을 실제 부모 자녀 사이에서의 사례로 제시하여 의사소통 기술을 연습해 볼 수 있도록 하였다. 프로그램의 전 과정에서 전체적으로 부모 자녀 관계의 상호작용을 중시하여 부모와 자녀 사이의 효과적인 의사소통과 문제해결 방법을 제안하여 부모가 체험할 수 있도록 하였다. 또한 시작단계에서 경험을 나누고 피드백을 하는 시간을 통해 일상생활에서의 경험이 의미 있게 연관될 수 있도록 하였다.

이 프로그램의 초점은 유아에게 두면서 부모를 그의 발달에 가장 중요한 영향자로 본다. 따라서 비전문가인 부모들로부터 선발된 부모교육자가 교실에서 교사 보조자의 역할을 하면서 훈련을 받아 각 유아의 가정을 일주일에 30분 내지 한 시간씩 방문을 하면서 교사로부터 훈련받은 여러 기능을 유아들에게 제시해 주고 부모들에게 제시방법을 전달한다. 이 프로그램은 성공적인 대표 부모프로그램 중 하나로, 부모 · 가정 방문 · 부모교육자 등을 활용하여 얻게 되는 효율성은 다른 유아교육 프로그램에서도 많이 이용되고 있다.

(1) 유아의 행동 수용

고든은 유아의 행동을 어디까지 받아들이는지를 행동의 창문(Behavior Window)으로 설명하였다.

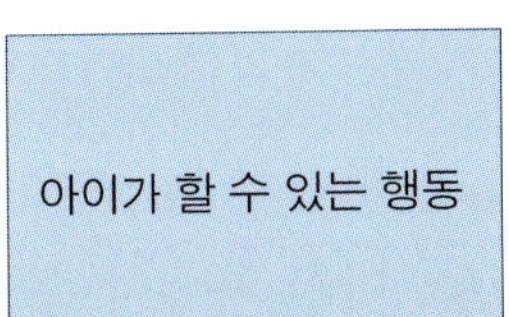

| 그림 5-1 | **아이의 행동 창문**

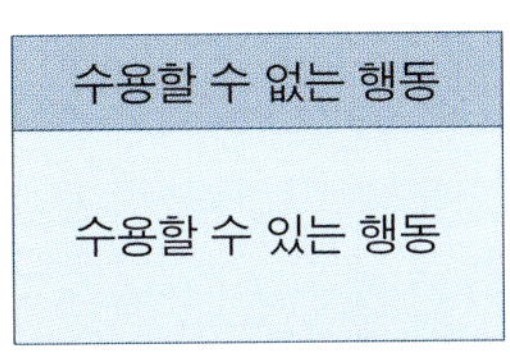

| 그림 5-2 | **수용적인 부모**

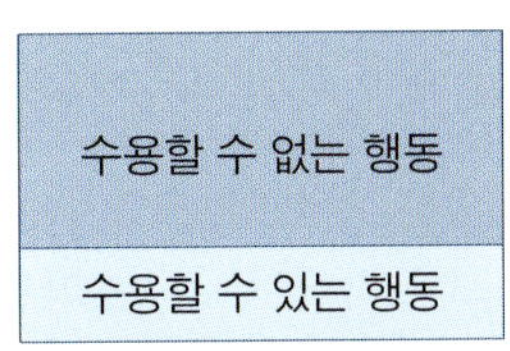

| 그림 5-3 | **엄격한 부모**

그림 5-1은 아이가 할 수 있는 행동을 나타냈으며 그림 5-2는 아이의 행동을 부모가 수용하는 정도를 나타낸 것으로 수용할 수 없는 행동보다 수용할 수 있는 행동이 더 많아 상대적으로 관대하고 너그럽다고 볼 수 있다. 반면, 그림 5-3의 부모는 수용할 수 있는 행동보다 수용할 수 없는 행동이 더 많아 상대적으로 엄격하다고 할 수 있다. 그러나 수용할 수 있는 행동과 수용할 수 없는 행동의 경계는 부모뿐만 아니라 아이에 따라서 달라질 수 있다. 부모와 자녀의 상황, 기분, 그리고 기질에 따라서 달라질 수 있다. 중요한 것은 자신들의 감정에 따라 솔직하고 분명한 메시지를 보내야 한다는 것이다.

(2) 문제 해결

PET의 핵심 개념은 누가 문제를 해결해야 할 것인가이다. 앞에 제시한 수용할 수 있는 행동과 수용할 수 없는 행동 A를 통해 개념을 알아보면 B와 같다.

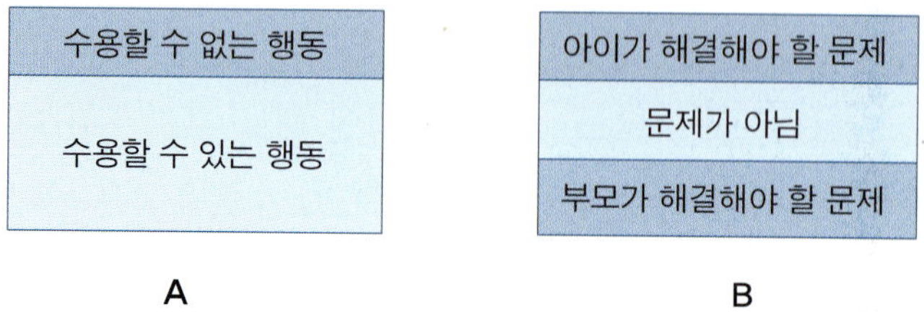

B 그림의 맨 아랫부분은 부모의 권리를 침해하거나 부모가 원하는 것을 하지 못하게 방해를 해서 부모가 받아들일 수 없는 행동을 하는 경우이다. 이런 경우는 부모가 해결해야 할 문제이다(예: 부모에게 말도 하지 않고 나간다. 엄마가 통화 중이라서 대화를 할 수 없다). 부모는 대면기술(confrontation skills)의 방법을 사용할 수 있다. 부모에게 문제가 생기면 “○○야, 나한테 문제가 있으니 도와주렴”, 아이에게 문제가 생기면 “너한테 문제가 있는 것 같은데 도움이 필요하면 언제든지 말해”라고 할 수 있다.

B 그림의 윗부분은 아이가 원하는 것이 이루어지지 않았거나, 아이 자신이 속상하고 힘들어하는 문제로 아이가 해결해야 할 문제이다(예: 친구가 함께 놀기 싫다고 한다,

살이 쪄서 속상하다).

아이가 문제를 가지고 있을 때 이를 해결하기 위해서는 다음과 같은 전제 조건이 이루어져야 한다.

- 아이들은 누구나 삶 속에서 다양한 문제에 부딪힌다.
- 아이들은 문제를 해결할 수 있는 능력을 가지고 있지만 개발되지 않은 잠재능력을 가지고 있다.
- 아이 스스로 문제를 해결할 수 있도록 기회를 제공하지 않고 부모가 무조건적으로 해결해 주면 아이는 문제해결을 위해 부모에게 의존하게 된다.
- 아이가 문제해결을 위해 도움을 청하면 부모는 도움을 주는 조력자의 역할을 할 수 있지만 아이 스스로 해결방안을 찾아 책임을 지도록 하는 것이 중요하다. 이를 PET에서는 경청기술(listening skills)이라고 한다.

(3) 적극적 경청

① 적극적 경청의 효과

적극적 경청은 아이가 실제로 느끼는 것이 무엇인지를 인식할 수 있으며 감정을 솔직히 다 터놓고 표현을 하면 감정이 해소된다. '감정은 친구다'라는 말처럼 적극적 경청은 다음과 같이 효과적인 방법이다.

- 부정적인 감정에 대해 죄책감을 가지지 않도록 한다.
- 부모와 아이 사이에 따뜻한 관계를 조성한다.
- 아이가 문제해결을 하는 데 도움을 준다. 아이 스스로 생각하고, 문제를 스스로 진단하고, 스스로 해결책을 찾도록 한다.
- 아이가 부모의 의견과 생각을 듣고 싶게 만든다.

② 적극적 경청의 기본 태도

적극적 경청은 아이가 문제를 가지고 있을 때, 그리고 평상시에 대화를 할 때 간단하게 사용할 수 있는 기술이다. 그러나 다음과 같은 태도를 갖추는 것이 중요하다.

- 아이가 하려는 말을 시간을 가지고 들을 수 있어야 한다. 시간이 없으면 지금은 시간이 없으니 언제 말하라고 하면 된다.
- 아이의 문제에 진심으로 도움이 되기를 바라야 한다.
- 아이의 생각이 무엇이든 진심으로 받아들일 수 있어야 한다.
- 아이가 자신의 감정을 다스리고 문제를 해결할 만한 능력을 가지고 있다는 믿음이 있어야 한다.
- 감정은 일시적이고 영원한 것이 아니라는 것을 알아야 한다.
- 아이를 하나의 독립적인 인격체로 볼 수 있어야 한다.

4. 효율적인 부모역할을 위한 STEP 프로그램

효율적인 부모역할을 수행하기 위한 STEP(Systematic Training Effective Parenting)은 1976년 딩크메이어(Dinkmeyer)와 맥케이(McKey)에 의해 개발된 프로그램으로 드라이커즈의 민주적 양육방식, 기노트의 인본주의 이론, 고든의 부모 효율성 이론, 번의 상호교육분석이론 등을 적용한 통합적인 단계적 프로그램이다.

1) 기본 가정

민주적인 가정에서 자녀와 효율적인 의사소통을 통해 용기를 북돋워주고 사랑과 존중을 가지고 살아가는 가치의 중요성을 깨닫게 해주는 것이 기본가정이다.

2) 목적

STEP 프로그램의 목적은 부모자녀가 서로를 동등한 인격체로 존중하며 부모로 하여금 민주적 양육 기술을 터득해 자녀가 책임감 있는 행동을 하도록 돕는 데 있다.

이를 위한 구체적 교육목표는 다음과 같다.

첫째, 자신을 정확하게 통찰하고 자녀의 행동을 바르게 이해하는 방법 터득하기
둘째, 자녀에게 자신감과 자아존중감을 길러주기 위한 양육 기술 익히기
셋째, 자녀와의 관계를 만족스럽게 유지하기 위한 의사소통 기술 배우기

3) 기본 과정

사회적으로 책임 있는 아이로 키우기 위한 기본 과정은 잘못된 행동의 목표 이해하기, 반영적 경청, 자연 결과 또는 논리적 결과의 사용법, 가족 모임이다.

STEP 프로그램의 기본 과정은 다음과 같다(이석순, 1992 재인용).

(1) 아이의 행동 이해

- 부모는 평등과 상호존중의 원리에 입각한 민주적인 양육방법을 선택해야 한다. 민주적인 부모란 자녀를 사랑과 존중받을 수 있는 독특한 존재로서 가치 있게 여긴다.
- 자신이 사회에 소속될 수 없다고 믿는 아이는 잘못된 행동의 목표 중 한 가지 이상을 선택함으로써 의미 있는 존재가 될 수 있다고 믿는다. 잘못된 행동은 앞에서 드라이커즈가 언급한 관심 끌기, 힘 행사하기, 복수하기, 무능함 보이기이다.
- 부모에 대한 아이의 행동과 의도는 아이에 대한 부모의 접근 방식을 바꾸기만 한다면 변화될 것이다.
- 부모-자녀 간의 긍정적인 관계를 맺기 위한 필수 요소로는 상호존중, 즐거운 시간 갖기, 격려, 사랑의 표현을 들 수 있다.

(2) 자녀와 부모 자신의 이해

- 인간의 모든 행동이 목적을 지니듯이 정서 역시 인간의 신념과 목적에 근거를

두고 있다. 아이들은 네 가지 행동 목표 중 한 가지 이상을 성취하기 위하여 그들의 정서를 사용한다. 부모는 아이가 부모를 조정하기 위해 감정을 이용하려 할 때 반응하지 않음으로써 그 악순환에서 빠져나올 수 있다.

- 아이는 가정 분위기와 가치관, 성역할, 아이의 심리적 위치, 훈육방법에 영향을 받아 그들의 신념과 장기적인 목표를 전개해 나간다.
- 완벽한 부모가 되려고 하기보다는 책임 있는 부모가 되려고 해야 한다. 완벽한 부모는 아이의 자신감과 독립심을 빼앗아가고 아이로 하여금 상호존중의 개념을 학습할 수 있는 기회를 주지 않는다. 이와 달리 책임 있는 부모는 아이에게 선택의 여지를 주며 자신의 결정에 대한 결과를 경험하게 한다.

(3) 격려: 자신감과 자기존중감 길러주기

아이에게 자기존중감을 갖도록 하려면 부모는 부정적인 접근방법을 긍정적인 접근방법으로 바꿔야 한다. 긍정적인 접근방법은 다음과 같다.

- 아이를 있는 그대로 수용한다.
- 아이 행동의 긍정적인 측면을 지적한다.
- 아이를 신뢰하고 있음을 보여주어 스스로를 믿게 한다.
- 성취를 요구하기보다 노력과 칭찬을 인정한다.
- 공헌한 사실의 가치를 인정해 준다.

(4) 의사소통: 반영적 경청

효과적인 의사소통은 다음 사항을 실천함으로써 이루어진다.

- **상호존중**: 부모와 아이가 감정적으로 서로 거부된다는 두려움 없이 솔직하게 자신의 신념과 느낌을 표현하도록 허용하고, 다른 사람의 표현을 받아들이는 것이다.
- **반영적 경청**: 반영적 경청은 아이로부터 들은 것을 이해하고 피드백을 보내면서 들어주는 것이다.

- 부모는 아이의 비언어적 표현에 대해 의미를 파악하고 반응해 주는 것이다.

(5) 의사소통: 대안 찾기, 문제의 소유자 파악, 나-메시지

① 문제해결 대안 찾기

- 아이의 느낌을 이해하고 명확히 하기 위해 반영적 경청을 사용한다.
- 브레인스토밍을 통해 대안을 찾는다.
- 여러 가지 대안 중에서 해결책을 선택하도록 돕는다.
- 결정할 때 예상되는 경과에 대해 논의한다.
- 무엇을 결정했는지 알아본다.
- 평가 시간을 계획한다.

② 문제해결을 위해 문제를 가진 사람 파악하기

- **자녀가 문제를 소유함**: 아이가 어떤 욕구 충족에 방해를 받고 있으나 자녀의 행동이 부모의 욕구 충족을 방해하지 않는다.
- **부모가 문제를 소유함**: 아이는 욕구 충족을 만족시키고 있으나 아이의 행동이 부모의 욕구 충족을 방해하고 있다.
- 만일 문제의 소유자가 아이라면 부모는 아이의 이야기를 들어주거나 대안을 탐색하거나 혹은 아이 스스로 결과에 직면하도록 내버려두기로 결정할 수 있다. 만일 문제가 부모의 것이라면 나-메시지를 전달한다.

③ 나-메시지 전달

나-메시지는 아이에게 그의 행동이 어떻게 방해가 되는지 또한 그 방해에 대해서 부모가 어떻게 느끼는지에 대한 부모의 생각과 느낌을 표현하는 것을 말한다. 나-메시지는 3단계로 구조화할 수 있다.

- 부모에게 방해가 되는 자녀의 행동 서술: 네가 ~하면
- 자녀의 행동 결과로 생긴 부모의 느낌을 서술: 나는 ~라고 느낀다.
- 결과 서술: 왜냐하면 ~ 때문이다.

(6) 책임감 훈육방법

① 상과 벌을 사용하는 훈육방법

- 아이의 행동에 대해 자녀보다는 부모가 책임을 진다.
- 아이 스스로 결정 내리는 기회를 제한함으로써 효과적인 행동 규칙을 채택할 줄 모르게 된다.
- 권위적인 모습을 보일 때만 바람직한 행동을 하게 된다.
- 아이에게 강제로 순종하게 함으로써 반항이 생길 수 있다.

② 자연적 · 논리적 결과를 적용하는 방법

- 부모가 아닌 아이 자신이 행동에 책임을 진다.
- 아이 스스로 어떤 행동이 적절한지를 결정한다.
- 부모의 바람에 따르도록 강요하는 대신 자연적 · 사회적 사건의 질서로부터 아이 스스로 배우게 한다.

③ 결과 적용의 단계

- 아이에게 선택의 기회를 제공한다.
- 일관성 있게 밀고 나간다.
- 아이가 잘못된 행동을 계속 반복하면 다시 그 행동을 하기 전에 그 행동을 차단하여 행동과 행동 사이의 간격에 시간적 여유를 가지도록 한다.

(7) 자연적 · 논리적 결과 적용

앞에 제시한 원리에 따라 자연적 · 논리적 결과를 도전적 상황, 즉 건망증, 옷과 머리모양, 청결, 집안일 등에 대응시켜 활용한다. 자연적 · 논리적 결과를 사용할 때는 차분해야 하며 선의를 나타내고 선택의 여지를 주며 자녀의 결정을 기꺼이 받아들인다.

(8) 가족 모임

- 가족 모임은 가족 구성원 모두가 모이는 정규적 모임으로 부모-자녀 간의 원만한 관계를 형성하는 데 필수적이다.
- 가족 모임은 다음과 같은 기회를 제공한다: 듣기, 서로 긍정적 느낌을 표현하고 격려하기, 일 분담하기, 갈등 해소하기, 가족 레크리에이션 계획하기
- 매 가족 모임마다 아래와 같은 것을 실행한다: 지난번 모임에서 다루었던 주제와 결의 사항을 몇 분간 보고 낭독한다. 해결되지 않은 문제에 대해 토의하거나 변경될 필요가 있는지를 결정한다. 새로운 문제를 제기하며 가족여가 활동을 계획한다. 의논한 사항을 요약하며 동의된 것을 정리한다.

(9) 부모의 자신감 개발 및 잠재력 발휘

- 부모는 자신이 불완전하며 자녀들 또한 불완전하다는 사실을 받아들여야 한다.
- 부모는 자녀가 자신의 생에 있어서 성공의 상징이 아니라는 것을 이해해야 한다.
- 부모-자녀 관계가 순조롭지 못하면 부모는 자녀를 실패하게 했다는 죄의식을 느끼거나 자기가 성공하지 못한 것으로 생각할 수 있는데 이러한 자기 지배적 태도는 경계해야 한다.
- 부모-자녀 관계 개선을 위해 사용하는 1~8 방법들에 대해 평가받을 마음의 준비를 해야 한다. 만일 다른 사람에게 비난을 받게 될 때 반영적 경청, 나-메시지를 사용하여 비난자와는 친숙한 관계를 유지하면서 자신의 의무가 무엇인지에 대해 확고한 태도를 가져야 한다.

4) STEP 프로그램의 단계

(1) STEP 1: 효율적 부모-자녀 관계

효율적인 부모-자녀 관계 형성을 위한 STEP 1은 네 가지 요소를 필수적으로 실행하는 것이다.

① 상호 존중하는 태도 가지기

부모는 자녀를 비난하거나 비꼬아 비난하기보다는 자녀에 대한 믿음을 가지고 격려하고 존중하는 태도를 가져야 한다.

② 즐거운 시간 가지기: 부모와 자녀가 함께하는 시간 가지기

일정한 시간을 정해서 부모가 자녀와 함께 즐거운 시간을 갖도록 한다. 자녀가 좋아하는 게임을 함께하거나, 책을 읽어주는 것도 방법이다.

③ 격려하기

자녀에 대한 믿음을 가지고 자녀가 부딪히는 문제나 행동에 대해 격려하고 지지하도록 한다.

④ 사랑 표현하기

사랑한다는 표현을 말과 행동으로 보인다. "○○을 사랑해"라는 말이나 안아주고 머리를 쓰다듬어 주는 것과 같은 행동을 통해 아이를 사랑하고 좋아한다는 것을 표현한다.

(2) STEP 2: 책임형 부모와 완벽형 부모

	부모의 신념	부모의 행동	예상되는 자녀의 결과
책임형 부모	• 자녀 스스로 결정할 수 있다.	• 선택을 하게 한다. • 격려한다.	• 자신감을 가진다. • 무엇이든 하려고 한다.
	• 다른 사람과 동등한 인격	• 자녀를 믿고 존중한다. • 독립성을 격려한다. • 선택과 책임감을 갖게 한다.	• 자립심과 책임감을 발달시킨다. • 의사결정력을 배운다. • 자신과 타인을 존중한다.
	• 상호존중	• 평등성을 증진한다. • 상호존중을 격려한다. • 자녀가 죄의식을 갖지 않게 한다.	• 평등을 믿는다. • 자신과 타인을 존중한다. • 사회적인 감정이 증가한다. • 다른 사람을 신뢰한다.
	• 나는 완전하지 않다.	• 현실적인 기준을 정한다. • 힘을 강조한다. 격려한다. • 자신의 이미지에 관심이 없다. • 인내심이 있다.	• 자기평가보다 일에 집중한다. • 실수하면 다시 시도한다. • 새로운 경험에 용기를 가진다. • 다른 사람에 대해서도 인내한다.
	• 다른 사람 존중	• 상호 존중하도록 격려한다. • 시중들지 않는다. • 안된다고 할 줄 안다.	• 바람직한 사회관계를 가진다. • 다른 사람의 권리를 존중한다. • 신사적이다.
완벽형 부모	• 자녀를 통제/복종 요구	• 보상과 벌을 준다. • 이기려고 한다. • 반항을 한다. • 옳아야 한다.	• 반항한다. 이기거나 옳아야 한다. • 분노를 가진다. • 인생이 불공평하다고 느낀다. • 포기, 회피, 거짓말, 도둑질을 한다. • 자율성이 결여된다.
	• 나는 우월하다	• 자녀를 동정한다. • 책임을 진다. • 과잉보호, 독선적, 자녀에게 창피를 준다.	• 자신을 연민하고 다른 사람을 비난하는 것을 배운다. • 인생은 불공평하다. • 무능력감을 가진다. • 다른 사람이 베풀어 주기를 원한다. • 우월감을 가진다.
	• 나는 받을 자격이 있다. 너는 내게 빚졌다.	• 공평에 지나치게 민감하다. • 조건을 붙인다.	• 다른 사람을 믿지 않는다. • 인생은 불공평하다고 느낀다. • 이용당한다고 느낀다. • 다른 사람을 이용하려 한다.

완벽형 부모	• 나는 완전해야 한다.	• 매사에 완전을 요구하고 결점을 찾는다. • 다른 사람의 생각에 지나친 관심을 갖는다. • 자녀 스스로 좋게 보도록 강요한다.	• 자신이 결코 훌륭하지 않다고 믿는다. • 완벽주의자가 된다. • 좌절을 느낀다. • 다른 사람의 의견에 대해 걱정한다.
	• 나는 계산하지 않는다. • 다른 사람이 나보다 더 중요하다.	• 지나치게 자녀에게 몰두한다. • 자녀의 요구를 들어주고 양보한다. 시중든다. • 안된다고 하는 것에 죄의식을 느낀다.	• 받기를 기대한다. • 사회적 관계를 잘 형성하지 못한다. • 다른 사람의 권리를 존중하지 않는다. • 이기적이다.

(3) STEP 3: 칭찬과 격려

	관심 영역	부모의 말	예상되는 자녀의 결과
칭찬	• 외적 통제	• 네가 내 말을 들을 때만 가치 있다.	• 순종함으로 자신의 가치를 측정 할 수 있다고 생각한다.
	• 외적 평가	• 가치 있게 되려거든 날 만족시켜야 한다. 날 만족시켜라. 그렇지 않으면 없어져라.	• 다른 사람을 기쁘게 할 때에 가치 있다고 느낀다. • 반대하는 데 대한 두려움을 갖는다.
	• 기준 도달에 대한 보상	• 네가 내 기준을 잘 따를 때만 너는 가치 있다.	• 비현실적인 기준을 발달시키고, 그가 완전에 도달함으로써 가치 있다고 생각한다.
	• 자기평가와 개인적 이익	• 너는 최고다. 너는 항상 남보다 우위에 있어야 가치 있다.	• 과다 경쟁하게 된다. 다른 사람을 희생시켜서 앞서려고 한다. • 최고일 때만이 가치 있다고 느낀다.
격려	• 건설적인 자녀의 능력	• 나는 네가 책임 있고 독립적이라는 것을 믿는다.	• 용기를 갖고 시도하려는 의욕을 보인다.
	• 내적 평가	• 자신과 자신의 노력에 대해 어떻게 느끼느냐가 중요하다.	• 자신을 스스로 평가하고 결정할 수 있다.
	• 노력과 향상	• 너의 노력과 향상은 중요하다. • 완벽할 필요는 없다.	• 유아는 자신과 타인의 노력을 인정하게 된다. • 어떤 일이든 인내심을 가지고 지속적으로 한다.

격려	• 장점, 공헌, 가치 인정	• 너의 공헌은 가치 있다. • 네가 있으면 더 잘 할 수 있다. • 네가 한 일의 가치를 인정한다.	• 개인적인 이익뿐만 아니라 모든 선을 위해 노력하고 자기 재능을 사용할 줄 알게 된다. • 자신의 성공뿐만 아니라 타인의 성공에 대해 기뻐할 줄 알게 된다.

(4) STEP 4: 효율적인 의사소통과 의사결정

	자녀	폐쇄적 반응	개방적 반응
경청 방법	선생님 미워	선생님을 밉다고 하면 되니?	너는 선생님에게 정말 화가 나있구나.
	나는 바본가 봐	너는 바보가 아니야! 그 문제도 못 푸니?	그 문제가 정말 어려운가 보구나.
	내가 만든 거예요.	그래, 다른 아이도 만들어. 됐어!	정말 네가 만들었구나. 그걸 만들려고 정말 애썼다. 멋지다. 너도 기쁘구나.

	상황	문제	반영적 경청	나-메시지
의사 결정 방법	바람개비를 만들지 못해서 짜증을 낸다.	유아	너는 바람개비가 잘 만들어지지 않아서 속상하구나.	
	자녀가 늦으면 연락을 반드시 한다고 약속을 하고는 연락 없이 늦게 들어왔다.	부모		늦으면 연락을 하겠다는 엄마와의 약속을 지키지 않아 나는 화가 많이 났어. 왜냐하면 나는 밥도 안 먹고 기다리느라고 지쳤기 때문이야.
	전화를 하는 도중에 계속 말을 시켜 방해를 한다.	부모		전화를 하는 데 방해를 해서 나는 전화통화하기가 어렵단다.
	친구가 놀아주지 않아서 속상해 한다.	유아	친구가 함께 놀아주지 않아서 속상하구나.	

5) STEP 프로그램의 실시

STEP 프로그램은 부모교육자용 지도서, 부모용 핸드북, 2개의 비디오테이프나 5개의 오디오테이프, 대본 한 권, 토론 지도용 포스터, 차트 10장, 그리고 보관용 상자로 구성되어 있으며 12명 정도의 부모 집단을 대상으로 매주 1시간 30분에서 2시간 동안 1회 모임을 9주 동안 실시할 수 있다.

1회기에는 자녀의 행동 이해하기라는 주제로 자녀의 네 가지 잘못된 행동 목표와 이에 대한 부모의 대처방안에 대한 내용을 다루며 2회기에는 자녀와 부모 자신 이해하기를 주제로 좋은 부모란 완벽한 부모가 아니라 책임 있는 부모임을 밝히고 자녀 스스로 활동을 선택할 수 있게 하는 책임 있는 부모가 될 것을 강조한다. 3회기에는 자녀의 자신감과 자아가치감 길러주기에 대한 내용으로 이를 위해 자녀의 현재 그대로의 상태 수용하기, 칭찬보다 자녀 장점에 관심을 보이고 노력을 인정하는 격려하기, 용기를 주는 특별한 언어를 사용할 것을 제시한다. 4회기에는 자녀의 말을 잘 듣고 이면에 숨겨진 생각과 감정을 이해하고 적절히 반응해 주는 반영적 경청의 기술을 훈련하고 5회기에는 부모가 문제를 소유하고 있을 경우 부모 자신의 생각과 감정을 표현하는 나-전달법의 기술과 문제해결을 위한 대안책을 함께 모색한다. 6회기에는 자녀에게 자율성과 책임감을 부여할 수 있는 훈육방법으로 자연적 · 논리적 귀결의 사용방법에 대해 익히며 7회기에는 일상생활 속에서 자연적 결과와 논리적 결과의 훈육방법을 사용하도록 한다. 8회기에는 바람직한 의사소통을 위한 수단으로 가족 모임에 대해 다루고 9회기에는 부모로서 자녀양육에 대한 자신감과 잠재력 키우기에 관한 내용을 다룬다. 각 회기별 내용은 표와 같다.

STEP 프로그램의 회기별 주제

회기	주제
1	자녀의 행동 이해
2	자녀와 부모 자신의 이해
3	격려-자신감과 자아가치감 길러주기

4	의사소통–반영적 경청
5	의사소통–문제해결을 위한 대안 찾기와 나 전달법
6	책임감 훈육방법
7	자연적 · 논리적 결과의 활용
8	가족 모임
9	자신감 개발 및 잠재력 발휘

6) STEP 프로그램의 효과

STEP 프로그램에 참여한 부모들은 자녀의 행동을 보다 긍정적으로 받아들였고 자녀를 보다 더 많이 수용하고 신뢰하였으며 실제 자녀의 행동 및 자존감에도 긍정적 변화가 있는 것으로 나타났다(Snow, Kern, & Curlette, 2001). STEP 프로그램, 행동주의 프로그램, 그리고 부모교육 프로그램에 참여하지 않은 집단의 비교연구에서는 STEP 프로그램에 참여한 부모들이 다른 두 집단에 비해 자녀들에게 덜 제한적이었으며 통제 집단에 비해 자녀의 잘못된 행동과 관련된 논리적 귀결과 훈육 방법을 더 많이 사용하였다(Frazier & Matthes, 1975).

5. 코칭의 효과적인 대화 기법

1) 코칭의 정의 및 개념

(1) 정의

코칭은 코치가 발전하려는 의지가 있는 개개인의 잠재능력을 발견하여 최대한 개발하기 위해 목표를 설정하고, 전략을 세우고 실천하여 좋은 결과를 가져올 수 있도록 협력하는 관계로 정의한다.

(2) 개념

코칭의 핵심 개념은 의식(awareness)과 책임(responsibility)이다. 유아로 하여금 깊이 있게 생각하고 그 문제에 대해 통찰력과 의식을 가지고 유아 스스로 해결책을 모색하도록 할 뿐만 아니라 결과에 대한 책임감을 갖도록 한다. 부모가 일방적으로 지시하기보다는 조언을 하여 자신의 문제가 무엇인지를 깨닫고 해결방법을 찾는 것은 더 큰 동기를 갖게 하는 역할을 한다.

2) 효과적인 대화 기법

유아를 코칭하기 위한 효과적인 대화 기법은 다음과 같다.

(1) 인정 기법

인정 기법은 다음과 같다.

- 유아의 입장을 공감하는 데서 출발한다.
  유아의 인정받고 싶은 욕구는 동기를 유발하는 데 가장 중요하다. 유아가 가지고 있는 장점과 생각, 그리고 행동들을 잘 관찰하여 인정해 주고 지지해 주면 개선과 성장의 동기를 갖게 된다. 유아 자신을 받아들여 주고 이해한다는 것을 알게 되면 유아 스스로도 마음의 문을 열고 자신감을 갖게 된다.
- 결과보다는 결과가 나오기까지의 노력에 대한 과정을 인정해 준다.
  좋지 않은 결과가 나오더라도 실패한 것에 대한 질책보다는 잘 할 수 있다는 가능성을 칭찬해 주는 것도 필요하다.
- 거짓칭찬을 하지 않는다.
  마음과는 달리 거짓으로 칭찬을 하는 것은 금물이다. 유아를 한 인격체로 받아들인다면 진정으로 공감하는 인정과 칭찬을 한다.

(2) 경청 기법

경청 기법은 다음과 같다.

- 일방적으로 추측하지 않으며 인내심을 가지고 끝까지 들어준다.
  경청은 수동적으로 이루어지는 것이 아니라 유아가 자신의 행동이나 생각을 되돌아보고 생각을 정리하고 새로운 아이디어를 창출해 낼 수 있도록 여유를 주는 적극적인 경청을 의미한다.
- 유아의 말 속에 내재되어 있는 욕구와 의도, 감정까지 헤아리면서 주의 깊게 들어준다.

(3) 열린 질문 기법

열린 질문 기법은 다음과 같다.

- 대답이 '예' 또는 '아니오'와 같이 단답형으로 나오지 않도록 유아가 자유롭게 생각하고 다양한 의견을 표현할 수 있도록 '어떻게 생각하는가?' '무엇이 문제인가?' 등의 의문사로 질문을 시작한다.
- 유도 질문이나 책망성의 질문이 아니라 호기심을 가지고 유아의 인식수준과 통찰을 이끌어 낼 수 있는 열린 질문을 한다.

(4) 피드백 기법

피드백 기법은 다음과 같다.

- 잘한 것과 부족한 것, 개선된 것에 대해 중립적으로 피드백을 한다.
  유아는 주관적인 착각에 빠져 자신이 조금만 잘해도 천재라고 생각하기 때문에 유아의 성장을 위한 피드백이 필요하다. "단추가 떨어졌어"와 같이 객관적이고 중립적이어야 한다.
- 끊임없는 피드백을 통해 성장과 발전이 이루어지도록 한다.

6. 행동수정 부모교육이론

행동주의 심리학을 부모교육이론으로 적용한 행동수정이론은 부모들이 자녀와 상호작용하며 자녀의 바람직하지 못한 행동지도를 위한 구체적인 방법을 제시한 좋은 모델로서 부모들에게 많은 영향을 끼쳤다. 행동수정이론은 왓슨(Watson)의 행동주의 심리학에 기초한 『영아 및 아동의 심리학적 양육』이라는 양육서 출판과 부모교육 강연으로 시작되었다. 그 후 1940년대에 스키너(Skinner)에 의해 행동주의 심리학에 근거한 양육이론이 더욱 활발하게 확산되었다.

행동주의 심리학의 접근은 관찰과 측정 가능한 행동에 근거한다. 행동은 모델로 사용되고 어떤 관찰과 외적 반응에 의존하게 되므로 행동주의 심리학에 근거한 부모 역할은 다음과 같다.

첫째, 좋은 모델을 자녀에게 보여주는 것이다.

둘째, 관찰 및 측정 가능한 행동을 선별하여 바람직한 행동은 더 잘할 수 있도록 강화하는 것이다.

셋째, 바람직하지 못한 행동은 의도 및 계획적으로 수정, 변화시키도록 훈련하는 것이다(Simpson, 1980).

1) 방법 및 전략

(1) 목표행동 선정

행동수정 원리를 적용해 자녀의 행동을 변화시키려면 관찰 및 측정이 가능한 행동이어야 한다. 관찰 및 측정이 가능하려면 그 행동이 '언제, 어디서, 어떻게, 무엇'에 의해 관찰이 가능하고 측정이 가능한지 구체적 목표행동으로 정의될 수 있어야 한다. 목표행동을 선정할 때 고려해야 할 점은 다음과 같다.

첫째, 자녀의 모든 행동을 한꺼번에 변화시키기는 어려우므로 우선순위를 정해 순차적으로 행동수정 계획을 세우고 관찰한다.

둘째, 이때 발생빈도가 높은 행동일수록 관찰이 용이하며 행동수정 가능성이 높으므로 발생빈도가 높은 행동을 우선순위에 둔다.

셋째, 목표행동이 선정되면 목표행동이 자녀 스스로 조정할 수 있는 것인지 아니면 부모 등의 환경적 자극에 의해 조정 가능한 것인지 파악한다.

이와 같이 목표행동의 특성에 따라 목표행동수정을 위한 접근방법이 달라질 수 있음을 고려해야 한다.

(2) 관찰기록

목표행동을 선정한 후에는 일정기간을 정해 수정하고자 하는 문제행동을 관찰하고 관찰한 내용을 객관적으로 기록함으로써 문제행동을 효과적으로 수정할 수 있다. 행동의 기록은 비디오, 카메라 등의 시청각 매체를 사용해서 자동기록하거나 심리적 기록법을 활용하여 직접 측정하거나 관찰 기록하는 방법 등이 있다. 부모들이 가정에서 쉽게 사용할 수 있는 기록법으로 관찰기록이 있는데, 이는 주어진 시간동안 자녀의 행동을 모두 기록하는 계속적 기록, 표적행동이 일어나는 모든 시간을 누적 기록하는 사건중심 기록, 정해진 시간동안 표적행동이 어느 정도나 지속되는지 기록하는 지속성 기록, 관찰기간을 일정하게 배분한 후 정해진 시간에 관찰하고자 하는 표적행동이 나타나는 출현빈도를 기록하는 간격적 기록, 임의로 정해진 시간동안 표적행동이 얼마나 자주 나타나는지 출현빈도를 기록하는 시간표집 기록 등으로 세분화될 수 있다.

기록 시 주의점은 부모의 관찰기록 내용을 토대로 자녀의 행동을 평가하고 행동을 어떻게 수정할지 계획을 세우게 되므로 구체적으로 기록해야 한다는 것이다. 또한 기록을 통해 행동의 발생빈도, 지속시간, 발생강도를 파악할 수 있어야 한다.

(3) A-B-C 행동분석

자녀의 행동에 대한 관찰기록이 끝나면 수집된 자료에 기초해 행동에 대한 분석이 이루어진다. 행동분석은 행동의 특성에 따라 다르지만 대체로 일주일 정도의 관찰 기록을 토대로 분석하며 행동분석 결과에 따라 문제행동을 어떻게 수정할 것인지에 대한 계획을 세운다.

A–B–C 행동분석의 세 가지 요소는 행동을 유발시키는 선행자극, 행동 그 자체, 그리고 그 행동에 수반되는 후속자극을 찾아내는 것으로 선행자극은 행동의 단서가 되며 행동 그 자체는 수정이 필요한 문제행동이며 후속자극은 목표행동을 증가 혹은 감소, 유지시키는 자극을 의미한다.

(4) 바람직한 행동을 유지 혹은 증가시키는 기법

① 강화

강화에는 바람직한 행동을 증가시키기 위해 자녀가 좋아하는 자극을 제공하는 정적 강화와 바람직한 행동을 증가시키기 위해 자녀가 싫어하는 자극을 제공하는 부적 강화가 있다. 강화의 효과를 높이기 위해 바람직한 행동이 발생하면 즉시 강화가 이루어져야 하며 긍정적 행동의 강화는 목표한 결과를 성취할 때까지 계속하고 일단 그 목표를 성취하였으면 강화를 점차 감소시켜 궁극적으로 강화 없이도 긍정적 행동을 할 수 있도록 해야 한다. 바람직한 행동을 강화할 때는 바람직하지 않은 행동을 소거하는 행동과 동시에 이루어지는 것이 보다 높은 효과를 얻을 수 있다.

② 모델링

모델링은 직접 경험이 아닌 부모나 교사, 또래 친구를 관찰하며 그들의 행동을 모방하는 것이다. 모델링은 어떤 강화를 제공하지 않아도 모방행동이 자연스럽게 이루어진다는 측면에서 자녀의 바람직한 행동을 유도하는 효율적인 방법 중 하나이다.

(5) 바람직하지 못한 행동을 감소시키는 기법

① 벌

바람직하지 않은 행동이 일어나지 않게 하고 그 빈도를 줄이기 위해 사용하는 방법이며 일반적으로 강화 기법을 사용하여 행동수정이 되지 않거나 효과가 없을 때 사용한다. 벌은 잘 사용되면 바람직한 행동을 감소시키는 데 가장 빠른 효과를 기대할 수 있으나 주의하여 사용하지 않을 경우 부작용이 수반될 수 있다. 벌을 사용할 때는 다음과 같은 점을 고려해야 한다.

- 바람직하지 않은 행동을 벌준다고 해서 바람직한 행동이 학습되는 것은 아니다.
- 벌을 주는 부모나 교사, 그리고 벌을 받는 유아 모두에게 바람직하지 않은 정서 반응이 일어날 가능성이 높다.
- 벌을 사용하는 경우 유아가 가지고 있던 좋은 행동까지 감소시킬 수 있고 오히려 바람직하지 않은 행동을 학습할 우려도 있다.
- 벌을 받는 행동을 줄이는 대신 벌 받는 상황에서 도피하는 경우도 있다.

② 소멸

유아의 부정적 행동을 감소시키고 싶을 때 이제까지 그 행동을 강화시킨 자극을 제거하는 것을 소멸이라 한다. 이러한 소멸의 방법은 단독으로 사용하는 것보다 정적 강화와 함께 사용하는 것이 더 효과적이다. 예를 들어, 유아가 떼를 부릴 때 관심을 보이지 않는 것과 동시에 유아가 할 일을 찾아 부모를 방해하지 않고 잘 놀 때 칭찬하고 많은 관심을 보여주는 것이다. 그러나 바람직하지 못한 행동으로 상대에게 신체적 손상이나 물질적 손상을 입힌 경우 소멸을 사용하지 않도록 주의해야 한다.

③ 포화

바람직하지 못한 행동을 감소시키기 위해 벌이나 소멸 등의 방법을 사용하는 것이 아니라 싫증날 때까지 그 행동을 계속하도록 허용한 후 아이 스스로 그 행동을 중단하도록 하는 방법이다.

④ 타임아웃

아이가 잘못된 행동을 하거나 격앙된 감정을 조절하지 못할 때 아이의 모든 활동을 중단하고 제한된 시간 동안 특정 장소에 혼자 있게 하는 방법이다. 타임아웃을 효과적으로 사용하기 위해서는 타임아웃을 사용해야 할 잘못된 행동을 몇 가지로 한정하고 타임아웃 장소는 10초 이내로 이동할 수 있으며 아이에게 지루한 장소가 좋다. 타임아웃을 하는 동안에는 아이에게 관심을 주지 않고 타임아웃을 지시할 때는 단호하되 좋은 목소리로 말하고 타임아웃은 정해진 규칙에 따라 일관성 있게 사용하며 타임아웃이 끝난 후에는 아이를 안아주거나 사랑한다고 말해주어 타임아웃이 잘못된 행동 때문이며 여전히 자신은 사랑받는 존재라는 것을 느끼게 해주는 것이 좋다.

2) 유용성

행동수정 프로그램의 장점은 행동수정 원리에 대한 지식이 없어도 단기간 훈련을 통해 배울 수 있고 충분히 활용할 수 있다는 점이다.

행동수정 원리에 근거한 부모교육 프로그램에 참여한 부모들이 자녀의 행동을 효과적으로 관리할 수 있다는 연구 결과들이 있다(Chacko et al., 2009). 잠자리에서 투정을 부리는 유아의 행동수정(Williams, 1959), 정서장애 유아의 행동을 수정하는 효과가 있다고 한다(Wolf, Risley & Messes, 1964). 행동수정 원리는 유아기 자녀에만 한정되는 것이 아니라 청소년기 자녀까지 광범위하게 적용할 수 있으나 그 원리를 사용하는 개인의 능력과 장기적으로 적절한 강화전략의 사용 여부에 따라 그 효과가 달라질 수 있음을 고려해야 한다.

Chapter 06

부적응 유아의 행동과 대처방안

이 장에서는 부적응 행동 유아 이해를 위한 교육적 의미, 부적응 행동의 분류 및 부적응 행동의 특징과 지도방안, 그리고 유아교육기관에서 가장 쉽게 접할 수 있는 부적응 행동에 대한 이해와 지도방안 등 구체적인 사례를 살펴봄으로써 부적응 유아의 행동과 대처방안을 개관하고자 한다.

1. 교육적 의미

다음은 '부적응 유아를 위한 교사놀이치료(Kinder Therapy) 과정의 교육적 의미'에서 부적응 행동치료를 위한 부모와 교사의 태도를 대변하는 내용이다(김태인, 2008).

> 대부분의 부적응의 원인은 꼬인 실타래처럼 여러 가지 환경적 요인이 역동적으로 뒤얽혀 있다. 꼬인 실타래는 언뜻 보면 풀 수 없는 것처럼 보인다. 심한 경우 손댈 수 없을 만큼 꼬여서 쓸 수 없다고 생각하기도 한다. 하지만 꼬인 실타래를 시간을 가지고 관심 있게 살펴보면 그 시작을 찾을 수가 있다. 그리고 우리는 찾은 실타래의 시작을 놓지 않고 인내심을 가지고 차근차근 풀어 가는 순간 꼬인 실타래는 더 이상 쓸 수 없는 실타래가 아닌 여러 가지 용도로 변할 수 있는 무한한 잠재력을 가진 실타래가 된다. 부적응 유아의 경우도 마찬가지로 처음 보고 "도저히 어떻게 할 수 없겠다"라는 생각이 들지만 유아에게 관심과 인내심을 가지고 접근하고 교육하다 보면 서서히 풀려 나가기 시작한다. 다른 유아들과 마찬가지로 부적응 유아 또한 무한한 잠재력과 능력을 가진 존재가 될 수 있다(p.244).

이와 같이 유아들은 살아가면서 경험하는 여러 가지 상처들을 직접적인 행동으로 나타내기보다는 부모나 교사가 다루기 어려운 다양한 방법으로 표현한다는 것은 그다지 놀랄 만한 일은 아니다. 부적응 행동은 실타래처럼 복잡한 요소, 즉 행위, 생각, 감정, 그리고 관계에 의해 유아의 내부에 일어나는 좌절감, 두려움의 표현이다. 그러나 교사나 부모는 유아의 행동이 매우 복잡하다고 말로만 동의를 할 뿐 광범위하고 다양한 행동의 원인을 단순화, 일반화시켜 버리는 고질적인 습관을 가지고 있다(김미경, 2010). 그러나 유아는 성장하면서 많은 환경과 접하게 되므로 이러한 부적응 행동도 유아를 둘러싸고 있는 환경과의 관계 속에서 이해되어야 한다.

특히 유아의 적응과 부적응 행동에 가장 영향을 미치는 요소는 부모와 교사이다. 지나치게 애정적이며 통제를 하지 않는 부모의 자녀는 유아교육기관에 적응하는 데 자기중심적인 성향을 나타내므로 어려움을 보이며, 유아의 행동에 대해 약간의 통제성을 가지는 부모의 자녀는 유아교육기관의 규칙을 이해하고 또래와 잘 어울려 지내는 등 친사회적 행동을 보인다(서동미, 1996). 최근에는 맞벌이 부부가 늘어나면서 어린 연령부터 유아교육기관에 다니는 유아 가운데 사회적 · 정서적으로 부적응 행동을 보이는 유아가 증가하고 있으며 그 증상뿐만 아니라 그 원인도 다양해지면서 (Campbell & Ewing, 1990) 유아의 성장과 발달에 대한 부모와 교사의 역할이 보다 중요해지게 되었다(최선희, 2008; Howes & Hamilton, 1993).

따라서 부모와 교사는 포기하지 말고 실타래를 풀어 나가는 과정처럼 인내하고, 격려하며, 지속적으로 교육을 해야 한다. 부적응 행동은 남아와 여아 사이에 차이가 있으며 여아는 남아에 비해 불안행동과 위축행동, 의존행동이 높으며 남아는 산만행동과 공격행동, 충동행동이 높다. 그러나 이러한 부적응 행동을 보이는 유아도 교사와 정서적 · 언어적 · 행동적 상호작용이 높을수록 불안과 위축, 의존, 산만, 공격, 충동, 그리고 전체적인 부적응 행동이 낮아진다(최선희, 2008).

1) 적응

적응이란 개인과 환경의 관계를 나타내는 개념으로 한마디로 정의하기는 어렵지만 다른 사람과 관계가 원만하고 사회적 규범에 대하여 순응하고 조화를 이루는 과정(장대운, 1986)이다.

2) 부적응

부적응은 일반적으로 주어진 환경에 적응하지 못하고 갈등과 좌절로 인해 유아교육기관에 적응하지 못하고 원만한 인간관계를 유지할 수 없는 과잉, 공격, 위축, 방어행동을 나타내는 것이라고 정의하고 있다(김동극, 1980; 오승연, 1993).

2. 부적응 행동의 분류

학자들에 따른 부적응 행동의 분류를 살펴보면 다음과 같다.

1) Behard와 Stringfeld(1974)의 분류

Behard와 Stringfeld(1974)는 부적응 행동의 특성을 다음과 같이 분류하였다.

- 타인에 대한 배려가 부족하다.
- 또래와 잘 싸우는 공격적 행동을 보인다.
- 두려움을 나타내거나 잘 울며 움츠러들어 또래와 잘 어울리지 못하는 불안행동을 보인다.
- 불복종적이며 파괴적이고 산만한 과잉행동을 보인다.

2) Clarke(1977)의 분류

Clarke는 부적응 행동의 특성을 다음과 같이 분류하였다.

- 심한 위축으로 현실 상황보다 자신의 유아적 세계에 머물러 있다.
- 과잉행동을 보이며 주의가 산만하고 집중력이 떨어진다.
- 부모에게 도전적이고 거부적이며 적대적이다.
- 대인관계에 어려움을 나타낸다.
- 물건을 잘 던지고 파괴하는 성향을 나타낸다.
- 감정의 기복이 심하며 사소한 일에도 흥분을 하며 불안해하고 두려워한다.
- 한 자리에서 어찌할 바를 모르거나 빙빙 돌지 않으면 양손을 비틀기도 하면서 같은 행동을 반복적으로 한다.
- 일상생활을 하기 어려울 정도로 강박적이다.

- 자신의 행동을 제어할 수 없다.
- 말을 하지 않거나 특정한 사람에게만 말을 한다.

이러한 부적응 행동은 정상적인 유아에게도 일어날 수 있는 행동으로 정상적인 지적 능력을 지니고 있음에도 불구하고 개인과 환경과의 부적절한 관계로 인하여 갈등을 일으켜 유아 주변뿐만 아니라 청소년기와 성인기에 이르기까지 문제의 원인으로 작용할 수 있다(강경희, 2007). 유아기에 이루어진 가치체계는 올바른 인격형성의 기초가 되며 긍정적 자아개념 형성 및 사회적 적응력 등에 기여함으로써 평생 동안 영향을 미친다.

(1) 정의

부적응 행동은 한 문화권에서 비슷한 연령단계의 사람들 대부분이 취하는 평균적인 행동이나 사고에서 부정적인 방향으로 크게 벗어난 행동이나 사고가 자주 그리고 계속성을 띠고 나타남으로써 심신의 안정에 장애를 주거나 자신과 집단 또는 타인에게 부정적으로 지각되거나 피해를 줄 수 있는 행동이라고 정의한다(지성애, 홍혜경, 2005). 부적응 행동을 보이는 유아는 부모, 또래, 교사와의 부정적인 반응으로 인해 자아존중감이 낮아질 뿐만 아니라 주변 사람들에 대한 부정적인 인식을 갖게 되기 쉽다(김태인, 2003). 또한 부적응 유아의 경우 성장 과정에서 부모, 또래, 교사와의 관계를 통해 부정적인 자아개념, 부정적인 적응, 낮은 학업성취, 원만하지 못한 또래관계 등을 형성하게 된다.

(2) 요인

유아의 부적응 행동은 세 가지로 살펴볼 수 있다. 첫째, 생리학적 · 유전적 요인으로, 유아의 기질, 자아탄력성, 좌절 인내력 등 유아의 내적인 요인이 부적응 행동에 영향을 미치는 요인이 되기도 한다. 까다로운 기질의 유아의 경우 좀 더 부적응적인 행동을 보일 수 있으며, 낮은 자아탄성력과 낮은 좌절 인내력을 가진 유아들이 부적응 행동을 보일 가능성이 높다(김태인, 2008). 또한 유전적 · 신경학적 요인으로 임신

중 약물복용 및 흡연, 알코올, 염색체이상, 풍진, 박테리아 감염, 저산소증, 다운 증후군 등 다양한 요인이 원인이 된다고 본다. 둘째, 환경적 요인으로 부모의 학대, 방임, 별거, 이혼, 질병, 약물 및 알코올 중독 등으로 인한 부정적인 양육태도, 일관성 없는 상벌 등에 의해 심리적, 정신적 상처를 받아 부적응 행동이 나타날 확률이 높다.

3. 부적응 유아의 사례

1) 공격적인 유아

(1) 특징

공격성은 고의적이든 아니든 다른 사람이나 생물체에게 신체적, 심리적인 피해를 주거나 사물에 손상을 가하는 행동으로 억압, 분노, 적대감 때문에 언어나 신체적 표출을 통하여 타인에게 해를 끼치려는 의도로 행하는 모든 행동(백미숙, 2006)으로 볼 수 있다. 어린 유아의 공격성은 발달과정에서 나타나는 본능적인 부분도 있으므로 무조건 통제하기보다는 통제와 자율을 적절히 사용한다. 공격행동은 적대적 공격과 수단적 공격으로 구분된다. 적대적 공격은 다른 사람을 해치려는 목적으로 공격하는 행동이다. 수단적 공격은 자신이 얻고 싶은 어떤 것을 차지하기 위해 공격하는 도구적 의미의 공격행동이다.

(2) 원인

공격성의 원인은 다음과 같다.

첫째, 공격성은 환경적인 영향을 많이 받으므로 부모가 공격적인 행동으로 문제를 해결하거나 강압적인 태도를 보이며 아이를 때리는 행동을 자주 보일 시에는 아이도 똑같이 때리는 행동으로 문제를 해결하려고 한다.

둘째, 가정의 정서적 분위기가 불안할 때, 즉, 부부싸움이 심할 경우 아이들은 다른 사람을 불신하고 믿지 않으므로 적대적 상호작용을 한다.

셋째, 어린 유아일수록 동일한 장난감을 가지고 놀기를 원할 때 서로 갖고 놀겠다고 공격적인 행동이 일어난다. 또한 부모에게 혼이 났거나 그로 인해 화가 날 때 공격성을 보인다.

넷째, 큰 아동은 부모와 형제자매, 또래 간에 갈등이 발생했을 때 공격적인 행동이 나타난다.

(3) 대안

공격성의 원인에 따라 대처방안을 강구해야 한다.

첫째, 동일한 장난감을 가지고 놀고 싶어한다면 유아교육기관에서는 어린 연령 반에는 똑같은 장난감을 여러 개 준비하여 충돌이 일어나지 않도록 하는 것도 중요하지만 서로 나누고, 기다리고, 교대하는 사회적 기술을 가르친다.

둘째, 때리거나 공격하는 행동보다는 유아 자신의 생각이나 의견을 말로 표현하도록 한다.

셋째, 화가 났을 때 감정을 조절할 수 있는 방법을 알려준다. 예를 들어, 화가 나서 손으로 때리려는 행동을 자제하기 위해 손을 주머니에 넣고 숨을 몇 번 들이마시고 내쉰다. 화가 났다고 말로 표현하게 하거나 분노, 좌절을 달리기나 권투하기와 같은 격렬한 운동을 통해 발산하도록 한다.

넷째, 갈등이 발생했을 때 갈등을 해결하는 대화하기, 중재하기, 타협하기, 공유하기와 같은 사회적 기술이 발달되도록 가르친다.

다섯째, 부모가 공격적인 행동을 보이지 않고 사회적 기술을 보이는 모델링이 된다.

여섯째, 화나는 분노를 조절하고 감정이입과 타인조망 수용능력을 높여 사회인지적 조절능력이 형성되도록 한다.

2) 욕하는 유아

(1) 특징

욕은 타인의 마음에 상처를 줄 뿐만 아니라 비웃거나, 비난하며 놀리는 언어적 폭력이 될 수 있다. 욕하는 버릇이 생기면 커서도 욕을 할 수 있기 때문에 일찍부터 교정을 시켜야 한다.

(2) 원인

욕은 주변 사람들이나 또래와 어울리면서 자연스럽게 모방하여 배우게 되며 억양이 보통 말과 달리 세기가 강하므로 재미있어서 따라 하게 된다. 욕을 하는 원인을 살펴보면 다음과 같다.

- 부모나 형제, 또는 매스컴 등을 통해 말을 모방하여 배운다.
- 욕을 할 때 기가 막힌다는 듯이 웃으면 욕하는 것을 재미있어한다고 오해를 하여 계속 욕을 하게 된다.
- 부모의 관심을 끌기 위해 욕을 한다.
- 화가 나거나 좌절로 인해 분노를 발산하는 수단으로 욕을 한다.

(3) 대안

욕은 여러 가지 이유로 발생할 수 있으므로 원인에 따라 대처하는 것이 필요하다.

- 부모나 형제들의 말을 모방하여 배우기 때문에 부모나 형제들이 언어적 모델이 되어 바른말을 사용하도록 한다.
- 욕을 할 때 기가 막힌다는 듯이 웃으면 욕하는 것을 재미있어한다고 오해를 하여 욕을 강화할 수 있으므로 아이의 어깨를 강하게 움켜쥐고 눈을 똑바로 쳐다보며 "안돼"라고 단호하게 말한다.
- 부모의 관심을 끌기 위해 욕을 한다면 전혀 재미있지 않다는 표정으로 아이를 물끄러미 쳐다본 후 고개를 돌려 버린다. 그리고 아이에게 주어야 할 관심을

주도록 한다.

- 욕을 하면 상대방이 기분 나쁘고, 상처를 준다는 점을 분명하게 말한다.
- 화가 나거나 좌절을 해서 욕을 한다면 왜 화가 났는지, 그리고 좌절했는지 아이의 마음을 살펴주어야 한다.

3) 다른 유아로부터 거부당하는 유아

유아기에 경험하는 또래집단은 대표적인 사회집단으로, 유아에게 있어서 또래는 사회적 강화자이고 모델이 되며, 이들과의 상호작용을 통해 다양한 지식과 기술을 학습하게 된다(Shaffer, 2000). 또한 또래로부터 사회적 지원을 제공받으며 자아 중심적 사고와 행동을 변화시키고 발달해 간다는 점에서 또래와 효과적으로 관계를 형성하고 유지하는 능력을 가지게 된다(이지희, 2008). 그러나 또래집단으로부터 거부를 당하거나 따돌림을 당하는 소위 '왕따'는 유아의 기질 특성과 사회적 경험 간의 복잡한 상호작용에 따라 영향을 받는다.

(1) 특징

또래들로부터 인정을 받지 못하고 호감을 주지 못하여 거부 또는 무관심의 대상이 된다. 이런 유형의 아이는 충동적이고 화를 잘 내서 갈등을 일으키거나, 너무 수줍어하고 말을 잘 하지 않으며 수동적이므로 무시를 당한다.

(2) 원인

다른 유아들로부터 인기가 없으며 거부당하는 유아의 원인은 다음과 같다.

- 감정조절이 안 되고 충동적 성향의 유아는 또래관계에서 융통성이 부족해 고립적인 행동을 보이므로 어려움을 겪으며 또래로부터 거부를 당한다.
- 부모가 무관심하거나 너무 강압적이고 전제적인 태도로 유아를 양육하면 유아는 저대적이거나 공격적인 행동을 보이므로 다른 아이들이 함께 놀려고 하지

않는다.

- 유아가 성장함에 따라 유아교육기관에 다니게 되면서 교사와 많은 시간을 보내게 되므로 교사와 유아의 관계의 질은 유아의 사회적, 인지적 능력에 영향을 주며 교사와 유아의 관계에서 갈등은 유아의 친사회적 행동을 감소시키며 공격성이나 위축 등 부적응 행동을 나타나게 하며 이로 인해 또래와의 관계에도 부정적인 영향을 끼친다.
- 체격이 또래에 비해 작거나 성숙이 늦은 아이는 체격이 좋고 운동을 잘하는 유아보다 인기가 없다.
- 인지능력 또는 사회인지기술이 떨어져 또래 간에 자신들의 역할을 잘 해내지 못한다.
- 피부색깔이나 못 생긴 외모, 공부를 못하는 유아는 계속되는 놀림으로 인해 자존감이 낮아지고 화를 잘 내며 반항적이고 공격적으로 변해 또래로부터 환영을 받지 못한다.

(3) 대안

거부당하는 유아를 위한 대안은 다음과 같다.

- 부모가 온정적이고 합리적인 양육행동을 통해 반응적이며 적절한 통제를 함으로써 유아가 자신의 욕구에 덜 몰두하게 되어 타인에게 반응적으로 행동할 수 있도록 한다.
- 유아가 다른 유아들과 함께 잘 놀거나 바람직한 행동을 했을 때 칭찬을 해주어 바람직한 행동을 강화해 준다.
- 다른 유아들과 어울려 지내기 위해 필요한 사회적 기술들을 습득하도록 한다. 놀이활동에 참여하기, 효율적인 의사소통, 또래와 협력하고 돕는 방법, 차례 지키기, 사회적 문제해결능력 등과 같은 기술을 가르친다.
- 반응을 지연하기, 정서를 바람직한 방식으로 표현하기와 같은 정서조절을 통해 긍정적인 대인관계가 이루어지도록 한다.

4. 유아교육기관에서 부적응 행동 유아 지도의 실제

1) 유치원 등원 거부 유아

사례 1

- 이름: 김수아
- 성별: 여
- 생년월일: 2012년 4월 16일
- 가족관계: 아버지, 어머니, 여동생

| 표 6-1 | 유치원 등원 거부 사례

유아배경	• 두 살 터울의 여동생이 태어난 뒤 모든 사람의 관심이 동생에게 집중됨. 길을 갈 때도 동생이 예쁘다며 지나가는 사람들도 한 마디씩 할 정도임. 가끔 집에서 "엄마, 나 잘했어요?"하고 물어볼 때가 있음.
행동의 특징	• 유아는 자신이 해야 할 일(손 씻기, 정리하기 등)을 스스로 잘 함. • 유치원 활동에서 이루어지는 동 · 정적 활동 및 자유선택놀이 시간에도 적극적으로 참여함. • 친구들 사이에서 주도적으로 놀이하며 지시적인 모습을 보이기도 함. • 줄을 설 때 앞에 서고 싶어 갈등상황이 벌어지기도 하나 이외에 양보해야 할 상황이 생겼을 경우 자발적으로 양보하기도 함. • 교사를 잘 도와줌. • 성격이 급해 빨리 움직임.
부적응 행동	• 소변을 보다 팬티에 소변이 100원짜리 동전만한 크기로 조금 묻음. 오줌을 쌌다고 이야기하며 욺. 그 다음 날부터 엄마가 보고 싶다며 유치원에서 눈물을 흘림. 현재는 등원을 거부하고 있음. • 근래 바지를 입으면 성기부분이 조인다고 싫어하며 소변을 보고 나면 축축해서 싫다고 하면서 4~5번 팬티를 갈아입는다고 함. • 어머니는 성격(결벽증)에 이상이 있는 것 같다며 걱정함. – 유치원에서 원장선생님은 유아가 냉이 나오는 것이 아닌지 산부인과에 가서 진찰하라고 이야기하였지만, – 유아의 어머니는 그것에 대하여 별로 심각하게 생각하지 않음. – 유아가 유치원에 오고 싶다는 말을 할 때 보내겠다며 아빠가 유아를 데리고 감. 지금까지 유치원에 오지 않음.

위의 사례 유아는 여동생이 태어나 부모와 다른 사람으로부터 관심을 빼앗긴 것에 대한 질투심, 이로 인한 관심을 끌기 위해 소변에 대해 강박적인 행동을 보임, 유치원에 와 있는 동안 부모의 사랑을 빼앗길까봐 유치원에 오는 것을 거부하는 행동, 그리고 부모가 문제를 해결하기보다는 유아의 생각을 존중한다면서 유치원에 보내지 않는 행동, 치마를 입어야 자신도 예뻐 보일 거라는 그릇된 지각행동, 그리고 원장선생님의 지적처럼 질환의 문제 등 다각도로 접근을 할 수 있다.

부모들은 자녀를 과잉보호하는 경우가 많은데 유아의 요구나 요구를 그대로 다 해주는 부모의 자녀는 자기중심적이고 화를 잘 내며 또래와 적응하지 못하며, 어떤 위험이나 모험을 못하게 하는 부모의 자녀는 독립심이 약해지고, 결단력이 떨어지며, 의존심이 많고 대인관계에는 편협한 행동으로 나타난다.

2) 공격적인 유아

사례 2

- **이름:** 정가람
- **생년월일:** 2011년 3월 26일
- **가족관계:** 아버지, 어머니
- 만 5세 남자 유아로 형제 없음. 가정은 중상류층으로 유복한 가정환경임.

| 표 6-2 | 공격적인 유아 사례

날짜	부적응 행동 전	부적응 행동
9.8	교실-유아 A가 자신의 오토바이를 발로 차서 무너뜨림.	유아 A를 밀치고 옷깃을 잡아서 당기며 얼굴을 할퀴려고 함.
	교실-유아 A를 할퀴려는 정○○를 교사가 잡아서 생각하는 의자에 앉도록 함.	'다시! 다시 꼭 내가 만들거야!' 하고 소리치며 타이머를 던짐.
	교실-교사가 정리 시간에 다시 오토바이를 만들겠다고 생각하는 의자에서 벗어나는 정○○를 잡아서 다시 의자에 앉힘.	크게 화를 내고 울며 교사의 팔을 여러 차례 할퀴고 꼬집음. 안겨서 어깨를 물려고 하여 제지함.

	도서관–"○○○선생님이 아저씨야"라고 이야기를 하는 것을 듣고 친구들이 웃음.	다른 유아들이 휴식을 취할 수 있도록 어깨를 잡고 이야기를 하려고 하였더니 어깨를 잡은 손을 꼬집음.
	계단–정○○가 계단을 오르며 큰 소리로 "쳇"하는 소리를 냄. 교사가 계단에서 위험할 수 있으므로 조심히 다니자고 권유함.	정○○와 교사가 이야기를 마치자 뛰어 내려가며 큰소리로 "쳇" "쳇" "쳇" 소리를 냄.
9.9	교실–정리시간이 되어 유아들이 정리를 하기 시작하였음. 정○○가 쌓기 영역에서 만들기를 하던 배를 정리하지 않고 계속 만들기를 하고 있었음. 유아 B가 쌓기 영역의 블록을 정리하기 위해서 지나가던 중에 정○○가 만들던 배에 부딪쳐 배가 무너짐.	정○○가 "유아 B가 부셨어~~"하며 울음을 터트림. 교사가 유아들에게 "정○○가 만든 것은 정○○가 정리하고 싶대~~"라고 이야기를 하고 정○○에게 "정리시간이 되었으니 정○○가 만든 배를 정○○가 정리하자~"하며 다독여줌. 정○○가 알았다고 대답을 하고 교사가 그 자리에서 떠나자 다시 유아 B를 밀어버림.

(1) 행동 특성

- 유치원에 2년째 재원 중으로 만 5세반과 만4~5세 혼합연령 종일반에 다니고 있음.
- 음률 영역과 쌓기 영역, 컴퓨터 영역에 관심을 많이 가지며 조형 영역에서는 교사의 권유가 있을 시에 활동에 참여함.
- 음률 영역에서 피아노 치기를 즐겨 하며 '모두 제자리'의 음을 외워서 피아노 치기를 좋아함.
- 쌓기 영역에서는 처음에는 오토바이를 만들어 혼자 타기를 하다가 친구들을 태우기 즐겨 하였음. 학기 중반이 되어 가면서 비행기와 배를 만들기를 즐겨 함.
- 조형 영역에서 열쇠를 만든 후에 도서 영역의 문을 잠그는 시늉을 하며, 놀이하는 것을 좋아함. "문을 잠가"라는 말을 자주 함.
- 대근육 활동을 좋아하여 자전거 타기, 모래 놀이, 바깥 놀이터에서 적극적으로 놀이함.
- 종일반 혼합연령에서 만 4세 남자유아들을 좋아하고 함께 놀이하기 즐겨함.
- 좋아하는 친구들에게 "난 네가 좋아"라고 언어로 표현을 함. 친구들이 반응이

없으면 팔을 잡아당기거나 억지로 안으려고 함.

① **부적응 행동 사례:** 행동관찰 날짜가 표시는 되어 있지만, 늘 이러한 행동이 반복해서 일어나고 있음.

② **부적응 행동 특징:** 자신이 하고 싶은 것을 제지하면 폭발적인 공격성이 나타남(할퀴고, 꼬집고, 소리 지름). 공격성은 생의 초기에 형성되어 아동기의 사회 · 정서적 부적응에서부터 청소년기 · 성인기의 폭력이나 범죄행위로까지 이어지며, 장기간에 걸쳐 지속성을 보이게 되고, 신체적으로 공격적인 성향을 보이는 유아는 언어적 간접적 공격도 높은 경향을 보인다. 유아기에 쉽게 접하는 정보산업에는 TV 케이블, TV, 컴퓨터, 전자게임 등이 있으며 이들은 생활리듬이 깨지는 이유가 되고 비디오게임, 컴퓨터의 폭력적인 게임에 쾌락을 느껴 공격적인 행동이나 성향을 강화하게 되고 지각, 판단력이 흐려지며, 학교 수업에 흥미를 잃게 되며 텔레비전 중독증에 걸리게 되어 정보산업도 유아기의 부적응의 주요 원인이 된다(전인옥. 박선희, 2001). 따라서 공격성은 그 유발행동이 일어났을 때 즉시 그 원인을 규명하고 그에 따른 적절한 개선책을 강구해야 한다(류선령, 2010).

③ **부적응 행동 분석:** 정가람은 적대적 공격성이라기보다는 신체적 공격성의 형태로 때리거나 밀치고, 물고, 꼬집고, 할퀴는 행동이 나타난다. 이런 유아들은 언어로 자신의 생각과 느낌을 잘 표현하지 못하거나 주변에서 말보다는 공격적인 형태로 문제를 해결하는 것을 경험했을 때 이 행동이 강화된 것으로 볼 수 있다.

④ 교수 전략

- 눈의 접촉을 시도한다.
- 공격성을 보이기 전에 알아차린다.
- 규칙을 말해준다.

- 감각적인 놀이를 제공한다.
- 내적 긴장을 다룬다.
- 감정 이입을 한다.
- 행동 대신 말을 사용한다.
- 중재를 일관성 있게 한다.
- 비공격적인 방법으로 문제를 해결했을 때 칭찬을 한다.
- 친절함을 가르친다.

지금까지 살펴본 것을 요약하면 부적응 행동은 일상생활에서 보이는 태도나 행동이 사회적 양식으로부터 벗어난 행동으로 취학 전에 뿌리가 생겨 점점 악화되어 친구를 사귀거나 인간관계를 유지하는 데 어려움을 갖게 되므로 사회에 적응을 하지 못할 가능성이 높다. 그러므로 다양한 접근을 통해 바람직한 행동을 하도록 유아교육기관 교사들은 지도에 힘써야 한다. 감정도 뇌의 작용이며 대뇌변인계에서 일어나는 반응이고, 생각과 의식은 대뇌피질의 작용이며 마음은 뇌의 총체적 정신작용이다. 부적응 행동을 변화시키기 위해서는 유아의 내면의 마음을 살펴야 하며 마음의 동기를 다루어 주지 않으면 변화가 일어나지 않는다. 유아의 행동 속에 숨은 동기를 읽어야 문제를 해결할 수 있다.

이 장에서는 유치원 현장에서 일어나는 행동에 대해 몇 사례만을 소개하였지만 유아교육기관 교사들은 다양한 접근 방법인 놀이치료, 모래치료, 교사놀이치료, 독서치료, 음악치료, 미술치료, 강화와 벌, 정서조절 프로그램 등에도 관심을 가지고 접목할 필요가 있으며 교사는 가정과 연계하여 유아의 정상적인 발달을 위해 서로 협력해야 한다. 인내와 끈기를 가지고 실타래를 풀어서 멋진 스웨터, 모자, 장갑 등 우리에게 유용한 물건으로 재탄생시키는 것처럼, 유아의 부적응 행동도 포기하기보다는 유아의 밝은 미래를 위해 가정과 유치원이 협력하여 훌륭한 사회인으로 키우는 데 부모와 교사들의 힘을 모아야 한다.

5. 가정과 유아교육기관 연계

1) 가정과 유아교육기관 연계 활동을 위한 부모참여

가정과 유아교육기관의 연계를 위해 부모는 다음과 같은 역할로 참여할 수 있다.

(1) 보조자로서의 역할

- 교실에 보조자로 참여하는 부모는 보조원으로서의 유의사항과 하루의 계획을 안다.
- 교사는 부모의 도움을 활용할 수 있도록 교실을 구성하고 교육적인 프로그램을 계획한다.
- 부모참여는 유아와의 관계조절과 학습자의 역할로서의 조절이 요구된다.
- 보조자의 역할은 소집단활동, 특별한 필요가 요구되는 유아와 함께 활동, 현장견학활동을 할 때 봉사를 하는 것이다.
- 유아교육기관의 보조자로서 부모는 민감한 정보를 다룰 수는 없지만 기능면에서 연습시키기, 개별적으로 이야기 듣기, 기록하기, 자유선택활동에 도움이 필요한 유아를 도와주는 역할을 할 수 있다.

(2) 지원자로서의 역할

- 프로그램 강화를 위해 참여한다.
- 동화책 읽어주기, 도서관에서 일하기, 게임과 교육용 교재교구 만들기에 참여한다.
- 운동기능, 청각, 시각을 소집단 또는 개인으로 검사를 실시할 때 검사자로 참여한다.
- 인형, 게임, 벽면구성 등 교육 자료를 만드는 데 자원자로 참여한다.

(3) 정보원으로서의 역할

- 부모는 0~5세 유아의 발달과 특징 등에 관한 정보원이므로 교사에게 도움을 줄 수 있다.
- 유아의 특별한 관심, 개인적인 일화, 건강에 관한 이력과 습관, 행동적 특징은 유아를 위한 프로그램 계획에 많은 공헌을 할 수 있다.
- 정보원으로서 부모는 여행경험, 인형, 장난감, 포스터, 화보수집, 음악적 재능, 전문분야, 연극연습, 구연동화 등 자신이 가지고 있는 지식과 재능을 나눌 수 있다.

Chapter 07

부모교육의 과제와 활성화 방안

이 장에서는 현재 부모교육에서 나타나는 문제점은 무엇인지를 살펴보고 앞으로의 과제와 함께 부모교육의 활성화방안을 부모역할, 부모교육의 대상, 내용, 운영을 중심으로 모색해 보았다. 부모역할에 대한 바른 이해와 함께 부모교육의 대상이 더 다양해지고 부모교육의 내용이 부모의 요구와 관심을 중심으로 구성될 필요가 있다. 또한 부모교육의 운영방안에 대한 고민이 현장에서 더 많이 이루어지기를 바란다.

1. 부모교육의 과제

1960년대 이후 부모교육의 필요성이 널리 인식되기 시작함으로 인해 다양한 부모교육 프로그램이 개발되고 활용되기 시작하였다. 외국의 프로그램이 그대로 사용되기도 하였고 우리나라의 부모교육 프로그램이 만들어져 소개되기도 하였으나, 부모교육 프로그램의 내용을 구체화하고 체계화할 필요가 있으며 부모교육의 대상이나 운영방법에 대해서도 다각도로 모색해보고자 하는 노력이 절실히 요구되어진다.

지금까지 대두되어지고 있는 문제점에 대해 정리하면 다음과 같다.

1) 부모교육의 대상

첫째, 부모교육의 대상에 대한 문제는 여러 가지로 생각해 볼 수 있으나 가장 심각한 문제는 교육의 대상이 어머니에 편중되어 있다는 것이다. 특히 어머니 중에서도 학교나 기관의 활동에 관심이 많은 어머니에게 집중되어 있으며 실제적으로 부모교육이 절실히 요구되어지는 어머니들이 부모교육을 제대로 받고 있지 못하고 있는 현실이다. 특히 부모교육을 원한다 해도 맞벌이 가정이거나 한부모 가정의 취업모처럼 시간적 제약이 있는 경우 부모교육에 참여하기 매우 어렵다.

둘째, 부모교육의 대상이 학교나 기관의 활동에 관심이 많은 어머니에게 집중되어 있기 때문에 아버지, 자녀, 조부모 등 다른 자녀양육의 당사자가 소외되어 있는 점은 매우 심각한 문제이다.

자녀를 위한 교육과 책임을 함께 감당해야 할 아버지를 위한 부모교육 프로그램이 거의 없다. 특히 남성은 아버지에 대해 생각해 본 적이 없이 아버지가 되기도 하고 아버지로서의 역할을 알지 못하는 경우도 많이 있기 때문에 아버지의 역할과 인식에 대한 부모교육을 실시할 필요가 있다.

- 자녀를 대상으로 한 예비부모교육도 활성화 되어 있지 않다. 예비부모인 자녀들에게 부모교육을 시켜 현재 자신의 부모자녀 문제를 미연에 방지하고 건강한 가정을 준비할 수 있는 이점이 있지만 이들을 대상으로 한 교육은 매우 미흡하다.
- 맞벌이 가정에서 대신 손자와 손녀를 돌보고 있는 조부모들은 매우 증가하고 있는 추세이나 이들을 위한 교육의 부재는 결국 유아들에게 좋지 않은 영향을 미칠 수 있는 문제점으로 지적될 수 있다.

2) 부모역할에 대한 인식의 부족

첫째, 우리나라에서는 전통적으로 가족을 중요하게 생각하였다. 그러나 산업화되고 도시화, 개인화되어지면서 더 이상 가족이라는 공동의 가치보다는 개인의 즐거움과 자아실현이 더 중요한 가치가 되었다. 자녀도 '반드시 낳아야 한다'는 생각보다는 '낳지 않다도 된다'거나 '낳지 않을 수도 있다'는 생각이 더 증가하고 있는 추세이다. 따라서 부모가 반드시 되어야 한다고 생각하지 않고 자녀를 출산하지 않거나, 부모역할이 무엇인지에 대한 생각을 하지 않고 부모가 되는 경우가 많다.

둘째, 과거에는 유교적으로 도덕성을 가진 아이로 자라게 하는 분명한 자녀양육의 목표가 있었다면 현대가 되면서 부모의 역할에도 혼란이 생기게 되었다. 외국의 자녀교육이 우리나라에 그대로 적용될 수 있는지에 대한 논의 없이 무문별하게 텔레비전이나 서적, 여러 자료들을 통해 전해지면서 현대사회의 부모는 자녀양육의 목표를 무엇에 두어야 할지에 대해 알 수 없고 어떤 방법을 취해야 하는지도 어렵게 느끼고 있다.

셋째, 자녀에게 부모가 얼마나 중요한 영향을 주고 있는지, 자녀를 양육하기 위해 배우고 알아야 하는 것이 얼마나 중요한지를 인식하고 있는 부모가 많지 않다. 또 부모의 중요성을 인식해도 부모 역할에 대한 바른 방향성을 갖지 못하는 경우도 많나. 현대와 같이 변화의 속도가 빠르고 가치관이 급격히 변화하는 사회에서 부모가 배우려는 노력 없이는 올바른 자녀를 위한 부모의 역할은 불가능하다. 부모의 역할이 자녀의 성장과 발달에 매우 중요한 변인이라는 인식을 가질 필요가 있다.

3) 부모교육의 내용

첫째, 사회문화적 배경이 다른 곳에서 개발된 서구의 부모교육 프로그램이 국내에 도입· 적용될 때 우리나라의 정서와 자녀양육에 대한 인식과 다를 수 있다. 대부분의 프로그램은 중산층 백인에게 초점을 맞추어 개발되었으며 부모자녀의 평등한 관계와 민주적 관계에 초점을 두고 있으나 전통적 양육이나 효에 대해 중요하게 생각하고 있는 우리나라의 부모들이 이에 대해 혼란스럽게 느낄 수 있다.

둘째, 자녀의 연령, 또는 성별에 따른 특성별로 내용이 세분화된 부모교육이 이루어지지 않고 있다. 남아와 여아의 행동에 다소 차이가 있으며 부모의 상호작용에도 차이가 있을 수 있다.

셋째, 대부분의 부모교육 프로그램들은 부모자녀의 갈등을 대화로 해결할 수 있다는 생각에서 접근하고 있으나 그것이 모든 문제의 해결책은 아니다. 대화방법 못지않게 부모의 뚜렷한 가치관이 전제 되어야 한다. 즉, 특정 기법 중심의 접근보다는 근원적이고 거시적인 관점에서의 접근이 이루어질 필요가 있다.

4) 부모교육의 운영

첫째, 부모교육의 실시율이 매우 낮으며 부모교육의 참여율도 매우 저조하다. 이와 같은 이유로 일방적으로 가르치는 강의식 부모교육의 방법이 주로 이루어지고 있으나 이는 부모들의 적극적인 참여를 방해하는 요소가 될 수 있다.

둘째, 부모의 요구에 따라 내용을 구성하는 방식이 아닌 준비된 강의를 들어야 하는 것은 참여율을 떨어뜨리는 요인이 된다.

셋째, 맞벌이를 하는 부모가 많아지면서 부모교육의 시간을 금요일 늦은 저녁시간이나 토요일에 하는 것이 필요하나 여전히 부모교육은 평일 낮시간에 이루어지고 있는 경우가 많은 것도 문제점으로 지적할 수 있다.

넷째, 부모교육 전문가가 운영하지 않아 일시적이고 비체계적인 부모교육이 이루어지고 있다.

2. 부모교육의 활성화 방안

앞에서 제시한 부모교육의 문제점을 보완하며 부모교육을 활성화 시킬 방안을 모색하면 다음과 같다.

1) 부모역할에 대한 방향 정립

부모교육의 목표가 지나치게 부모로서의 교육기능 활성화와 자녀와의 관계 향상을 위한 세부적인 지침에 치중한 나머지 부모 개개인의 양육 방식이나 자녀양육에 대한 가치관의 확립문제는 상대적으로 경시되고 있다. 자녀를 잘 가르치는 기술만이 부모교육의 목표가 된다는 것은 문제가 되며 부모 자신에 대한 통찰이 부모교육의 주된 목표가 되고 부모 개인의 자아실현의 한 부분으로 부모교육이 이루어져야 한다. 즉 부모로서 자녀에게 하고 있는 교육은 어떤 교육이며 그것이 과연 어떤 결과를 초래하고 자녀의 삶이나 가족, 나아가 사회에 궁극적으로 어떤 의미가 있는지를 생각하게 해야 한다(정옥분 · 정순화, 2012).

2) 부모교육의 대상 확대

부모교육의 대상이 주로 전업주부인 어머니였다면 앞으로 부모교육의 대상은 직업을 가진 어머니, 하류계층의 어머니, 아버지, 자녀, 조부모, 교사 등으로 그 대상이 확대되어야 한다.

(1) 어머니의 참여 확대

지금까지 부모교육의 주 대상이 어머니였으며 어머니 중에서 자녀양육에 관심이 많고 중산층 이상의 어머니가 그 대상이었다. 부모자녀관계에서 더 많은 문제점을 갖고 있는 저소득층 어머니를 위한 부모교육이 이루어져야 한다. 또한 직업을 가진 어머니의 참여를 유도하기 위해 퇴근 후나 휴일에도 부모교육을 실시할 필요가 있으며 전화나 관찰 등을 수시로 교환하여 적극적인 참여를 유도하는 것이 좋다. 마지막으로 교육기관을 방문하지 않고도 가정에서 교육받을 수 있도록 교육 컨텐츠 제공을 확대하는 것도 좋다.

(2) 아버지의 참여 확대

자녀들의 성장과 발달에 미치는 아버지의 영향력이 강조되면서 효율적 자녀지도와 부모역할 수행을 위한 아버지의 참여가 요구되어지며 부모교육에서 아버지를 그 대상으로 확대할 필요가 있다.

많은 아버지들이 직장생활을 하기 때문에 직장연수 시 아버지 교육을 강화하도록 요청하고 홍보자료를 발송하는 등 정부 차원에서의 직접적 지원이 필요하며 인터넷 등을 통한 아버지 모임을 조직하거나 필요한 부모교육을 함께 하는 것도 좋다.

(3) 조부모의 참여 확대

여성의 취업률 증가로 조부모가 조손을 돌보는 가정이 늘어나고 있으며 , 부부의 이혼, 부모의 실직 등의 이유로 조손 가족이 급격히 증가하고 있어 부모교육의 대상이 조부모에게까지 확대될 필요가 있다. 아직까지 우리나라에서는 보육시설보다 조부모의 도움을 받아 자녀를 양육하는 경향이 많으나 실제 조부모에 대한 교육의 기회는 제한되어 이어 양육방식에서의 세대차로 인한 갈등의 소지가 있으며 과잉보호의 문제가 나타날 수 있다. 따라서 조부모를 대상으로 한 교육을 통해 손자 · 손녀를 잘 양육할 수 있는 능력과 자질을 길러줄 필요가 있다.

(4) 자녀의 참여 확대

지금까지 부모교육은 자녀가 있는 부모가 대상이 되었으나 예비부모를 대상으로 한 부모교육도 필요하다. 예비부모를 결혼한 예비부모, 대학생, 중고등학생으로 더 확대하여 그 시기에 맞는 부모교육을 실시해야 하며, 정기적으로 부모교육 프로그램을 실시하고 교양과목 필수 개설하는 등의 보다 효과적인 방법으로 프로그램을 개발하고 실행하는 적극적인 노력이 필요하다(김미경 · 나유미, 2013).

이를 통해 부모가 되었을 때를 위한 준비로 부모역할에 대한 이해를 할 수 있으며, 부모역할에 대한 어려움에 대해서도 생각해 보면서 부모자녀 관계의 개선에도 도움이 될 수 있다.

3) 부모교육의 내용

첫째, 서구에서 개발된 프로그램도 우리 문화에 맞게 변형시키고 접목하는 방법이 계속 시도되어야 한다. 민주적인 방법의 자녀양육을 교육하는 것은 권위주의적 태도가 익숙해진 우리나라 부모들에게 혼란을 줄 수 있기 때문에 부모의 권리를 주장하는 훈련이 병행되는 것도 대안이 될 수 있다.

둘째, 실제 일상에서 직면하는 부모자녀관계에 적용하기 위한 구체적 지침이나 활용방법이 보완될 필요가 있다. 자녀의 사회성 지도를 위해 고려할 일반적 원리와 실제 사례를 통한 대처방식을 습득하는 형태로 실질적인 도움을 줄 수 있는 자료를 활용한 교육이 필요하다.

셋째, 부모들에게 아동발달에 대한 기본적인 지식을 제공해 줄 필요가 있다. 특별한 기술을 가르치는 것도 좋지만 아동발달에 대한 지식과 이해를 병행한 교육이 필요하다.

넷째, 자녀의 발달단계에 따라 세분화된 프로그램의 개발이 필요하다. 예비부모, 태내기, 영아기, 유아기, 청년기의 자녀를 가진 부모들을 위한 각 단계의 특성을 고려한 교육이 필요하다.

다섯째, 한부모가족, 맞벌이부모, 장애아부모, 미혼모나 십대 어머니, 다문화가족과 같이 스트레스 상황에 놓여 있는 부모들을 위한 교육이 필요하다.

4) 부모교육의 운영

첫째, 부모교육의 효과를 높이기 위해서는 부모와 자녀가 함께 하는 수업참여나 워크숍 같이 실제적이고 구체적인 방식, 부모가 교육현장에 보조교사로 참여하는 등의 적극적인 방법이 필요하다. 또 맞벌이 부부의 참여를 위해 부모교육의 시간을 평일저녁이나 주말로 계획하거나 일상에서 받을 수 있는 프로그램의 개발이 필요하다.

둘째, 부모의 욕구에 따른 프로그램을 개발해야 한다. 일반적으로 교육기관에서 부모를 위한 동일한 유형의 부모교육을 실시하는데 이를 통해서는 부모 각자의 욕구를 충족시킬 수 없으므로 부모들의 기대나 욕구를 정확히 파악하여 관심있는 주제나 방법을 선택하게 하고 이를 통해 참여를 높이는 것이 필요하다.

셋째, 부모교육은 한 번에 끝나는 것이 아니라 장기적이고 지속적인 교육이 될 수 있도록 체계적이고 일관성 있는 계획이 필요하다. 부모들이 자발적으로 부모교육에 참여할 수 있도록 동기를 유발시키고 특강 형식으로 동기를 유발한 후 동기나 문제의식을 고취시켜 원하는 부모들에게 소집단으로 워크숍을 진행하는 방법도 적용해 보는 것이 필요하다.

넷째, 교육기관의 교육과정과 통합된 프로그램을 개발해야 한다. 부모교육을 분리된 행사로 계획하기보다는 교육 프로그램과 통합하여 계획하는 것이 필요하다. 부모들에게 보여주기 위한 발표회나 재롱잔치 등을 준비하여 완성된 형태를 보여주기보다는 교육활동 과정에 부모들이 자연스럽게 참여하고 같이 구성할 수 있는 기회를 제공하는 것이 필요하다.

다섯째, 부모와 공감대를 가질 수 있는 교수요원의 자질이 요구된다. 성인을 대상으로 하는 교육에 대한 전문성을 가지고 있어야 하며 지속적으로 부모교육에 대한 전문적인 프로그램의 개발을 하고, 프로그램의 실제방안을 활성화하여 의미 있는 부모교육 프로그램이 정책되어지는 것이 필요하다.

여섯째, 부모교육은 전문가로부터 부모에게 주어지는 상하관계 속에서 이루어지는 일방적 방식이 아니라 서로 상호 보완적 관계 속에서 이루어지는 것이 필요하다. 교육기관이 부모를 가르치는 것이 아니라 끊임없이 의견을 교환하고 부모가 갖고 있는 고민과 어려움을 함께 나누고 의미 있는 부모역할을 찾을 수 있도록 도움을 주는 것이 필요하다.

일곱째, 정부차원에서 부모교육의 중요성을 인식하고 건강가정지원센터, 보육정보센터, 사회복지관, 종교단체 등을 통해 부모교육을 실시하고 저소득층, 장애아, 한부모가족, 다문화 가족 등 특별한 요구가 있는 가족을 위한 포괄적인 서비스의 지원이 필요하다.

PART 02

실제편

Chapter 08

영유아교육기관에서의 부모교육 실제

이 장에서는 부모교육 진행방법, 영유아교육기관과 가정의 첫 만남, 영유아교육기관과 가정의 대화, 그리고 부모 면담방법에 대해 알아봄으로써 영유아교육기관에서의 부모교육 실제를 개관하고자 한다.

1. 영유아교육기관에서의 부모교육

유치원이나 어린이집에서 실시할 수 있는 부모를 위한 교육은 다양하다.

1) 시대 변화에 따른 부모교육

전통적으로 유아교육기관에서 이루어지는 부모교육은 가정통신문을 보내거나 대집단 강의, 면담, 참관, 또는 참여 수업, 행사 초대 등이었으나 근래에는 홈페이지를 이용한 교육 프로그램 소개와 전자메일을 통해 정보교환 및 소통, 그리고 원격으로 유아를 관찰하는 시스템을 활용한 교육이 이루어지고 있다.

2) 적극적 부모교육

과거 유아교육기관에서 이루어지는 부모교육이 전문가가 일방적으로 부모를 지도하는 수직적 방식이었다면 현재는 자녀교육을 위해 서로 협력하는 동반자적 관계로 변화하고 있으며 부모교육도 구체화, 전문화되어 가고 있다.

3) 개별화되는 부모교육

과거의 부모교육은 모든 부모들에게 똑같은 형태의 부모교육을 실시하였다면 현재는 부모의 상황에 따라 서로 다르게 교육기관과 관계를 맺는 형태가 강조되고 있다. 이는 부모의 직업의 다양화와 맞벌이 부부의 증가로 인해 한 가지 형태의 부모교육으로는 이러한 부모의 다양한 상황과 요구를 수용하기 어려워졌기 때문이다.

그러므로 Desteno(2000)는 부모 개개인의 상황에 따른 다양한 부모교육을 강조하였다. 부모교육이 의무가 아니라 즐겁게 부모 자신의 상황에 적합한 교육에 참여하는 것이 중요하다는 것이다. 직접 교실에 와서 미술이나 요리 등을 돕거나, 함께 견학을 하거나 미술활동을 위한 자료를 수집해 줄 수도 있는 것이다. 또한 수업에 필요한 자료를 준비해 주거나 직접 교실에 와서 자신의 일에 대해 설명해 줄 수도 있다.

4) 유아, 교사, 부모에게 의미 있는 부모교육

유아교육기관에서 이루어지는 부모교육은 유아, 교사, 부모 모두에게 부담을 주지 않도록 계획하는 것이 중요하다. 유아교육기관의 첫 번째 목표는 유아들을 교육하는 것이므로 지나친 부모교육에 대한 계획으로 부담을 주어서는 안 된다. 유아들에게 반복적으로 연습을 시켜 시행하는 재롱잔치나 한 가지 활동만을 집중적으로 준비하여 부모에게 보여주는 작품전시회 같은 활동은 지양되어야 한다. 이런 행사는 유아뿐 아니라 교사에게도 과중한 부담을 주어 일상적 교육 프로그램의 진행을 어렵게 할 수 있으며 직장에 다니는 부모들에게도 지나치게 많은 시간을 할애해야 하는 부담을 줄 수 있다.

5) 교육과정과 통합된 부모교육

유아교육기관에서 이루어지는 부모교육을 교육 프로그램과 분리된 행사로 계획하기보다는 기관의 교육활동과 통합하여 계획하는 것이 필요하다. 교육활동의 완성을 보여주기보다는 유아의 활동과정에 부모들이 참여하고 같이 구성해 나가는 기회를 제공하는 것이다. 또한 활동과정에서 생긴 자연스러운 기록을 전시하여 부모들이 언제든 자녀의 유아교육기관에서의 활동과정을 볼 수 있도록 배려하는 부모교육이 필요하다.

2. 부모교육 진행방법

유아교육기관의 부모교육 진행방법은 비형식적으로 모일 수 있는 소집단 활동, 형식적 강연회, 세미나, 워크숍, 토론회, 독서회, 역할극, 심리극, 유아교육기관 활동 또는 행사 참관 및 참여, 가정통신, 면담, 가정방문 등 다양하게 진행할 수 있다.

Berger(1983)는 부모모임의 종류를 형식적인 것부터 비형식적인 것까지 15가지 방법으로 제시하였다(정갑순, 2007 재인용).

1) 브레인스토밍

브레인스토밍은 여러 사람이 다양한 아이디어를 산출하게 하는 방법으로 참여자들이 적극적 상호작용을 하여 아이디어를 교환하고 많은 사고를 할 수 있도록 한다. 여러 의견을 편안한 분위에서 제안하도록 한다. 부모들이 제안한 의견들에 대해서는 비판하지 않고 수용을 한 후 다양한 아이디어를 종류에 따라 선정하고 분석한다. 이 방법은 서로 자극을 받기 때문에 다양한 사고를 이끌어 낼 수 있고 문제 해결력을 기를 수 있다. 집단 크기는 너무 크거나 작은 것보다는 30명 이하로 하는 것이 적절하며 좌석 배치는 원으로 하여 상호작용을 유도한다.

2) 원탁모임

원탁모임은 전체 구성원이 참가하도록 장려하는 공개토의 방법이다. 참여자들이 서로 쳐다보며 상호작용할 수 있도록 원으로 앉는 것이 특징이며 지도자와 구성원은 토의 전에 토의에 대한 배경 지식을 갖는 것이 좋다. 지도자는 주제를 명확히 제시하고 토의자가 주제에서 벗어나지 않도록 도우며 가능한 한 자신의 의견을 주장하지 않아야 한다.

3) 동심원

동심원은 공개토의나 원탁모임을 변형해 큰 원 안에서 작은 원을 만들어 모두 중심을 향해 앉아 모임을 하는 방법이다. 작은 원에서 토의하면 바깥 원 안에 있는 사람들은 잘 경청한다. 지정된 시간이 지나면 전체 집단이 함께 토의하고 바깥 원의 구성원이 내부의 소집단 토의에 참여할 수도 있다. 소집단 크기는 6~8명에서 12명까지 가능하며 전체 인원은 24~30명으로 하고 좌석은 서로 가까이 배치해 비형식적 분위기에서 모든 참여자가 쉽게 소집단 토의를 들을 수 있게 한다.

4) 소집단 토의

소집단 토의는 모든 참여자가 상호작용할 수 있는 소규모 공개토의이다. 집단 크기는 최소 2명에서 6~8명으로 24명의 집단은 네 집단으로 나누어 토의할 수 있으며 대규모 모임도 6명씩 그룹을 지어 진행할 수 있다.

5) 워크숍과 센터

워크숍과 센터는 프로그램과 시범을 직접 보이는 것으로 워크숍은 직접 참여하여 교구 제작, 그림 그리기, 신문 편집, 실제 행사계획 및 참여를 한다. 센터는 각 영역에서 시범을 보거나 설명을 듣고 각 매체들을 보는 것이다.

6) 참관과 견학

참관과 견학은 현장을 직접 견학하고 지역사회를 방문하여 새로운 경험을 갖는다. 방문 전 미리 배경지식과 목표를 알게 하고 그곳에서 요구하는 절차, 운송수단, 방문 후의 활동 등에 대해 토의한다. 자녀들이 갈 박물관, 신문사, 병원 등을 견학 장소로 택할 수 있다.

7) 역할놀이

역할놀이는 참여자들이 특정 상황을 극화하여 역할을 수행하거나 문제 상황을 판단해 다른 사람의 입장에 대한 이해심을 기르게 한다. 이때 토의는 참여자 자신에 대한 묘사가 아니므로 심리적 부담이 없다는 장점이 있고 부모들은 역할을 바꾸어 교사나 유아가 되어본 후 전체 구성원이 함께 공개적으로 토의를 가져 가치를 명료화할 수 있고 해결책을 제시하기도 한다.

8) 극놀이

극놀이는 집단 구성원이 구상하였거나 다른 곳에서 선정한 연극 대본을 사용하여 참여자들이 만든 극놀이로 집단의 욕구와 직접 관련되어 유익하다. 인형극도 심리적 부담이 적으므로 자유롭게 사용할 수 있다.

9) 공개토론회

공개토론회는 선정된 주제에 대해 집단으로 토의하는 비형식적 모임으로 보통 주제에 대해 서로 상반되는 의견을 논의하며 전문가를 두지 않는 것이 심포지엄과 다른 점이다. 4~6명이 토의자로 선정되고 이들은 청중을 마주 대한 채 책상을 사이에 두고 서로 보며 이야기할 수 있게 좌석이 배치되고 토의 후에는 청중과 질의응답 시간을 갖고 사회자가 결론을 맺는다.

10) 대담

대담은 전문가가 참여하는 비형식적 공개토의 형태의 하나이다. 토의 후에 질의응답 대신 청중과 관련된 정보를 제공하는 토의에는 비전문가인 토의자들로 구성되어 토의를 하고 공개토의로 결론을 맺는 단일토의와 비전문가와 전문가 토의자가 함께 하는 이중토의가 있다.

11) 토론

토론은 논란이 되는 문제에 대해 찬반양론을 들을 수 있는 효과적인 방법이다. 양 팀에서 2~6명씩 선정하여 사전에 관계 자료를 조사한다. 토의 주제에 대한 찬성자가 먼저 2~4분 이야기하고 반대자의 의견을 듣고 사회자는 청중에게 질문하여 함께 그 주제에 대한 문제를 토의한다. 찬반에 따라 양편으로 좌석을 배치할 수 있는데 소집단은 원으로, 대집단은 대강당을 이용할 수 있다.

12) 독서회

독서회는 선정된 좋은 책을 읽고 난 후 전체적으로 토의를 갖는 방법이다. 진행 방법은 공개토론 형식으로 사회자가 책과 토의자를 소개하고 발표자가 저자와 내용을 소개한 후 함께 대화 형식으로 토의한다.

13) 시청각 교재

시청각교재는 시각적 자극, 계획된 자료, 필름 등을 제시하여 공개토의를 촉진시키는 효과를 가진 방법이다. 녹음테이프, 슬라이드, 비디오테이프, 차트, 포스터, 인쇄 자료, 영상 자료 등을 활용하는 것이다.

14) 심포지엄

심포지엄은 하나의 주제를 여러 명의 발표자들이 여러 측면에서 다루어 발표하는 방법으로 전문가들에 의해 시행되는 점은 강연회나 유사하나 여러 명이 발표한다는 점이 서로 다르다. 제한 시간은 5~15분 정도이고 청중은 원이나 반원으로 배치되게 해 발표자는 청중 앞에 테이블을 두고 앉는다. 발표 후 질의응답 시간이 주어지고 사회자가 중요한 점을 요약하여 결론을 맺는다.

15) 강연회

강연회는 전문가가 한 가지 주제에 대해 강의하는 것으로 많은 사람에게 특정한 지식을 전달하기 위한 방법이다. 부모들이 공통적으로 관심을 가지고 있는 문제를 다루는 것이 좋다.

3. 영유아교육기관과 가정의 첫 만남

처음 유치원이나 어린이집에 입학하는 유아들은 긴장되고 설렌다. 가족과 떨어져 새로운 환경에 적응하는 과정에서 스트레스를 받기도 한다. 교사도 새로운 만남에 설레지만 새로운 아이들과의 적응에 많은 어려움을 겪기도 한다. 부모 역시 어린 자녀가 가정 밖에 나가 사회에 적응하는 것이 대견하기도 하지만 헤어지기 어려워하고 우는 자녀의 모습에 당황하기도 한다.

영유아교육기관과 가정의 첫 만남을 부모와 교사, 유아와 교사, 유아와 부모의 관점으로 살펴보고 이들이 겪는 어려움과 극복 방법에 대해 알아보고자 한다.

1) 부모와 교사

교사들은 유아와 어떻게 지낼지에 관심이 집중되어 부모들의 중요성을 잊는 경우가 있다. 유아들과 지내는 것에는 어려움을 느끼지 못하지만 부모들과의 관계에 어려움을 느끼는 교사들도 많이 있다. 그러나 유아기는 부모가 대부분의 의사결정을 하기 때문에 부모와의 정보 교류나 신뢰 형성은 매우 중요하다.

부모가 유아를 처음 기관에 보내면서 교사에 대한 신뢰를 형성하고 따뜻한 인상을 갖는 것이 필요하며 부모가 처음으로 기관을 방문했을 때 환영받고 있다는 느낌을 가질 수 있도록 배려해야 한다. 또한 부모가 안정적으로 상담받을 수 있는 공간을 마련하고 따뜻하게 차 한 잔을 마실 수 있도록 차와 쿠키를 준비한다.

교사는 부모에게 유치원이나 어린이집의 교육목적이나 교육 프로그램에 대해 안내하는 것이 좋으며 이런 정보를 제공하기 위해 기관 홈페이지나 인터넷 카페를 안내하거나 간단한 브로슈어를 준비한다.

상담대기실 사진

| 상담실 준비 자료 |

(1) 홈페이지

유아교육기관의 홈페이지에는 인사말이나 교육목적, 원훈, 교직원 현황, 연혁, 찾아오는 길이 포함된 기관의 소개와 기관에서 운영하는 교육과정 안내, 기관의 행사 안내, 공지사항, 방명록, 각반 게시판 등을 구성할 수 있다. 유아교육기관 홈페이지의 예시는 다음과 같다.

| 유치원 홈페이지의 예시 |

(2) 인터넷 카페

인터넷 카페를 통해 유아교육기관을 소개하고 부모들과 정보를 공유하기도 한다.

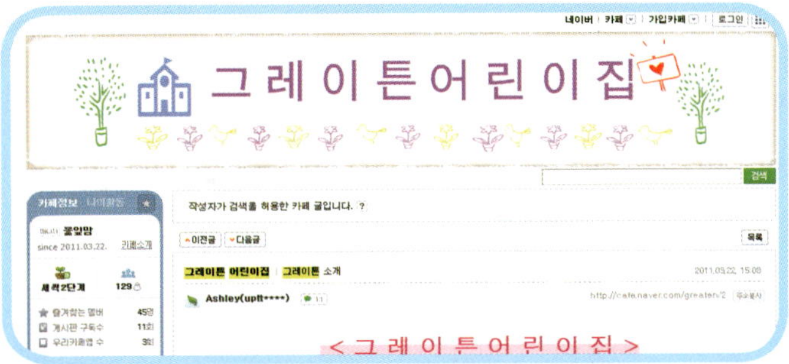

인터넷 카페

(3) 안내책자

유아교육기관의 전경, 교육목표와 철학, 교사진, 교육과정, 행사 등에 대해 안내하는 책자를 배부하여 부모들의 이해를 돕기도 한다.

유치원 안내 책자

2) 유아와 교사

유아와 교사의 첫 만남이 중요하다. 유아에게 교사는 아직 낯선 어른이기 때문에 처음부터 부모가 교사에게 유아를 맡기고 가는 것보다는 부모, 교사, 그리고 유아가 함께 하는 기회를 갖고 소개하고 얼굴을 익히는 과정이 필요하다. 교사는 이 시간을 통해 유아에게 따뜻하고 부드러운 느낌을 갖게 해주는 것이 필요하다.

(1) 유아의 적응을 위한 입학 전 프로그램의 예: 오리엔테이션

학부모들에게는 유치원의 전반적인 교육과정과 교육관 등을 소개하는 시간이며 유아들에게는 유치원을 친숙하게 느낄 수 있도록 전반적인 시설을 소개하고 놀이터 등 유아들이 좋아하는 공간에서 놀이하는 경험을 갖기도 한다.

| 오리엔테이션 사진 |

3) 유아와 부모

유아들의 초기 적응은 개인의 기질, 입학 전 기관에 대한 경험, 부모와의 애착 유형 등에 따라 다르게 나타난다. 교사는 유아와 부모가 헤어지는 과정을 이해하고 수용할 필요가 있다. 유아들이 무조건 부모와 바로 헤어지도록 하기보다는 유아들이 부모를 다시 만날 것이라는 확신을 주고 정확히 시간을 지켜 유아들을 데리러 오도록 하고 유아가 느끼는 불안하고 슬픈 감정에 대해 이야기 나누어 주는 것이 좋다.

다음은 유아와 부모가 헤어지고 만나는 과정에서 고려할 사항이다.

① 부모들이 당황하지 않게 안심시킨다.

유아들은 부모와 헤어져 낯선 장소에 남겨지는 과정에서 상당한 스트레스를 받는다. 부모가 이런 상황을 이해하고 수용하는 것이 중요하다. 자녀가 울고 매달리는 것은 지극히 정상적인 행동이며 많은 유아들이 겪는 과정임을 이야기하는 것이 좋다. 부모들은 자녀의 불안한 모습에서 걱정이나 죄책감을 느낄 수 있으며 특히 정해진 시간에 출근을 해야 하는 경우 당황하고 짜증스러워할 수 있다. 교사는 여러 경험이나 연구들을 예로 들면서 부모에게 정보를 주고 안심시키며 중간에 유아가 어떻게 지내는지 연락해 줄 필요가 있다.

또한 초기에 잘 적응하다 갑자기 우는 유아들이 있다. 유아들은 동조감정이 있어 친구가 울면 자극받아 울기 시작한다. 간혹 학부모들은 초기에 잘 다니던 아이에게 무슨 일이 있는 것은 아닐까 걱정하기도 하는데 이러한 현상은 일시적으로 나타나는 증상이므로 크게 걱정하지 않아도 된다는 것을 알리고 안심시킬 필요가 있다.

② 이별에 대해 유아들이 어떻게 느끼는지 부모를 이해시킨다.

유아들은 어른과 같은 방식으로 시간을 이해하지 못하고 같은 시간이라도 길게 느낄 수 있다. 유아는 부모가 안 보이면 없어졌으며 돌아오지 않을 것이라고 생각해 불안해한다. 그러나 부모와 헤어지고 만나는 과정이 규칙적으로 반복될 때 "엄마가 약속한 대로 오셨지"라고 확인시켜 주면 유아들은 비로소 부모가 돌아올 것이라는 믿음을 가지고 편안하게 기관에서 지낼 수 있다.

③ 교사는 유아가 느끼는 불안, 슬픔에 대해 솔직하게 대화를 나누는 것이 좋다.

유아가 울고 불안해할 때 강제로 울음을 그치게 하거나 무시해서는 안 되며 유아가 느끼는 슬픔과 공포를 이해하고 있으며 부모가 돌아올 때까지 잘 돌보아 줄 것임을 이야기한다.

④ 눈앞에서 "안녕" 하고 떠난다.

유아가 안 보는 사이 슬그머니 사라지지 않아야 한다. 부모가 언제 없어질지 모르기 때문에 유아가 더 불안해할 수 있다. 처음에 다소 격렬히 반응하더라도 유아에게 반드시 "안녕" 하고 인사를 하고 떠나면 오히려 쉽게 받아들일 수 있다.

⑤ 만남에 대한 확신을 준다.

부모가 약속한 시간에 정확히 데리러 오는 것이 중요하다. 특히 초기에는 부모가 돌아오지 않을지 모른다는 불안감이 많은 시기이므로 정확히 시간을 지킨다. 출석

판을 사용하여 유아교육기관에 오고 가는 것의 규칙성을 이해시키거나 스티커나 카드를 주는 것 같은 작은 보상도 초기 적응에 도움을 줄 수 있다.

4. 영유아교육기관과 가정의 대화

유아들은 가정과 영유아교육기관에서 대부분의 시간을 보내며 이 두 곳에서의 대화와 소통은 유아들에게 많은 영향을 끼친다. 교사는 부모들에게 영유아들이 하루를 어떻게 보냈는지, 또 특이사항들은 없는지를 알려 주어야 하며 가정과의 연계가 잘 이루어지도록 도와야 할 것이다. 가정과 기관의 의사소통이 원활하지 못할 때 여러 오해가 생길 수 있고 궁극적으로 유아들의 적응을 어렵게 할 수도 있다.

영유아교육기관과 가정의 의사소통 방법은 모두 같을 수 없으며 상황과 여건에 따라 서로 가장 편리한 방법을 선택하면 된다. 매일 유아를 데리러 오는 경우 직접 만나 이야기하는 것이 가장 좋으며 직장생활을 하시는 부모님의 경우 전자메일이나 전화 등을 활용하는 것이 좋다. 학기 초 설문지를 통해 어떤 방법으로 의사소통하기를 원하는지 물어본 후에 이를 활용하는 것도 좋다. 유아교육기관에서 교사는 담임하고 있는 유아의 1차적 책임자이므로, 어떤 사안이든지 교사가 반드시 포함되어 상담이 진행되도록 한다.

교사는 부모교육 및 의사소통 방식에 대한 일반적인 절차를 미리 안내한다. 최근 다양한 통신 매체의 발달로 과거보다 다양한 방법으로 부모와 의견을 교환할 수 있게 되었다.

부모와 교사가 의논하고자 하는 사안에 맞는 방법으로 의견을 교환하기 위해서는 어떤 사안에 대해 언제, 어떤 방법으로 의견을 교환하고 회신을 받을 수 있는지에 대한 사전 안내를 할 수 있다. 때로는 부모가 전달하고자 하는 정보 또는 의논하고자 하는 사안의 내용에 따라 만나지 않는 간접적인 방법보다는 만나는 직접적인 방법이 더 효과적일 때가 있다. 또한 부모에게 피드백을 보내야 하는 사안인지 점검하고 사안에 따라 피드백을 보낸다. 부모가 전화, 쪽지, 전자우편 등의 다양한 방법으로 전달한 정보나 요청에 대한 답신을 모두 해야 하는 것은 아니나 꼭 답신을 해야 하는 사안도 있다. 답신이 꼭 필요한 사안이 아니더라도 가능하면 간단한 답신을 보내는 것이 바람직하다. 부모는 자신이 요청한 사안이 항상 받아들여지는 것은 아니더라도 교사가 고려하고 있다는 것을 알게 되고 교사와 부모 간 의사소통이 더욱 활발해질 수 있다.

1) 우연한 만남

최근 들어 점점 부모와 교사가 서로 얼굴을 마주보고 대화할 수 있는 시간을 갖기 어려워지고 있다. 대부분 전화나 전자메일과 같은 소통수단을 많이 사용하기는 하지만 가장 좋은 의사소통은 직접 만나 대화하는 것이다. 일정 시간을 정해 면담하는 시간을 활용할 수 있지만 유아가 등원하고 귀가하는 짧은 시간을 통해 유익한 대화를 나눌 수 있다. 이때에는 유아가 대화를 듣고 있음을 기억하고 유아가 듣지 않기를 원하는 내용이라면 유아가 없는 시간에 따로 대화하는 것이 좋다.

2) 전화

영유아교육기관에서 가장 많이 사용하는 것이 전화이다. 유아가 갑자기 아프거나 다쳤을 때, 그리고 결석했을 때 사용하기도 한다. 그러나 전화는 예절을 지키고 상대방이 통화할 수 있는 시간에 하는 것이 중요하다. 또 서로 얼굴을 보고 이야기할 때보다 오해를 일으킬 수 있는 소지도 많다. 따라서 민감한 문제를 이야기하려고 할 때는 전화보다는 직접 얼굴을 보고 면담할 수 있는 시간을 계획하는 것이 필요하다.

전화로 대화하는 것은 교사가 영유아의 좋은 행동이나 활동을 부모에게 알려 줌으로써 부모로 하여금 유아에게 강화를 주게 할 수도 있으며 교사가 유아의 가정에 전화하는 것 자체가 유아에게 즐거움을 줄 수 있다. 또한 교사는 유아와 그 가족의 안부를 묻는 전화를 할 수도 있다.

3) 전자메일

영유아교육기관에 홈페이지가 개설된 경우 이를 활용할 수 있으나 그렇지 못한 경우라도 부모와 교사가 개인 메일을 통해 상담할 수 있다. 전자메일을 보내면서 유아의 사진이나 작품을 첨부하여 보내는 것도 좋은 방법이 될 수 있다.

4) 게시판

영유아교육기관에는 출구 가까이에 부모를 위한 게시판이 마련되어 있다. 게시판에는 공지사항이나 기관 행사, 그리고 부모교육을 위한 자료, 유아들의 사진이나 작품을 전시한다. 이러한 게시판을 통해 유아의 생활에 대한 여러 정보를 얻을 수 있다. 유치원 게시판의 예시는 다음과 같다.

| 유치원 게시판의 예시 |

5) 편지

부모들에게 유아교육기관의 여러 가지 사항을 알리기 위해 가장 많이 사용하는 방법으로 일반적으로 1주일에 한 번씩 규칙적으로 가정통신문을 보내는 경우가 많으며 특별한 경우 편지를 보내기도 한다. 또한 모든 유아들에게 같은 내용을 보낼 수도 있지만 특정 유아에게만 작은 쪽지나 메모를 적어 보낼 수도 있다.

가정통신문에는 영유아교육기관의 교육활동에 대한 정보를 제공하기 위해 일주일간 이루어졌거나 또는 앞으로 학습될 내용에 대해 기술하고 가정에서 함께 재학습할 수 있는 기회를 제공할 수 있다. 또한 교육활동에 필요한 교구나 활동 자료를 미리 준비할 수 있고 이를 기관에 보낼 수 있는 참여의 기회를 제공한다. 또 특별활동이나 행사를 구체적으로 알리기 위해 사용된다. 가정통신문은 정해진 요일에 보내며 내용을 짧게 하고 보기에 편리하도록 만드는 것이 좋고 2~3페이지가 넘지 않는 것이 좋다. 특별히 학기 초에는 유치원의 교육과정이나 일정을 알리는 편지를 보내기도 한다. 그 예시는 다음과 같다.

2015학년도 신입 학부모님께

엔젤숲유치원 입학을 준비하고 있을 우리 어린이들을 만나고 싶습니다.
3월, 입학 하기 전 어린이들과 함께 할 수 있는 시간을 마련하면 좋겠지만
직접 얼굴을 보기에 앞서 가정에서 부모님과 함께 할 수 있는
기본생활습관 지도 자료를 먼저 보냅니다.
편지와 함께 보내는 "스스로 하는 엔젤숲어린이" 활동자료는
유치원 생활에 필요한 기본생활을 익히는데 도움자료로 활용해보세요.
어린이들에게 규칙과 규율을 강요하기 보다
스스로 해보려고 노력하는데 중점을 두어 자료를 활용하고, 칭찬으로 격려해주세요.
따뜻한 3월에 의젓하고 씩씩한 모습으로 우리 어린이들을 만날 수 있기를 바랍니다.

1. 일주일에 한 가지씩 정해진 약속을 지키고, 잘 지킨 날에는 어린이가 좋아하는 스티커를 함께 붙여보세요.
2. 1월 30일(금) 부모님 오리엔테이션에 참석하실 때 활동결과물을 유치원으로 가져오세요.
3. 신입생 오리엔테이션에 참석하실 때 준비물:
   어린이 개인조사서, 반명함판 사진 2장, 보조가방(체육복을 배부합니다), 스스로 하는 엔젤숲어린이

스스로 하는 엔젤숲 어린이

1,2주 (1/5~1/18)	식사예절	바르게 앉아서 먹어요
		올바른 자세로 골고루 먹으며, 식사예절을 잘 지켰을 경우, 칭찬스티커를 함께 붙이고 칭찬을 해주세요.
3,4주 (1/19~1/29)	청결	놀잇감을 제자리에 정리해요.
		놀이 했던 장난감과 장소를 스스로 정리하였을 경우, 칭찬스티커를 함께 붙이고 칭찬을 해주세요.

www.angelsoop.co.kr
TEL: 02)371-0098 / FAX: 02)371-0097
엔젤숲유치원

가정에 보내는 편지의 예시

6) 원아조사서(학기 초에 배부)

영유아교육기관에서는 유아를 교육하기 전 여러 정보를 알아 두어야 한다. 따라서 원아조사서는 유아들의 건강, 생활습관, 식사습관, 놀이형태, 가족 구성원, 부모의 교육철학, 가정에서의 생활, 유치원 오기 전의 경험 등을 알아볼 수 있는 내용으로 구성된다. 그 예시는 다음과 같다.

| 원아조사서 예시 |

이름 :		성별 : 남 / 여	생년월일 : 년 월 일
어린이를 더욱 이해하고 개인적인 성장 발달을 돕고자 다음과 같은 몇 항목을 조사합니다. 해당 항목의 첫머리에 ○표를 하시고 ( )가 있는 곳에는 해당 사항을 자세히 적어 주십시오.			
태아기	임신중	① 질병 ② 큰 근심 ③ 놀람 ④ 건강	
	분만시	① 정상 분만 ② 조산(개월) ③ 난산 ④ 제왕절개	
영아기	영양	① 모유 ② 인공 영양 ③ 섞어서	
	젖뗀 시기	( ) 개월	
	걸음 시작	( ) 개월부터	
유아기	양육자	① 어머니 ② 아버지 ③ 할머니 / 할아버지 ④ 유모 ⑤ 가정부 ⑥ 기타 :	
	질병	① 홍역 ② 성홍열 ③ 말라리아 ④ 백일해 ⑤ 결핵 ⑥ 비염 ⑦ 천식 ⑧ 알레르기( ) ⑨ 기타 : ( )	
현재	식사 습관	① 혼자 먹는다 ② 먹여준다	
		① 편식하지 않음 ② 편식함(좋아하는 음식 : 싫어하는 음식 :) ③ 한 번에 먹는 음식의 양: 많은 편이다( ) 적은 편이다( ) ④ 한 번에 많이 먹는다( ) / 조금씩 나누어서 먹는다( )	
		① 언제나 식사를 즐겨 먹는다 ② 보통이다 ③ 먹으라고 해야 먹는다	
		① 우유를 잘 마신다 ② 보통이다 ③ 우유를 싫어한다	

현재	수면 습관	① 혼자 잔다　② 어른의 도움을 필요로 한다　③ 잠들기 어렵다 ④ 쉽게 잠든다　⑤ 밤에 오줌을 싼다　⑥ 잠꼬대를 한다 ⑦ 자다가 놀라서 깬다　⑧ 자다가 깨어나서 운다
		① 기상시간 : (　　　　　　) 시 ② 취침시간 : (　　　　　　) 시
	좋은 습관	
	나쁜 습관	
	건 강	① 건강하다　② 보통이다　③ 허약하다 ④ 특수체질(알레르기성)이다　⑤ 코피를 잘 흘린다
	친 구	① 친구와 잘 싸운다　② 얌전하다　③ 친구가 많다 ④ 혼자 놀기를 좋아한다　⑤ 친구가 늘 바뀐다 ⑥ 한번 친하면 계속해서 논다　⑦ 놀기 위해서 친구에게 물건을 준다
	정서적	① 특별히 무서움을 탄다　② 동물을 무서워한다 ③ 잘 흥분한다　④ 질투심이 강하다
		① 동식물에 대한 친근감을 표현한다 ② 동식물에 대한 두려움을 느낀다
	용변 습관	대　변 : ① 혼자 한다　② (　　　　　) 가 도와준다 소　변 : ① 혼자 한다　② (　　　　　) 가 도와준다 뒷처리 : ① 혼자 한다　② (　　　　　) 가 도와준다
	의복	① 혼자서 입는다　② 도와준다　③ 입혀준다
		① 스스로 선택해서 입는다　② 부모가 정해준다
	놀이	① 활동적인 놀이　② 조용한 놀이　③ 실내 놀이　④ 실외 놀이
		특히 잘하는 놀이 1.　　　　2.　　　　3.
	아동을 위한 시설	① 놀이방이 있다　② 놀이방이 없다
		① 인형　② 소꿉놀이　③ 블록　④ 그림책 ⑤ 동화책　⑥ 그림 맞추기　⑦ 공　⑧ 자전거
		기타 :
	아동과 생활을 제일 많이 하는 사람	① 부　② 모　③ 조부　④ 조모　⑤ 형제 (　　　)　⑥ 가사도우미 ⑦ 그 외의 분 :

구분	항목	내용
문화	부모의 종교	① 부 : ② 모 :
	부모의 취미	① 부 : ② 모 :
	부모의 특기	① 부 : ② 모 :
환경과 가정의 분위기	이웃과의 관계	① 친하다 ② 보통이다 ③ 얼굴도 모른다 ④ 이웃집 아이들이 잘 와서 논다 ⑤ 안 온다 ⑥ 못 오게 한다
	아동에 대한 아버지의 태도	① 사랑한다 ② 특별히 사랑한다 ③ 무관심하다
		① 아동의 의견을 존중한다 ② 의견을 무시한다
		① 엄격 ② 보통 ③ 간섭 ④ 방임 ⑤ 민주
	아동에 대한 어머니의 태도	① 사랑한다 ② 특별히 사랑한다 ③ 무관심하다
		① 아동의 의견을 존중한다 ② 의견을 무시한다
		① 엄격 ② 보통 ③ 간섭 ④ 방임 ⑤ 민주
부모의 교육에 대한 관심	아동의 습관에 대한 태도	① 늘 지도해 준다 ② 때때로 지도한다 ③ 지도하지 않는다 ④ 나쁜 버릇이 있는지 없는지 모른다 (관심이 없다)
	아동의 복장에 대한 태도	① 화려하게 입힌다 ② 활동적인 옷을 입힌다 ③ 검소하게 입힌다 ④ 무관심하다
	간식	① 시간을 정해준다 ② 아무 때나 준다 ③ 가끔 준다
		자주 주는 간식 :
	부모님의 자녀 교육관에 대한 서로의 일치정도는 어떻습니까?	
	자녀 양육과 교육에 대해 하루에 어느 정도의 대화 시간을 갖습니까?	
	어린이가 어떤 사람으로 자라기를 원하십니까?	아버님:
		어머님:
	그렇게 자라게 하기 위해 부모님들은 어린이에게 어떻게 해주십니까?	아버님:
		어머님:
	휴일에 부모님과 어린이는 주로 무엇을 하면서 시간을 보내십니까?	

부모의 교육에 대한 관심		
	유치원이 끝나면 어디로 갑니까? (집, 학원, 친척집 등)	
	유치원이 끝나고 집에 갔을 때 누가 맞이해 줍니까?	
	현재 어느 학원 또는 기관에 다니고 있습니까? (자세히 기록)	
	집에서 어린이는 주로 무엇을 하면서 시간을 보냅니까?	
	부모님께서 집에 계실 때 부모님과 어린이가 무엇을 함께 하면서 시간을 보냅니까?	

5. 부모면담

면담이란 교사와 부모가 서로 대면하여 유아의 생활과 문제행동에 대해 의견을 교환함으로써 바람직한 유아의 지도방안을 모색하는 활동이다. 부모들이 교사와의 면담을 통해 얻을 수 있는 장점은 다음과 같다.

- 부모와 교사 간 상호친밀감을 형성할 수 있다.
- 교사가 유아에게 영향을 주는 가정생활이나 가족관계에 대해 알고 유아를 이해하는 데 도움을 줄 수 있다.
- 유아의 문제행동이 발생할 경우 해결방법을 같이 모색할 수 있다.
- 부모가 유아에 대해 새로운 인식을 할 수 있다.
- 부모가 영유아교육기관의 교육목적이나 프로그램에 대해 알 수 있다.
- 영유아교육기관에서 행사에 대한 의견을 교환할 수 있다.

1) 부모면담의 방법

(1) 약속을 정한 계획성 있는 면담

교사가 계획하여 부모에게 편지 또는 전화로 면담일, 시간, 장소를 미리 약속한다. 장점은 미리 약속을 하였으므로 방해 없이 충분한 시간 동안 안정되고 자연스러운 분위기에서 면담할 수 있다는 것이다. 또한 미리 사전에 면담을 준비하여 구체적으로 면담할 수 있다는 장점이 있다.

(2) 우발적 면담

유아와 생활하면서 일어나는 문제를 중심으로 계획하지 않고 이루어지는 면담의 방법이다. 부모들이 수시로 유아에 대한 문제를 상의할 때 기꺼이 상담에 응하는 것이 필요하며 상호 신뢰 가운데 면담이 이루어지도록 하는 것이 좋다.

(3) 가정 방문을 통한 면담

유아에게 문제가 있거나 장기간 결석했을 때, 기관에 오기 싫어할 때, 친구들과 어려움이 있을 때 방문하여 면담할 수 있다.

(4) 전문가를 모시고 하는 면담

전문가와 부모, 교사 세 사람이 앉아 상담하는 것으로 전문가와 부모의 원만한 상담이 되도록 교사가 도와야 한다. 또 교사가 상담내용을 기록하며 부모의 입장에서 전문가의 조언을 받아들이도록 해야 한다.

2) 면담유형

부모면담의 종류는 개별면담과 집단면담으로 나눌 수 있으며 유아와 부모의 상황, 문제유형에 따라 적절히 선택해서 사용해야 한다.

(1) 개별면담

개별면담은 교사와 한 유아의 부모가 서로 대면해 유아의 생활과 문제행동에 대해 의견을 교환하고 바람직한 유아의 지도방안을 모색하는 활동으로 교사가 미리 준비한 관찰기록부에 의해 유아에 대한 지식을 같이 의논하게 된다.

개별면담은 일반적으로 1년에 2회 정도 실시하는 곳이 많으며 첫 면담은 기관에 대한 적응이나 가정에서의 생활 등에 대해 면담하게 되며 보통 4월에 실시한다. 교사는 유아에 대한 많은 이야기를 하기보다 많이 듣는 것이 필요하다. 두 번째 면담은 10월쯤 이루어지며 기관에서의 유아의 생활과 변화를 중심으로 면담한다. 하루에 3~4명의 부모와 20분 정도씩 시간을 계획하여 하는 것이 좋다.

개별면담을 할 때는 부모와 교사가 일대일로 만나기 때문에 많은 준비가 필요하다. 유아에 대한 여러 정보나 기록에 근거해 상담에 임해야 하고 면담 결과를 기록하고 보관할 필요가 있다.

(2) 집단면담

개별면담이 교사와 부모가 일대일로 만나기 때문에 많은 시간과 노력이 들며 한 유아의 특수 문제행동에 대한 해결책을 모색하는 방법이라면 집단면담은 부모의 관심과 교사가 부모를 면담하고자 하는 내용이 대부분의 부모들에게 같은 유사한 행동을 보이는 5~6명의 유아를 대상으로 할 수도 있다. 이러한 집단면담은 면담의 깊이를 갖기 어려운 단점은 있으나 시간을 절약할 수 있고 부모 간 교류를 통해 자녀의 문제를 폭넓게 보고 부모들이 서로 공감대를 형성하여 상담의 효과를 극대화할 수 있다.

집단면담은 10명 이하의 부모가 참여하는 것이 효과적이며 너무 편중되어 몇몇 부모에 의해 이야기가 독점되지 않도록 고려해야 하며 면담 시간도 1시간~1시간 30분이 넘지 않도록 하는 것이 좋다. 반모임을 통한 집단면담의 형태도 많이 나타난다.

반모임을 통해 부모는 유치원에서의 인간관계를 형성할 수 있다. 자녀와 엄마들이 만나면서 원에 대해 이해할 수 있는 기회가 될 수 있고 자녀의 또래 친구들과 친해지는 계기가 될 수 있다. 부모가 반모임을 하는 동안 원에서는 유아가 원의 강당에서 놀이를 할 수 있도록 배려해줄 수 있다. 더 나아가면 부모를 통해 문제를 해결할 수 있는 기회도 될 수 있다. 즉, 부모 또는 교사들이 유아들과 생활하면서 당면하는 문제에 대해 전체 부모 또는 교사들을 대표해서 의견을 발표하는 모임으로 공개 토론회에서는 주제에 대한 찬·반론이 논의될 수 있다. 반모임을 소개하는 편지의 예시는 다음과 같다.

| 반모임 소개 편지의 예시 |

안녕하십니까?

나뭇가지의 새싹을 보면 기쁘지 않을 수 없습니다. 감사하게도 이번 봄비가 곱게 내려 목련꽃도 소담스레 환희를 은은하게 품고 있습니다. 봄을 봄답게 함께 할 수 있으면 좋겠다는 생각을 하니까 '~답다'는 말에 머물러집니다. 저도 '원장다운가'라는 생각에 마음과 고개가 저절로 움츠러듭니다. 우리 아이들도 누구를 위해서가 아니라 자신을 위해 아이답게 잘 자라주길 바라며 어른의 잣대로 재는 실수를 하지 않길 우리 모두 노력하며 몇 가지 안내 말씀드립니다.

어머님들께서 서로 정보교환과 친교를 이룰 수 있으며 유아들에게는 친구의 관계가 친밀해지는 모임인 반모임을 4월부터 시작할 예정이며 첫 만남은 유치원에서 갖겠습니다.

✱ 반모임

- **목적** : 자녀 교육과 육아에 대한 얘기들을 나누며 아이들에게는 친구들과 친구 어머님들과 밖에서 만나 친교의 시간을 갖는 중요한 모임이다. 첫 모임은 각 반 교실에서 갖겠습니다. 전원이 참석하시도록 노력 부탁드립니다. 수고하시는 반 대표님을 위해서도 꼭 참석 부탁드립니다. 먼저 면담 시간 되시는 날에 체크하여 주시기 바랍니다.

열매반모임 날짜가 정해졌습니다.

- **일시** : 4월 26일 화요일 6:00
- **장소** : 열매반 교실

첫 모임이므로 꼭 참석 부탁드립니다.

반모임을 통한 집단면담은 교사보다는 부모가 이야기하는 시간이기 때문에 교사가 큰 부담을 느끼지 않는 경향이 있다. 그러나 교사가 진행자의 역할을 효율적으로 하지 못하면 부모들이 집단면담의 취지에 어긋나는 이야기를 하거나, 오랫동안 이야기하거나, 바람직하지 않은 방향으로 조언을 하거나, 유아교육기관에 대해 부적절한 요구를 하기도 한다. 따라서 교사는 다음의 전략을 활용하여 집단면담의 목적을 이룰 수 있도록 해야 한다.

① 부모의 질문에 대한 단정적인 답변을 피하고 말을 아낀다.

학기 초는 유아들이 자신을 완전히 드러내지 않는 시기이기 때문에 교사가 유아를 정확히 파악하기 어렵다. 유아의 성격, 행동, 능력에 대한 교사의 이해가 충분하지 않은 시기이므로 문제의 원인이나 해결 방법을 단정적으로 제시하는 것은 피한다.

원인이나 가장 적절한 지원이 무엇인지에 대해 부모의 의견을 다시 묻거나, 비슷한 경험을 가진 다른 부모의 의견을 구하거나, 일반적인 유아에 대한 교사의 경험에 비추어 대답하는 것이 좋다.

② 각 유아에 대한 정보를 미리 살펴보고 주목할 만한 사항을 기록하여 부모가 발표할 때 적절히 언급한다.

교사가 유아에 대해 완전히 파악하지 못하는 시기이더라도 아무런 준비 없이 집단면담에 임해도 되는 것은 아니다. 부모의 시각에서 본 유아의 특성을 개인 조사서를 통해 파악하고, 짧은 기간 동안이지만 교사가 관찰한 유아의 특성에 대해 기록하고 준비해야 한다.

부모가 의견을 피력할 때 교사가 적절히 반응하는 것을 통해 부모-교사 간의 신뢰가 형성된다. 예를 들면, 부모가 최근 동생이 생겨 유아가 퇴행했다고 할 때 교사가 "아! *개월 된 동생 **가 있지요?"라고 간단히 반응하거나 조부모와 함께 살아 자녀양육에 일관성을 가지기 힘들다고 할 때 교사가 "네 할머님과 함께 살고 계시죠."라고 간단히 언급할 수 있다. 이런 간단한 반응을 통해 부모는 교사가 자신의 자녀에게 관심을 가지고 있다고 생각하여 신뢰를 형성하게 된다.

③ 부모가 말하는 내용을 교사가 중요하게 여기고 교육에 반영할 것이라는 것을 부모가 느끼게 한다.

부모가 발표할 때 "네! 걱정이 되시겠어요."라고 말하거나, 받아 적거나 눈을 맞추거나 고개를 끄덕이는 등의 언어적, 비언어적 행동을 통해 부모의 말을 교사가 중요하게 생각하고 교육에 반영할 것이라는 것을 전달할 수 있다. 실제로도 교사는 부모가 학기 초에 말한 것을 1년 동안 유아를 교육하는 데 반영하도록 노력해야 한다.

④ 한 부모가 발표하는 시간이 균등하게 되도록 조절한다.

한 부모가 많은 시간을 독점하는 것은 다른 부모에게 공평하지 않으므로 발표 시간을 잘 조절하도록 해야 한다. 이를 위해 1인당 사용할 수 있는 시간을 미리 공지하고, 시간을 정확히 지킨 부모에게 박수쳐 주거나, 주어진 시간을 넘긴 부모에게 표시를 보여주는 등의 전략을 사용할 수 있다.

⑤ 좋은 모범을 보일 수 있는 부모에게 먼저 발표하도록 부탁한다.

집단면담의 경험이 있는 부모 중에서 발표 시간, 내용, 방식 등의 측면에서 다른 부모의 본보기가 될 수 있는 부모에게 먼저 발표를 부탁할 수 있다. 모범을 보일 수 있는 부모가 2~3명 발표한 후에는 무작위보다는 앉은 순서대로 발표하게 하는 것이 효율적이다.

⑥ 부모의 질문에 대한 다른 부모의 조언이 바람직한 것이 되도록 조정한다.

자녀를 키워본 경험이 있는 부모의 조언은 첫 자녀를 키우는 부모에게 많은 도움이 된다. 그러나 바람직하지 못한 양육방식을 제시하거나 시간을 독점하는 경우 교사는 "각 유아나 부모마다 개인차가 있죠.", "예전에는 그런 방법을 많이 쓰셨다고 들었어요. 요즘에는 같은 사안에 대하여 다른 의견도 있는 것 같아요.", "다른 의견을 가지신 부모님은 안 계시는지요?"라고 말함으로써 부모의 주장과 다른 의견이 있음을 알린다.

❙ 집단면담 ❙

3) 면담준비

(1) 개인면담 가정통신문

부모는 유아가 기관에 있는 동안 어떤 생활을 하는지에 대해 궁금해하며 자녀가 잘 적응하는지에 대해 관심을 갖는다. 이를 위해 교사는 부모와 만날 수 있는 기회를 제공하는 것이 좋다. 교사는 부모와 어떤 내용을 의논할지에 대해 사전에 준비하고 유아의 장점이나 성취 등에 대하여 관련정보를 준비한다. 교사는 부모와의 만남을 통해 긍정적인 관계를 형성하고 유아의 문제행동이 있다면 그에 대한 지도방법을 함께 고민할 수 있는 기회가 되기도 한다. 면담일정을 미리 계획하는 것이 필요하며 보통 유아들이 1~2달 기관에 적응한 후 첫 면담을 하게 된다. 면담날짜는 부모가 일정을 조정하기 위해 3~4주 전에 알리는 것이 좋고 보통 가정통신문을 통해 참석 가능 여부와 시간을 확인하는 것이 필요하다. 또 시간을 조정한 후에는 확정된 시간과 장소를 알려 주어야 하며 잊지 않고 면담에 참석할 수 있도록 가정통신문이나 전화로 다시 한 번 상기시켜 주는 것도 좋다. 개인면담 가정통신문의 예시는 다음과 같다.

4. 교사- 학부모 교육상담 안내

▶ 교사 - 학부모 교육상담이 있습니다. 상담은 자녀의 발달을 객관적으로 알아보며 체크하는 교육적인 의미가 있으니 한 분도 빠짐없이 상담에 참여해주시기 바랍니다. 1학기에는 유치원에 잘 적응하도록 돕는 것을 상담의 목표로 하고 있습니다. 가정과 유치원에서 일관성 있는 교육을 하는지 점검하고 교사의 교육방침 및 가정에서의 양육 상황을 구체적으로 나눌 수 있는 기회가 됩니다. 효율적인 상담을 위해 이번 주에 배부해드리는 **상담일지 및 가정에서 보는 유아의 발달상황에 관한 기록지에 내용을 적어 4월 8일 (수)까**지 유치원으로 보내주시기 바랍니다. 별지로 보내드리는 기록지에는 가정에서 자녀를 양육하는 과정에서 부모님께서 보시기에 유아의 발달정도가 어떠한지에 대한 내용을 실제사례를 중심으로 적어주세요. 자료는 유치원에서의 생활기록과 연계하여 상담 자료로 활용합니다.

아래의 상담시간을 확인하시고 **상담시간 5분 전까지** 유치원으로 오시기 바랍니다.

▶ 상담일 및 시간 **맑은강반, 맑은샘물반, 맑은호수반: 4월 20일 (월)- 24일 (금)**
푸른산반, 푸른하늘반, 고운마음반, 고운소리반: 4월 27일 (월)- 5월 1일 (금)

상담날짜 및 시간	일 요일 시 분 - 시 분

| 개인면담 가정통신문 예시 |

(2) 자료 준비

면담을 위한 자료의 준비는 다양한 방법으로 체계적으로 이루어져야 한다. 원아조사서, 설문조사 등을 통해 다양한 정보를 얻고 유아의 행동관찰, 포트폴리오와 같은 자료도 활용되어야 한다.

① 원아조사서

대부분의 기관에서 영유아에 대한 기본 정보를 얻기 위해 학기 초에 원아조사서를 보내며 이를 통해 유아와 부모에 대한 전반적 정보를 얻을 수 있다.

② 설문지

기관의 운영, 교육과정 구성, 특별히 논의할 내용이 있을 때 의견을 조사하기 위해 보내는 것을 말한다. 이 자료는 기관운영과 면담에 중요한 자료로 활용될 수 있다. 그 예시는 다음과 같다.

설문지의 예시

__________반

안녕하십니까? 부푼 기대감과 설렘으로 아빠 엄마 손을 잡고 유치원 강당에 모여 입학식을 한 것이 엊그제 같은데 어느새 결실의 계절이 돌아와 지난 시간을 되돌아보게 됩니다. 그동안 우리 아이들과 학부모님들의 적극적인 성원에 힘입어 즐겁고 행복한 시간을 보낼 수 있었습니다. 00 유치원 교육에 대하여 적극적으로 신뢰하고, 협력해 주시는 학부모님들께 항상 감사드립니다. 유치원 교육과정에 대한 학부모님들의 의견이나 생각을 2015학년도 교육과정 계획에 반영하고자 하오니 번거로우시더라도 의견을 주시기 바랍니다.

작성하신 설문은 11월 4일(화)까지 보내 주세요.

2014. 10. 31.

○○유치원장

※ 해당하는 곳에 √ 표시하고, 기타란에는 의견을 자유롭게 적어 주세요.

1. 유치원 교육과정 운영 및 실행에 대해 어떻게 생각하십니까?

① 매우 만족　　② 만족　　③ 보통　　④ 기타 (　　　　　　)

2. 유치원 교육과정 운영에 있어 어떠한 점을 만족하십니까? (복수응답 가능)

① 3, 4, 5세 누리 과정을 기반으로 한 통합적 교육활동
② 가정과 연계한 기본생활습관 지도
③ 학부모 참여활동 및 학부모 참관 수업
④ 생태놀이활동(농장체험활동 및 숲체험놀이)
⑤ 텃밭 활동(씨앗심기, 상추, 고추, 가지 등 채소 심기, 배추 모종 심기, 감자와 고구마 심고 수확하기)
⑥ 영어교육
⑦ 기타(　　　　　　　　　　　　　　　　　　　　)

3. 유치원 교육과정 운영에 있어 어떠한 점이 미흡하다고 생각하십니까?

(　　　　　　　　　　　　　　　　　　　　　　　　)

4. 2014학년도 각종 행사 및 운영이 유치원 교육과정을 이해하는 데 도움이 되셨습니까?

① 매우 도움이 되었다. ② 도움이 되었다.

③ 조금 도움이 되었다. ④ 기타

5. 유치원 실내 · 외 환경에 대해 만족하십니까?

(실외놀이터/ 숲놀이터/ 텃밭/ 생각키우기방/ 교실환경구성/ 강당 등)

① 매우 만족 ② 만족 ③ 보통 ④ 기타

6. 유치원 실내 · 외 환경 중 확충이 필요하다고 생각하는 곳이 있으면 적어 주세요.

① 실내

② 실외

7. 오전에 먹는 우유 및 음료간식에 대한 의견을 표시해 주세요.

① 유치원에서 준비해서 먹음(기존방식)

② 가정에서 준비한 간식(음료)을 가져와서 먹음

③ 원치 않음

④ 기타 ( )

8. 방과 후 과정(특별활동)

1) 2014학년도에 실시된 방과 후 과정에 대해 만족하십니까?

① 매우 만족 ② 만족 ③ 보통 ④ 기타 ( )

2) 방과 후 과정의 시간 재편성을 하게 될 경우 희망하는 곳에 표시해 주세요.

① 기존의 시간대로 운영(45분 수업: 오후 2시~2시 45분/ 1일 1과목 선택)

② 시간 연장 운영

(90분 수업: 오후 2시~2시 45분/ 2시 45분~3시 30분/ 1일 2과목 선택)

③ 기타 ( )

3) 방과후과정의 희망과목을 적어 주세요.

기존 진행하고 있는 영어, 미술, 체육, 오르프, 언어활동, 가베, 과학, 우쿨렐레 외

( )

9. 유아들의 쾌적한 실외활동을 위한 복장에 대하여 어떻게 생각하십니까?

① 기존의 체육복(춘추복)

② 기존의 체육복(춘추복) + 숲활동복(방수멜빵바지와 통풍되는 후드 짚업점퍼)

③ 기타 의견:

10. 2014학년도 우리 유치원 교육활동 중에서 우수한 점과 바라는 점에 대한 학부모님의 의견을 자유롭게 적어 주시기 바랍니다.

※ 설문에 응답해 주셔서 감사합니다.

③ 질문지와 상담일지

면담할 때 다루었으면 좋겠다고 생각하는 부분을 미리 부모들에게 묻고 그것을 토대로 면담을 준비하는 것이 필요하다. 그 예시는 다음과 같다.

| 질문지와 상담일지의 예시 |

기록일: 2015년 4월 일
기록자(부모님):

◈ 유아명 : ____________________ ◈ 생년월일 : ____________________

영역	내용 범주 및 내용	부모님 평가 가정에서 자녀를 양육하는 과정에서 부모님께서 보시기에 유아의 발달정도가 어떠한지에 대한 내용을 실제사례를 중심으로 적어 주세요. 해당하는 영역에서 확인할 수 있는 내용을 참고로 유아가 스스로 하는 것, 도움이 필요한 것, 잘하는 점, 부족한 점, 자신감 있는 태도, 신중한 태도 등을 부모님의 관점에서 씁니다.
신체운동 · 건강 신체	**신체 인식하기** • 감각능력 기르고 활용하기 • 신체를 인식하고 움직이기 **신체 조절과 기본 운동하기** • 신체 조절하기 • 기본 운동하기 **신체 활동에 참여하기** • 자발적으로 신체 활동에 참여하기 • 바깥에서 신체 활동하기 • 기구를 이용하여 신체 활동하기	
	건강하게 생활하기 • 몸과 주변을 깨끗이 하기 • 바른 식생활하기 • 건강한 일상생활하기 • 질병 예방하기	
	안전하게 생활하기 • 안전하게 놀이하기 • 교통안전 규칙 지키기 • 비상시 적절히 대처하기	

의사소통	ꕤ **듣기** • 낱말과 문장 듣고 이해하기 • 이야기 듣고 이해하기 • 동요, 동시, 동화 듣고 이해하기 • 바른 태도로 듣기	
	ꕤ **말하기** • 낱말과 문장으로 말하기 • 느낌, 생각, 경험 말하기 • 상황에 알맞게 바른 태도로 말하기	
	ꕤ **읽기와 쓰기** • 읽기에 흥미 가지기 • 책읽기에 관심 가지기 • 쓰기에 관심 가지기 • 쓰기 도구 사용하기	
사회관계	ꕤ **나를 알고 존중하기** • 나를 알고, 소중히 여기기 • 나의 일 스스로 하기	
	ꕤ **나와 다른 사람의 감정 알고 조절하기** • 나와 다른 사람의 감정 알고 표현하기 • 나의 감정 조절하기 ꕤ **가족을 소중히 여기기** • 가족과 화목하게 지내기 • 가족과 협력하기 ꕤ **다른 사람과 더불어 생활하기** • 사회적 가치를 알고 지키기	
	ꕤ **사회에 관심 갖기** • 지역사회에 관심 갖고 이해하기 • 우리나라에 관심 갖고 이해하기 • 세계와 여러 문화에 관심 가지기	
예술경험	ꕤ **아름다움 찾아보기** • 음악적 요소 탐색하기 • 움직임과 춤 요소 탐색하기 • 미술적 요소 탐색하기	

예술 경험	**예술적 표현하기** • 음악으로 표현하기 • 움직임과 춤으로 표현하기 • 미술활동으로 표현하기 • 극놀이로 표현하기 • 통합적으로 표현하기 **예술 감상하기** • 다양한 예술 감상하기 • 전통예술 감상하기	
자연 탐구	**수학적 탐구하기** • 공간과 도형의 기초개념 알아보기 • 기초적인 측정하기 • 규칙성 이해하기 • 기초적인 자료 수집과 결과 나타내기	
	과학적 탐구하기 • 물체와 물질 알아보기 • 생명체와 자연환경 알아보기 • 자연현상 알아보기 • 간단한 도구와 기계 활용하기	
유아 전반 발달	유아의 전반적인 발달 수준	
	유아의 장점 및 단점	
	원에서의 전반적인 또래 관계	
	교사가 부모님께 당부하고 싶은 점	

상 담 일 지	
유 아 명	
가정생활	* 생활습관
	* 양육의 역사 (병력–특이체질, 주양육자, 생활습관, 상 · 벌의 방법 등)
교사와 상담하고자 하는 내용	* 자녀의 장점 및 발달가능성 등
기 타	

* 내용을 기록한 후 4월 8일 (수)까지 유치원으로 보내 주시기 바랍니다.

④ 면담기록

등 · 하원이나 전화통화 등을 통한 면담의 기록들을 기록하여 활용할 수 있다.

⑤ 포트폴리오

유아의 포트폴리오는 발달과 학습과 관련된 기록이며 이를 면담에 활용할 수 있다. 유아의 활동사진과 함께 정리해 두면 좋고 부모들은 말로만 듣는 것보다는 실제 여러 자료를 보면서 기관에서의 교육내용과 활동을 이해하는 것이 좋으며 교사에 대한 신뢰와 애정을 가질 수 있다.

(3) 환경 준비

부모가 편안하게 느낄 수 있도록 안정되게 환경을 준비하는 것이 필요하다. 부모와 교사가 서로 마주볼 수 있는 책상을 배치하고 차분한 색 천을 덮어두면 좋다. 너무 가까이에 배치하지 않고 적절한 거리를 유지하도록 하며 교실 입구에 면담 일정을 붙여두는 것이 좋다. 대기 장소를 마련해 두는 것이 좋은데 대기 장소에는 간단한 차와 다과, 유아들의 활동사진이나 부모교육 자료 등을 비치해 두어야 한다. 또 교실과 복도에 유아들의 작품을 배치할 때는 모든 유아의 작품이 골고루 전시되도록 배려해야 할 것이다.

| 면담실 준비의 예시 |

4) 면담 시 고려할 점

교사는 전문적인 상담자가 아니므로 상담에 어려움을 겪기도 한다. 면담에서 가장 중요한 것은 기술이 아니라 서로에게 도움을 주고 문제를 이해하고 해결해 나가려는 자세이다.

(1) 면담과정의 여러 요소

면담과정의 요소로는 라포형성, 공감, 수용적 존중, 전문적 능력, 의사소통이 있다. 구체적으로 살펴보면 다음과 같다.

① 라포형성

라포란 서로 간에 조화를 이루는 관계를 말한다. 바람직한 면담을 위한 가장 근본적인 것으로 교사와 부모가 서로를 신뢰하고 편안한 감정으로 대화할 수 있는 분위기를 형성하는 것이다.

② 공감

공감은 자신이 경험하지 않고 다른 사람의 감정을 이해하는 것이다. 자녀를 가진 부모의 특징을 이해하고 부모의 위치에서 바라보려고 하는 노력이 필요하다.

③ 수용적 존중

부모의 입장을 이해하고 생각을 존중하는 것이다. 부모의 생각에 동의하지 못할 때에도 직접적으로 거부하기보다는 서로 다른 생각을 가지고 있다는 것을 부드럽게 표현해야 한다.

④ 전문적 능력

부모는 교사에게 도움을 구하러 오기 때문에 교사가 자신을 도와줄 수 있는 전문가라는 사실을 인식하도록 하는 것이 필요하다. 전문적 능력을 보이기 위해서는 유아에 대한 전반적인 지식과 여러 기록을 토대로 하는 것이 중요하다.

⑤ 의사소통

의사소통 능력은 면담에서 매우 중요한 요소이다. 고든은 적극적 경청의 방법을 제안하는데 이는 부모가 하는 말을 열심히 들으면서 이해하고 있다는 느낌을 전달하는 것이 필요하다는 것이다. 고개를 끄덕이거나 시선을 맞추어 적극적으로 의사소통하는 것이 필요하다.

(2) 효율적 면담을 위한 제안

부모와 효율적인 면담이 이루어지기 위해서는 다음과 같은 점을 유의해야 한다.

① 긍정적이고 따뜻한 말로 시작한다.

교사의 말이나 표정에서 자녀에 대한 관심과 사랑을 느끼도록 해야 한다. 면담 시작부터 부정적인 이야기를 하는 것보다는 구체적인 일화를 제시하면서 면담을 시작하는 것이 좋다. 이때 일상적인 칭찬보다 구체적 일화를 제시하면 더 효율적이다. 예를 들어, "준서가 동생 이야기를 많이 하는데 동생이 태어나서 기분이 좋은가봐요."라고 하거나 "요즘 다현이는 소꿉놀이 영역에서 많이 놀이해요. 친구들과 함께 엄마가 되어 요리하는 것을 좋아하는데 어머님이 요리를 잘하시나봐요."와 같은 방법을 활용하는 것이다.

② 부모를 완벽한 인간으로 보지 않는다.

부모는 자녀를 사랑하기는 하나 모든 것을 다할 수 있는 존재가 아니다. 오히려 자녀에 대한 문제를 객관적으로 보기 어렵다. 교사는 부모에게 완벽성을 기대하지 말고 모든 자녀의 문제를 부모의 탓으로 돌리지 말아야 한다. 또 부모가 자신을 돌아보고 문제를 극복해 나갈 수 있도록 격려하는 것이 필요하다.

③ 부모가 이야기하게 한다.

부모를 전적으로 이해하기 위해 교사는 부모가 이야기할 수 있도록 하는 것이 필요하다. 교사가 너무 많은 이야기를 하면서 시간을 보내는 것보다 부모가 객관적으로 자신을 돌아볼 수 있도록 이야기하는 시간을 많이 배려하는 것이 필요하다.

④ 부모가 원하는 것이 무엇인지 정확히 파악한다.

부모가 무엇을 말하고자 하는지, 교사와의 면담을 통해 얻고자 하는 것이 무엇인지를 정확히 파악하는 것이 중요하다. 위로를 바라는지, 해결책을 원하는지, 그저 하소연하고자 하는 것인지 부모의 마음을 정확히 파악하기 위해 노력하고 이를 위해 면담 전에 부모가 면담 시 어떤 내용을 다루기를 원하는지 설문하여 이를 근거로 면담을 준비하는 것도 필요하다.

⑤ 말하는 것 자체만으로도 의미가 있다.

한 번의 면담으로 모든 것을 다 해결할 수 있을 것이라 생각해서는 안 된다. 부모가 교사와 이야기를 나누는 것만으로도 갈등과 고민에서 편안한 느낌을 가질 수 있으며 이야기를 나누면서 문제를 정리하고 자신을 돌아보게 할 수 있다.

⑥ 느낌을 반영해 준다.

부모의 이야기를 들으며 듣고 있는 내용을 교사가 다시 다른 말로 표현해 주는 것이다. 그 예는 "아 그렇군요.", "그렇게 생각할 수도 있겠어요."와 같은 말을 하는 것이다. 이렇게 하는 것은 부모로 하여금 이해받고 있다는 느낌을 갖게 하고 자신의 생각을 명료하게 할 수 있다는 장점이 있다.

⑦ 부모의 이야기를 요약해 준다.

이야기가 산만하게 흐르지 않도록 중간 중간 부모가 하는 이야기를 요약해 주며 질문하는 것이 좋다. 이렇게 하는 것은 부모가 인식하지 못하는 부분을 인식하게 해 줄 수도 있으며 서로 바른 의사소통이 되고 있는지 확인할 수 있게 한다. 질문을 할 때 지나치게 무엇인가를 알아내기 위해 집요하거나 공격적으로 하는 것이 아니라 부모의 이야기가 더 확장되어 가도록 도움을 주는 정도의 질문을 하는 것이 필요하다.

⑧ 부모가 과장할 수 있음을 기억한다.

부모도 상황이나 문제를 지나치게 과장하기 쉽다. 교사는 부모의 이야기를 있는 그대로 받아들이기보다는 흥분한 상태에서 과장된 것일 수 있다는 것을 기억하고 상황과 문제를 객관적으로 파악하려고 노력해야 한다.

⑨ 부모의 반응에 주의를 기울인다.

면담하면서 부모가 하는 반응에 민감하게 반응하는 것이 중요하다. 반응이 없거나 거부하는 느낌이 들면 너무 강요하지 않는 것이 좋다. 특히 교사는 전문가이기 때문에 무조건 의견을 수용하라고 강요하거나 지나치게 전문적인 용어를 사용하여 가르치려고만 해서는 안 된다. 특히 결정적으로 발달지체나 자폐와 같은 부분을 진단하는 용어를 사용하는 것은 피하는 것이 좋다.

⑩ 비언어적 대화에도 주의를 기울인다.

아무리 진지한 면담도 교사는 앉고 부모는 서 있다든지 교사의 태도가 거만하다면 의사소통에 문제가 생길 수 있다. 이야기를 나누는 태도에도 주의를 기울여야 한다. 진지하게 경청하는 바른 자세와 편안한 표정, 적절한 시선 처리와 따뜻한 미소와 같은 비언어적 요소를 고려해야 한다.

⑪ 문화적 차이를 존중한다.

부모와 교사는 문화적 차이가 있을 수 있다. 연령이나 세대, 종교, 인종 등 각 가정의 문화를 이해하고 존중하는 것이 필요하다. 특히 다문화 가정에 대한 이해와 존중이 이루어질 필요가 있다.

⑫ 긍정적으로 표현한다.

현명한 교사는 지나치게 움직이고 통제에서 벗어나는 아이라는 표현 대신 생동감 있는 아이라고 표현해 줄 수 있다. 부모는 자신의 아이가 공격적, 산만이라는 단어로 교사에 의해 평가되고 있다는 사실에 좌절할 수 있다.

또 유아교육기관에서 일어난 일을 전할 때는 단정적으로 이야기하기보다 전후 상황을 자세히 설명해 주어 부모가 이해할 수 있도록 하고 교사가 얼마나 자신의 자녀를 잘 관찰하고 애정을 가지고 있는지 인식할 수 있도록 하는 것이 필요하다.

⑬ 다른 부모나 자녀에 대해 이야기하지 않는다.

면담 과정에서 부모와 나눈 대화가 다른 부모들에게 들어가지 않도록 주의하고 다른 유아나 부모에 대한 부정적인 이야기는 삼가는 것이 좋다.

⑭ 중요한 결단을 대신 내려 주지 않는다.

교사가 부모의 삶을 대신 살아 주거나 대신 자녀를 양육할 수는 없다. 교사는 한계를 가지고 있음을 기억하고 조언을 하되 최종 결정은 부모가 내릴 수 있도록 도와주는 것이 좋다. 부모가 문제를 정확히 이해하고 해결해 나갈 수 있도록 도와주는 역할을 해야 하는 것이다.

⑮ 어려움 해결을 위한 정보를 준다.

부모가 어려움을 겪는 문제나 궁금해하는 부분에 대해 자료를 주거나 책을 소개해 줄 수 있다. 또 서로 같은 어려움을 겪고 있는 부모들을 소개해 주는 것도 좋다.

⑯ 면담시간을 너무 길게 하지 않는다.

면담시간이 길다고 효과적인 면담이 이루어지는 것은 아니다. 오히려 시간이 지날수록 의미 없는 대화들이 오갈 수 있다. 이런 경우 다음 기회에 다시 만나 면담할 수 있도록 하는 것이 좋다. 일반적으로 20~30분 정도의 시간을 계획하고 특정 문제의 상담도 1시간을 넘지 않도록 하는 것이 좋다.

(3) 개인면담 시 교사의 역할 및 태도

개인면담은 오랜 기간 교사가 유아를 관찰하고 지도하면서 축적한 정보를 바탕으로 부모와 이야기를 나누는 시간이므로 부모는 교사에게 많은 것을 기대한다. 부모는 교사가 자신의 자녀를 정확히 파악하고 있기를 기대하고, 자녀의 장점과 단점을 정확히 짚어주길 원한다. 교사가 부모의 기대에 부응하지 못할 때 개인면담의 목적을 이루기 어렵다. 따라서 교사는 다음의 전략을 활용하여 개인면담의 목적을 이룰 수 있도록 해야 한다.

① 누가 면담에 참여할지 결정한다.

일반적으로는 학급당 한 명의 교사가 유아를 지도하지만, 연령이 어린 학급의 경우 두 명 이상의 교사가 함께 담임을 하는 경우가 있다. 또한, 특수 아동의 경우 특수 교사가 교육에 참여하기도 한다. 한 명 이상의 교사가 유아를 교육하는 경우 누가 면담에 참여할지 미리 결정해야 한다. 유아를 담당하는 모든 교사가 참여하는 것이 바람직하지만, 그렇지 못할 경우 면담 전에 교사들끼리 모여 각 아동에 대한 시각을 나누고 의견을 조율한다.

② 면담의 목적을 설정한다.

개인면담의 목적은 교사가 반 년 또는 일 년 동안 유아에게 나타난 긍정적 또는 부정적 변화를 부모에게 일방적으로 알리는 데만 있는 것은 아니다. 개인면담은 교사와 부모가 함께 유아의 성장과 발달을 살펴보고 미래를 위한 발전적 계획을 세우는 데 그 목적이 있다. 따라서 부모에게 면담의 목적을 설명하고 부모가 자신의 의견과 감정을 표현하는 것이 중요함을 알린다.

③ 관계 또는 분위기를 설정하는 것으로 면담을 시작한다.

개인면담을 시작하기 전에 부모가 자녀와 유아교육기관에 대해 어떤 생각을 갖고 있는지 파악하는 것이 중요하다. 부모는 자녀가 일 년 동안 많이 발전하지 않았다고 생각하고 있는데, 교사가 많이 발전했다고 말하면 부모는 받아들이기 힘들고 교사의 말을 신뢰하지 않게 된다. 따라서 "일 년 동안 **가 기관에 다니면서 많이 자랐다고 생각하세요?", "어떤 점이 가장 많이 또는 적게 성장했다고 생각하세요?" 등의 질문을 통해 부모의 시각을 파악하는 것이 바람직하다.

④ 출발점을 회상하는 것으로 면담을 시작한다.

면담을 시작할 때, 학기 초 또는 학년 초를 회상하는 것은 부모가 일 년을 돌아보게 하고 현재의 발전을 더 실감나게 느낄 수 있게 한다. 특히, 유아 개인 조사에 부모가 기록한 사항이나 집단면담에서 부모가 희망한 사항을 언급하는 것은 부모로 하여금 자신이 강조한 것을 교사가 일 년 동안 염두에 두고 교육했다는 것을 느끼게 하므로 좋은 분위기를 조성하는 데도 도움이 된다.

(예를 들면, "개인 조사에 **가 수줍어하는 것이 걱정된다고 하셨는데, 지금은 어떻게 생각하세요?", "집단면담 때 다양한 놀이를 했으면 좋겠다고 말씀하셨는데, 전에 비해 다양한 놀이를 한다고 생각하세요?" 같은 질문은 시작 시점을 돌아보게 하는 데 도움이 된다.)

⑤ 부모와 교사와 시각이 다를 수 있다는 것을 밝히고 시작한다.

부모와의 관계를 설정하는 질문이나 출발 시점을 되돌아보는 질문을 통해 교사는 부모의 시각이 자신의 시각과 같은지 또는 다른지 파악할 수 있다. 또한 부모들이 기관에서 유아가 활동하는 것을 관찰하고 기록한 자료가 있다면 부모의 시각을 파악하는 데에도 도움이 된다. 만약 교사의 시각과 부모의 시각이 유사하다면 개인면담이 순조롭게 진행되겠지만, 그렇지 않다면 시각이 다를 수 있음과 다를 수 있는 원인에 대해 언급하는 것이 좋다.

⑥ 교사가 부모보다 많은 이야기를 하는 시간이지만, 부모와의 상호작용과 협력 및 의논이 필수적임을 잊지 말아야 한다.

개인면담을 위해 설정된 시간이 15~20분 정도로 짧기 때문에 많은 교사들은 자신이 종합 정리한 내용을 부모에게 일방적으로 전달하는 경향이 있다. 그러나 개인면담의 목적은 일 년간의 교육성과를 되돌아보고 미래의 계획을 세우는 것이므로 교사의 관점에 대해 부모가 동의하는지, 부모의 관점이 다르지는 않은지, 같거나 다르다면 그 이유는 무엇인지, 앞으로의 계획은 무엇인지에 대해 논의하는 시간이 반드시 포함되어야 한다.

⑦ 부모의 반응을 살펴 사용하는 설명의 수위를 조절한다.

부모의 개인적 특성에 따라 교사의 설명을 이해하는 정도가 다르다. 어떤 부모는 자세히 설명해야 이해하는 반면, 어떤 부모는 윤곽만 설명해도 이해한다. 또 어떤 부모는 조금만 강하게 이야기해도 충격을 받는 반면 어떤 부모는 전혀 문제로 인식하지 못하는 경우도 있다. 따라서 부모의 개인적 특성에 따른 반응을 살피면서 설명의 강도나 난이도를 조절하려는 노력이 필요하다.

⑧ 부모들의 이해를 촉진하기 위해 다양한 시청각 자료를 활용하여 구체적인 예를 제시한다.

유아교육에 대한 전문적인 지식이 없는 부모를 이해시키는 효과적인 방법은 시청각 자료를 이용하여 구체적인 예를 제시하는 것이다. 유아의 활동 모습을 찍은 사진, 유아의 작품, 유아가 한 말이나 행동에 대한 기록은 부모의 이해를 높이는 데 도움이 된다.

Chapter 09

부모교육

이 장에서는 부모교육 연간계획, 부모수업 참관 및 평가, 부모참여 여행, 아버지 부모교육, 가정통신문 그리고 기타 부모교육 및 의사소통을 알아봄으로써 부모교육 운영의 실제를 개관하고자 한다. 부모교육을 위한 계획은 유아교육 프로그램을 수립할 때 함께 고려되어야 하며 연간계획을 포함하여 계절, 행사, 유치원의 사정을 기초로 세부적이고 단계적으로 시행해야 한다.

1. 부모교육 연간계획

부모교육의 계획은 교육기관 전체 운영 계획의 한 부분이다. 부모교육은 무엇보다 원의 교육철학과 지역사회의 특수성, 부모의 특성, 원의 프로그램 진행을 고려하여 계획되었을 때 효과적으로 운영된다. 부모교육을 위한 계획은 유아교육 프로그램을 수립할 때 함께 고려되어야 하며 연간계획을 포함하여 계절, 행사, 유치원의 사정을 기초로 세부적이고 단계적으로 시행해야 한다. 교사는 부모의 요구나 기대를 반영하여 실천 가능성이 높고 구체적이고 쉬운 일부터 시작하여 점차적으로 활동의 폭을 확대해 나가는 방향으로 장, 단기목표를 설정하고 그에 따라 구체적인 실천방안을 항목화하여 단계적이고 일관성 있게 추진될 수 있도록 계획한다.

1) 연간 부모교육 항목화

| 표 9-1 | 중앙청사어린이집 부모교육 항목화 예시

구분	목 표	중점내용	추진전략
부모 교육	• 자녀 양육 및 교육에 대한 올바른 정보를 제공하여 일상생활에서 유용하게 활용할 수 있도록 함	• workshop 개최 • PET, STEP 교육 • 홈페이지 보육정보란 강화 • 어린이집 게시판 강화	• 대집단 강연회가 다양한 부모의 욕구를 충족할 수 없음을 인식하고 소그룹 부모교육 모임 강화 • 수월하게 접근할 수 있는 홈페이지, 어린이집 게시판 내용 강화
부모 참여	• 부모의 요구 및 만족도 반영 • 어린이집 전반적인 운영에 대한 부모 의견 수렴 • 어린이집 시스템에 대한 부모의 이해 증진 • 부모의 자녀 이해도 증진	• 요구도 및 만족도 조사 • 학급 모임 • 하루선생님 활동 • 가족잔치 및 운동회 • 학급대표 모임 • 운영위원회	• 상하반기에 걸쳐 부모의 의견을 수렴하고 다음 계획에 반영 • 부모가 원하는 시기에 반나절 또는 일일교사로 활동 • 학급대표 모임, 운영위원회를 통해 서로 다른 부모의 의견을 함께 공유하고 어린이집 운영에 반영

출처: 중앙청사어린이집 http://www.jakidscare.co.kr/

2) 연간 부모교육 계획

부모교육의 주제는 유아의 활동과 관련한 주제를 고려하여 이루어지기도 하지만 일반적으로 유아의 활동과 연계하기보다는 부모나 교사의 의견을 수렴하여 부모교육의 주제를 정하는 경우가 많다.

(1) 하버드어린이집 연간계획안

시기	유아교육 주제	부모교육 주제	부모교육 방법
3월	나와 어린이집	어린이집 생활안내 어린이집 교육과정과 운영방침 소개	강의 및 토의 가정통신문
4월	봄	부모님과의 개별면담	부모면담
		엄마 아빠 저를 이렇게 도와주세요.	가정통신문
		부모와 함께하는 현장 체험 활동 참여	희망부모
5월	가족과 이웃	가족참여 축제–아빠와 함께 해요 규칙이 필요해요–바른 습관 형성	가족참여 가정통신문
6월	건강한 몸과 마음	알뜰교육 '알뜰 운동 실천'	알뜰시장참여–희망부모
		유아의 성교육	강의(워크숍)
7월	여름	방학 중 건강생활 안내 여름철 유아 안전놀이 지도와 건강관리	가정통신문
8월	여름	여름 캠프 '다문화 체험'	희망부모 참여
9월	교통기관 우리나라와 다른 나라	그림책 읽는 법	가정통신문
		운동회 참여	가족참여
10월	가을	아이의 문제행동 지도 방법	가정통신문
		어린이집 학부모 교육 연수	강연
11월	지구와 환경 도구와 기계	유아기 한글학습의 유의점	가정통신문
		개별면담	부모면담
		종합 학습 발표회	가족참여
12월	겨울	겨울철 유아 안전놀이 지도 건강관리	가정통신문
1/2월	초등학교에 가려면	취학 전 어린이의 생활환경 및 습관 기르기	가정통신문

출처: 하버드어린이집 http://hv1004.happyihome.com/

가정통신문을 통한 부모교육 프로그램이 많으며 1학기와 2학기 중으로 부모님을 직접 만나는 부모면담이 계획되어 있다. 또한 희망 부모에 한하여 부모와의 현장체험, 알뜰운동실천, 다문화체험을 하는 것을 볼 수 있다.

(2) 샘물어린이집 부모교육 연간계획안

시기	부모교육 주제	부모교육 내용	방 법
3월	새로운 환경적응	• 2010학년도 연중행사계획 안내 • 신학기 학부모 협조 사항	원내 방문
4월	긍정적인 자아개념 형성하기	• 아이의 자신감을 키워주는 방법 • 부모와 함께하는 유아 성교육	가정통신문 발송 시청각자료 시청
5월	가정의 달을 통한 좋은 부모 되기	• 좋은 부모가 되려면 어떻게 할까요? • 아버지의 양육 참여 태도	가정통신문 발송
6월	유아 인지발달	• EQ를 발달시키는 엄마의 역할 • 창의성을 키우는 놀이 6가지 • 한글 교육 제대로 알자 • 아이의 두뇌 발달을 돕는 식품 • 창의적인 아이로 키우기 위한 10계명	가정통신문 발송
7월	건강한 여름 나기	• 여름철 물놀이 안전 • 추억이 가득한 여름방학 만들기 • 방학중 가볼 만한 곳	가정통신문 발송
8월	아동 양육 방법	• 우리 아이 유형별 올바른 체벌법 • 엄마가 알아야 할 놀잇감 고르는 방법 • 부모와 자녀의 대화법	가정통신문 발송
9월	유아 인성 개발	• 자녀에게 자신감 심어주기 I • 자녀에게 자신감 심어주기 II • 책임감 있는 어린이로 키우기	가정통신문 발송
10월	올바른 독서지도	• 책읽기를 좋아하는 아이로 키우기 • 도시관 100% 활용법 • 가정에서의 독서지도	엄마참여 수업 (논술 강사 초대)
11월	나누는 마음 실천	• 어려운 친구들과 나누는 마음 기르기 • 아나바다 운동 실천하여 이웃과 나누기	바자회를 통한 교육
12월	유아생활지도	• 어린이 비만 예방법 • 유아 TV 시청 지도 • 게임 습관을 공부로	가정통신문 발송

1월	현명한 부모 되기	• 유태인의 천재 교육법 • 우리 아이 현명하게 키우기 • 유아기에 나타날 수 있는 장애 • 세 살 버릇 여든 간다.	가정통신문 발송
2월	초등학교 입학 준비와 형님반 가기 준비	• 취학전 준비사항 • 친구들에게 환영받는 어린이 • 형님으로서의 마음가짐	가정통신문 발송

출처: 샘물어린이집 http://blog.daum.net/meehyang777/363

- 가정통신문을 통한 부모교육 프로그램이 대다수이며 엄마 침여 수업은 10월에 독서지도로 한정되어 있는 것을 볼 수 있다.

(3) 의령어린이집 연간계획안

시기	유형	내용
3월	OT를 통한 집단상담, 교육	• 영유아에 대한 정보를 제공한다. • 어린이집의 보육목표와 교사 소개, 어린이집의 환경 등을 안내한다.
4월	수시상담 (문제행동, 어린이집 적응상담)	• 어린이집 적응기간으로서 유아가 어린이집에 잘 적응할 수 있도록 부모님의 관심을 이끌어 낸다. • 엄마, 아빠! 저는 이렇게 생활해요
5월	수시상담(문제행동 상담)	• 엄마, 아빠! 저는 이렇게 생활해요
6월	수시상담(문제행동 상담)	• 엄마, 아빠! 저는 이렇게 생활해요
7월	*학기말 상담(1차)	• 영유아에 대한 정보를 제공한다.
8월	수시상담(문제행동 상담) 초청강의, 워크숍	• 지역전문가를 초청하여 강연회를 실시한다.
9월	수시상담(문제행동 상담)	• 영유아의 발달상황에 대한 정보를 제공한다.
10월	수시상담(문제행동 상담) 참여 수업(워크숍)	• 영유아와 함께 나들이를 간다.
11월	문제행동 상담(수시상담) 워크숍	• 선생님, 학부모님, 영유아들의 이야기를 나눈다. • 다례시연
12월	수시상담(문제행동 상담)/입학상담 성탄행사-산타방문, 부모님공연-	• 온 가족과 함께 성탄을 축하해요
1월	강연회 *학기말 상담(2차)	• 영유아기의 중요성이란 주제로 강연회를 연다.
2월	새 학기를 위한 오리엔테이션	• 보육시설의 운영방침을 소개한다.

출처: 의령어린이집 http://cafe.naver.com/vjur

- 수시로 상담이 이루어지는 것을 볼 수 있다. 또한 부모님이 어린이집을 방문함으로써 자녀교육에 대한 전반적인 이해와 유아교육에 대한 도움을 주고 있고, 전문가를 초빙하는 강연회가 적절한 시기에 이루어지고 있다.

(4) 백암어린이집 부모협력 프로그램 연간계획안

시기	계획	내용
2월	• 신입원아 학부모 O.T • 운영위원회 선출	• 전반적인 운영 및 프로그램 설명 • 운영위원회 임원 선출(학부모 대표 2인)
3월	• 신학기 학부모 O.T • 설문조사	• 반별 오리엔테이션 및 교사소개를 한다. • 학부모님 설문조사
4월	• 학부모 개별면담 • 운영위원회 선출	• 개인상담을 통하여 원아의 특성을 파악하고 교육의 기본 자료로 활용한다.
5월	• 어린이 소책자 배부 • 부모참여(등반대회) • 부모교육 강연회	• 올바른 자녀와의 대화기법에 따른 소책자 배부 • 가정의 달을 맞이하여 부모참여를 통해 온 가족이 함께 참여하는 시간을 갖는다. • 자녀교육(어린이)에 유익한 내용으로 강사를 모시고 부모교육을 실시한다.
6월	• 학부모 운영위원회	• 운영위원회를 통해 어린이집 발전을 도모한다.
7월	• 어린이집 대청소 • 자녀에게 편지 쓰기	• 어린이들의 놀잇감 세척 및 대청소를 한다. • 자녀를 향한 부모님의 마음을 편지로 써본다.
8월	• 상반기 운영에 따른 설문조사	• 어린이집 운영에 있어서의 학부모님의 평가를 통해 2학기 운영에 반영토록 한다.
9월	• 민속놀이 한마당	• 우리 민족의 고유한 놀이를 자녀와 함께 해봄으로써 우리의 소중한 놀이 문화를 이해하도록 한다.
10월	• 부모상담	• 전반적인 어린이의 발달단계에 따른 상담을 실시한다.
11월	• 부모참여 수업	• 부모님과의 친밀감을 높이며 자녀와 함께 참여하여 수업한다.
12월	• 김장 담그기	• 부모님의 참여로 김장 담기를 한다.
1월	• 학부모 운영위원회	• 백암어린이집의 운영에 따른 전반적인 평가를 통해 신학기 보육의 자료로 활용한다.
2월	• 학습 발표회(재롱잔치)	• 학부모님의 참여 가운데 행사를 한다.

출처: 백암어린이집 http://www.baegam.or.kr

- 학부모 개별면담을 통해 원아의 특성을 파악하고 부모님이 직접 교육과 관련된 모든 의사결정 과정에 참여하고 의견을 제시할 수 있는 운영위원회를 통하여 어린이집 운영에 공정성을 두고 있다. 특별히 12월에 김장 담그기를 통하여 부모님이 수업에 참가할 수 있다.

2. 부모수업 참관

1) 참여참관 및 부분참여

관찰 및 참여는 부모들에게 유아의 유치원 생활을 관찰할 수 있는 기회를 제공하거나 유치원에서 하는 활동에 참여하도록 하여 부모의 관심도를 높이고, 부모들이 교사들의 자녀 지도 방법을 익힐 수 있는 기회가 제공되기 때문에 효과적이다.

수업 참관은 수업이 이루어지고 있는 현장에 부모들이 직접 참가하여 원아들의 수업 활동을 직접 관찰하는 것으로서 유아의 발달정도를 객관적으로 파악하고, 가정과 유아교육기관에서의 유아행동의 차이를 발견하며, 유아교육기관의 교육과 지도방법에 대한 이해를 높여 가정과 유아교육기관 간에 지도의 일관성을 유지하게 하는 것을 목적으로 한다. 수업 참관은 가능한 한 많은 학부모가 참관할 수 있도록 참관일, 참관시간, 참관방법 등에 관한 치밀한 계획이 사전에 수립되어야 한다. 수업 참관을 숙지시켜 학부모의 수업 참관으로 인해 계획된 교육활동이 지장을 받지 않도록 해야 하며, 수업을 참관할 때 무엇을 어떻게 관찰할 것인지를 사전에 알려 줄 필요가 있다. 또한 수업 참관을 경험한 부모에게 수업참여의 기회를 제공한다.

참여방법으로는 보조교사, 견학 보조자, 프로그램 부분 참여, 자원인사, 요리 프로그램 참여, 교재 · 교구 제작, 간식이나 점심 준비하기, 견학 돕기 등이 있다.

(1) 참관 및 부분참여 안내문

| 수업 참관 모습 및 참여 모습 |

안녕하십니까?

아이들과 함께 매일 매일 들로 산으로 나가고 싶은 자연의 모습입니다. 자연의 감사함이 더 깊고 크게 다가오는 것 같습니다. 우리 아이들은 이 자연을 많이 닮아가도록 자랐으면 좋겠는데 어떻게 하면 그렇게 키울 수 있을까를 생각하니 너무 어려운 것 같습니다. 우리 아이들도 지나치지도 부족하지도 않은 알맞은 사랑을 통해 자연을 닮은 사람으로 자라길 바라며 수업 참관 및 참여에 대해 알려 드립니다.

참관 및 참여 목적

부모님께서 자녀들이 유치원을 통해 어떤 활동을 하고 어떻게 지내는지에 관심이 많으실 줄 압니다. 유치원에서의 하루는 아이들에게 행복한 시간이 되도록 교사들이 지원하고 있습니다. 그럼에도 불구하고 궁금하실 거라 생각되어 자리를 마련했습니다. 많은 분이 관심을 가지실 것으로 생각되어 하루에 각 반 2분씩 참관이 가능하며 견학이 있거나 외부 활동이 있을 시 다른 날로 변경됩니다. 또한 점심시간 배식과 견학 도우미가 가능하신 어머니께서는 가능하신 요일을 체크해 주시기 바랍니다.

체크하신 분에 한해서 개별 연락드립니다.

4월	월	화	수	목	금	비고
수업 참관						
수업 참여 (배식)						
견학 (도우미)						

(2) 수업 참관 시 학부모의 주의점

수업 참관은 가능한 한 많은 학부모가 참관할 수 있도록 참관일, 참관시간, 참관방법을 조정하고 학부모의 수업 참관으로 인해 유아의 계획된 교육활동이 지장을 받지 않도록 해야 하며, 수업을 참관할 때 무엇을 어떻게 관찰할 것인지를 사전에 알려 줄 필요가 있다. 수업 참관 전에 학부모들에게 주지시켜야 할 사항은 다음과 같다.

첫째, 유아의 활동에 방해가 되지 않도록 지정된 장소에서 조용히 참관한다.

둘째, 자녀의 요구가 있을지라도 교사의 승인이 없이 수업에 개입하지 않는다.

셋째, 사전에 필기도구를 준비하여 중요한 사항이나 의문이 나는 점을 기록하면서 참관한다.

넷째, 교사와 토의하고 싶은 내용을 기록해 두었다가 참관이 끝난 후에 면담을 통하여 해결한다.

다섯째, 유아 활동의 우열에 지나친 관심이나 경쟁의식을 갖지 않는다. 이와 같은 수업 참관이 끝나면 수업에 대한 평가를 하는 것이 좋다.

(3) 견학 참관 및 참여

학부모가 견학에 함께 동행함으로써 유아를 인솔하는 데 도움이 되기도 하고 활동하는 데 아이들을 개별적으로 지원해 줄 수 있는 장점을 가진다.

| 견학 참관 및 참여 사진 |

2) 참여 수업

부모로 하여금 유아교육기관에 대해 교육기관으로서의 인식과 유아발달에 대한 전반적인 이해를 도모하며 유아교육기관의 수업 형태, 방법에 대한 이해를 도울 수 있는 기회가 된다. 또한 가정 내에서의 자녀에 대한 특성과 집단생활 속에서의 유아에 대한 개인적 특성을 파악할 수 있다는 장점을 가진다. 이를 통해 부모 스스로 자녀교육에 대한 신념과 안정감, 유아의 성장발육에 관한 원리나 유아의 요구를 이해하는 기회가 되며 충분한 지식과 방법을 터득하여 부모 간의 일관성 있는 유아교육 지도가 가능해진다. 따라서 부모참여 수업은 가정과 유아교육기관이 교육의 방향을 함께 협조하여 동반자 관계를 유지하는 데 도움이 될 수 있다.

시장놀이 참여 수업

과학놀이 참여 수업

다양한 참여방법 중 다양한 코너를 만들고 활동하는 방법은 부모뿐만 아니라 조부모도 포함하여 진행할 수 있는 행사이므로 이에 대한 활동을 예시로 제시하면 다음과 같다.

(1) 참여 수업 진행순서

참여 수업 진행순서는 다음과 같다.

첫째, 부모참여 수업은 가정통신문을 보내어 부모로 하여금 참여 수업에 대해 인지시킨다. 이때 행사의 목적을 제시함으로써 부모의 참여에 대한 목적의식을 갖게 할 수 있다. 이후 초대장을 보내는 방법으로 참여를 유도할 수 있으며, 참여여부를 알아볼 수 있다.

둘째, 참여여부에 따라 부모와 유아의 수가 결정되면 그에 따라 인원이 많을 경우 두 타임으로 나누어서 활동을 진행하는 방법을 사용할 수 있다. 부모가 한 명만 참여할 경우에는 부모가 유아의 뒤편에 앉아 수업에 참여하기도 하는데 이때는 부모한 분으로 제한하기도 한다. 또한 부모와 조부모까지 많은 인원이 참여할 때에는 유아 수의 2~3배의 인원이 구성되므로 수업의 시간을 조절하여 오전 오후로 배치하는 것이 좋다.

셋째, 수업에 대한 집단의 크기가 결정되면 수업의 주제와 활동에 대한 구체적인 계획을 세우고 당일에 각 교사가 담당해야 할 것들을 정한다. 참여 수업 전날에는 수업 환경을 정비한 후 참여 수업을 진행하도록 한다.

| 참여 수업 진행순서 예시 |

(2) 참여 수업 가정통신문

참여 수업에 대한 가정통신문은 다음과 같다.

| 참여 수업 가정통신문 예시 |

안녕하십니까?

가정의 달 오월에 많은 좋은 일들이 있지 않나 싶습니다. 물질적인 생각을 먼저 하기보다 사랑의 마음이 더 중요하게 받아들여지는 달이 되었으면 좋겠습니다. 부모님이 계심에 감사하고 나에게 자녀가 있음이 얼마나 감사한지를 말로 표현하고 전달하는 것도 참 중요하다고 생각합니다. 우리 모두 감사와 기쁨의 5월이 되길 바라며 몇 가지 안내 말씀드립니다.

행사목적

손자 손녀를 사랑하시는 그 마음을 학교에서도 함께 하시면서 보람을 느끼시게 되길 바랍니다. 아이들에게도 행복한 시간이 됩니다. 모두에게 좋은 추억이 될 이 좋은 날이 다 함께 손꼽아 기다리는 날이 되길 바라며 부모님들께 아래와 같이 협조를 부탁드립니다.

1. 할아버지, 할머니, 아빠, 엄마와 함께 축제

- **언제** : 5.5. 목 10:00~12:30
- **어린이 복장** : 활동복

- 개별 가족과 각 반 교실로 등교하여 손자 손녀와 함께 준비된 놀이에 적극적으로 참여하시기 바랍니다.

- **주소가 적힌 봉투** : 유아들이 다음 주에 초대장을 만들어 직접 발송하려 하오니 주소가 적힌 봉투가 필요합니다. 친가, 외가의 주소와 우표가 붙여진 봉투 두 개를 월요일까지 보내 주십시오. 봉투 크기는 제한 없이 규격에 맞으면 됩니다.

(3) 초대장 만들기

가정통신문을 통해 참여 수업에 대한 안내가 나간 후, 유아들이 직접 만든 초대장을 일주일 전에 보낸다. 초대장에 들어가야 할 내용으로는 부모참여 수업의 일정과 내용, 장소, 예정시간 등으로 부모참여 수업에 대한 전반적인 사항을 부모가 알 수 있도록 공지한다.

초대장 만드는 과정을 교사가 할 수 있지만 유아와 함께 프로젝트를 통해 초대장을 할아버지, 할머니, 아빠, 엄마에게 보낼 수 있다. 아래는 초대장 만드는 과정과 초대장을 보내는 과정에 대한 예시이다.

| 부모참여 초대장 만들기 활동 과정 예시 |

잎새반의 주인은 우리!

5월 5일 어린이날은 할아버지, 할머니 그리고 아빠를 유치원으로 초대하는 날입니다. 어린이들이 주축이 되어 이 날을 준비하기 위해 교사는 어린이들에게 이 날을 위해 우리가 무엇을 해야 하는지, 또 어떻게 준비하면 좋을지 이야기 나누는 시간을 가져 보았습니다. 그러자 어린이들은 잎새반은 어린이들을 위한 곳이라는 이야기를 합니다.

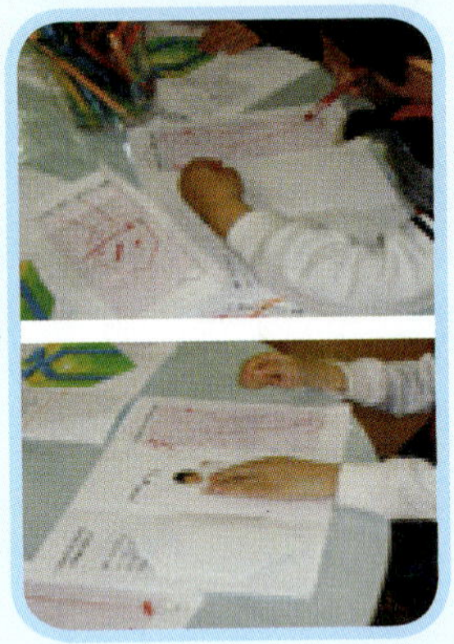

할머니, 할아버지가 우리가 어떻게 생활하고 있는지 보고 싶어하시는데 어떻게 하면 좋을까?

유치원에 오시라고 하면 되잖아요.
잎새반에는 우리들이랑 선생님밖에 못 들어와~
그러면 우리들이 들어오라고 말해주면 되잖아~
그래 우리가 우리 반에 들어올 수 있도록 허락을 해 주는 거야.

어떻게 초대장을 만들까?

우리 친구들은 할아버지, 할머니, 아빠가 영유아학교에 어떻게 오는지 방법을 초대장에 넣어야 한다고 이야기합니다. 보고 싶은 할아버지, 할머니, 아빠에게 하고 싶은 말도 적자고 합니다.

우리 유치원 사진을 넣어요.
우리가 할아버지, 할머니, 아빠 그림을 그려요.
사랑한다고 써야 해요.
보고 싶어요.
17번, 4319번 버스를 타요.

어떻게 하면 초대장을 할아버지, 할머니, 아빠에게 전달할 수 있을까?

완성된 초대장을 어떻게 하면 전달할 수 있을지에 대해서 생각을 합니다.

우체통에 넣어요.
그런데 우체통이 어디에 있어요?
우체통 찾으러 가자!!!

우체통에 초대장을 넣어요

우체통에 편지를 넣으러 가는 길…
비는 오지만 편지를 보낼 생각에 마음은 설렙니다.

walking walking hop hop hop
하나 둘 셋 넷
병아리-삐악 삐악, 오리-꽥꽥

잎새반 친구들은 자신의 편지를 들고 한 명씩 우체통에 넣습니다. 우체통에 넣은 잎새반 친구들이 환한 얼굴을 가지고 우체통을 바라봅니다.

잎새반 친구들에게 초대장 만들기의 의미

학기 초, 낯선 공간에서 보호자 없이 친구들과 교사와만 지내야 하는 상황은 어린이들에게 쉽지 않았을 것입니다. 한 달, 두 달 시간이 지나면서 친구들을 이해하게 되고 친밀감이 생기면서 잎새반 어린이들은 친구들과 사이좋게 지낼 수 있는 사회적인 존재로 성장하고 있습니다. 그러는 사이 어린이들 사이에서는 잎새반은 우리들만의 공간이라는 주인 의식이 자리 잡게 된 것으로 보이며, 이번 초대장을 만들고 보내면서 이런 생각들이 모아지고 커진 것으로 보입니다.

(4) 참여 수업 신청서

참여 수업에 대한 참가신청서를 통해 참여인원을 알 수 있다. 신청서의 경우 따로 나갈 수도 있고 가정통신문의 아래에 절취선을 만들어 그 부분만 잘라 다시 원으로 보내는 방법을 사용할 수 있다.

| 참가신청서 예시 |

할아버지, 할머니, 아빠, 엄마 축제 신청서

이 름 : ______________

할아버지	할머니	아빠	엄마
친할아버지(　　)	친할머니(　　)		
외할아버지(　　)	외할머니(　　)		

* 4월 29일 금요일까지 꼭 보내 주십시오.

○○ 유 치 원

(5) 부모참여 수업 담당업무 및 협조자

전체뿐 아니라 각 코너 활동이 이루어지도록 한다. 담당교사를 정한다.

① 전체 기획 및 안내장 발송: ○○○ 교사

② 물품 구입 및 품의 요구: ○○○ 교사

③ 교실환경 정리 및 준비: ○○○ 교사 및 각 반 담임

④ 사진 촬영 협조: ○○○ 교사

⑤ 실내화 준비: ○○○ 교사

(6) 부모참여 수업 프로그램 계획 및 준비

어린이집에서 특별히 어머니와의 수업시간을 만들어 어머니와 즐거운 시간을 보낼 수 있도록 한다. 어머니와의 요리시간을 통하여 가족 간의 정을 느낄 수 있게 해 준다. 이를 위한 계획과 준비는 다음과 같다.

첫째, 참여 수업의 진행시간은 때에 따라 시간을 조정하며 약 1시간에서 2시간 정도로 계획한다.

둘째, 한 교실에서 프로그램이 이루어질 수 있으며 각 교실마다 20~30분의 시간

을 정하여 활동이 이루어지도록 한다.

셋째, 당일 별도의 안내장을 준비한다. 안내장을 통해 부모로 하여금 일정에 대해 인지하고 전체적인 활동이 어떻게 이루어지는지 알 수 있도록 한다.

넷째, 각 활동의 내용을 담은 프린트를 나누어 주어 유아와 능동적으로 활동해 볼 수 있도록 한다.

| 반별 활동 계획안 예시 |

시 간	내 용
10:00 ~ 10:10 등 원	• 등원한 어린이와 할아버지, 할머니, 아빠에게 인사를 한다. (안녕하십니까?) • 등원한 어린이들에게 명찰을 달아준다. • 먼저 도착한 할아버지, 할머니, 아빠는 어린이와 교실을 둘러본다. (패널과, 어린이들 활동사진 및 포트폴리오 보기)
10:10 ~ 10:30 대 집 단	• 어린이들과 손유희를 한다. (작은동물원, 토마토) • 네임카드를 보고 어린이들의 이름을 부른다. • 오늘 우리가 왜 모였는지 이야기를 나눈다. (우리가 오늘은 누구랑 왔어요? 씨앗반에 할아버지, 할머니, 아빠가 어떻게 올 수 있었을까? 할아버지, 할머니, 아빠를 왜 씨앗반에 초대를 했지요? 우리 씨앗반 친구들이 어떻게 놀이하는지, OO유치원은 어떤 곳인지, 할아버지, 할머니, 아빠에게 소개해 드리고, 함께 놀이해요) • 함께 온 할아버지, 할머니, 아빠를 친구들에게 소개한다. (어린이와 같이 온 가족들이 나온다. 어린이가 자신과의 관계를 친구들에게 소개를 한다.) • 오늘 유치원에서 어떤 활동을 하는지 이야기를 나눈다. (어떤 활동이 있는지 소개를 한다. 활동을 할 때 어떻게 하는지, 유의점을 이야기한다. 모든 활동에 참여하고, 스티커를 꼭 받을 수 있게 이야기한다. 편지 쓰는 영역에서는 할아버지, 할머니, 아빠께 짧게라도 꼭 써주시길 이야기한다. 교실로 와서 소개할 예정이라는 안내를 한다. 12시에는 다시 교실로 모일 것을 이야기한다.)
10:30 ~ 12:00 가족별 자유선택활동	자유롭게 다니며 활동을 한다. (자신이 활동한 곳에 꼭 사진을 붙인다.)

12:00 ~ 12:30 평가 및 하원	• 어린이들과 손유희를 한다. (하나하고 하나, 눈은 어디 있나) • 손자, 손녀, 아들, 딸에게 쓴 편지를 교사가 읽어주기 (씨앗반 친구들이 할아버지, 할머니, 아빠에게 초대장을 보내서 유치원에 와서 함께 놀이를 했죠. 그래서 할아버지, 할머니, 아빠가 씨앗반 친구들에게 편지를 써주셨대. 어떤 이야기가 있는지 들어 볼까요?) • 자유선택활동에 대한 평가 (어린이들이 잘 생각해 봐요. 할아버지, 할머니, 아빠랑 함께한 놀이 중 재미있었어요 했던 것에는 어떤 것이 있는지, 재미있었던 놀이를 친구에게 이야기해 줄 친구?) • 씨앗반 전체 노래 (씨앗) (씨앗반 친구들이 할아버지, 할머니, 아빠에게 선물을 드리려고 준비했어요. 씨앗반 친구들 나와 주세요.) • 함께 참여해 주신 것에 대한 감사인사 (바쁘신 와중에 행사에 참여해 주셔서 감사드립니다. 씨앗반 친구들에게 할아버지, 할머니, 아빠와 함께한 시간이 너무 즐겁고, 행복한 시간이었을 것입니다. 오늘 하루 더욱 즐겁고 행복하게 보내십시오. 안녕히 가십시오.)

(7) 참여 수업 실외 · 실내 교실준비

① 실외 환경을 꾸밈으로써 부모로 하여금 기분을 환기시킬 수 있다.

| 실외 대문 아치 준비 |

② 각 유아의 이름을 써서 부모의 가슴에 달아주어 누구의 부모인지 알 수 있도록 한다.

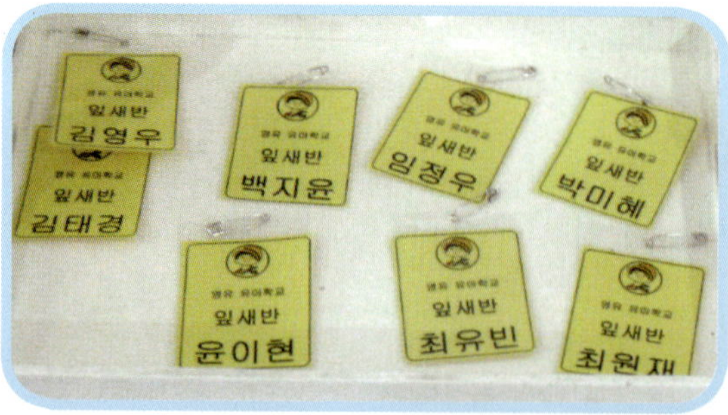

❙ 교실 내 준비물–이름표 ❙

③ 각 교실은 당일에 실시하는 활동명을 문 앞이나 벽에 표시한다.

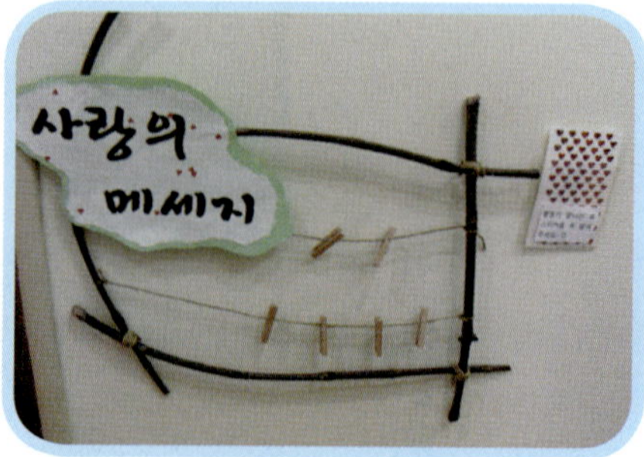

❙ 각 코너활동 교실의 활동명 예시 ❙

④ 편안한 상태에서 활동을 하고 이동에 대한 안내는 혼란이 없도록 진행한다.

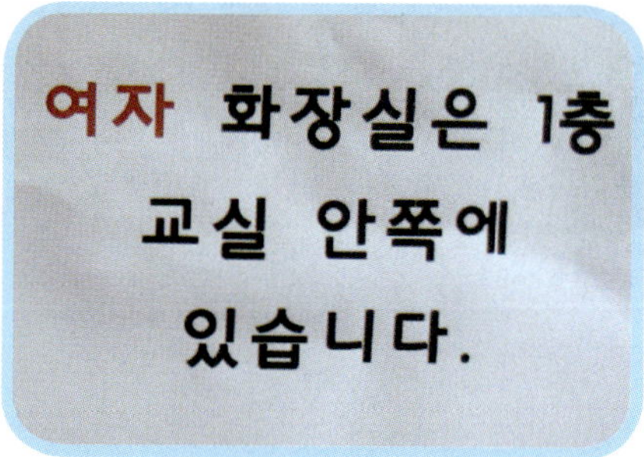

❙ 안내 표시 ❙

(8) 부모참여 수업 교실 환경구성

각 교실에 활동을 배치하였을 경우 교실에 따라 배치가 달라진다. 이때 배치는 활동별로 다음과 같다. 활동 배치 시 함께 활동을 진행할 수 있도록 활동 방법을 적어 놓는다. 예시는 아래와 같다.

① 요리활동

코너 활동명	
준비물 및 환경구성	 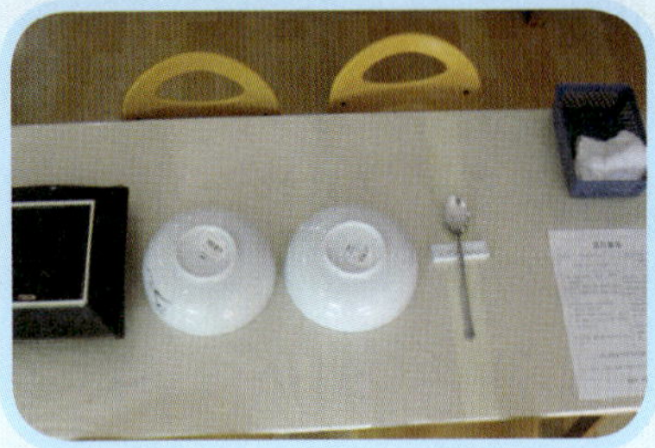

② 재즈댄스

코너 활동명	
준비물 및 환경구성	 

(9) 참여 수업 진행순서

참여 수업의 진행순서는 다음과 같다.

- 참여 수업 당일은 부모님과 함께 등원한다.
- 부모님과 함께 자기 교실에서 다 같이 모여 담임선생님과 다른 부모님들과 인사하고 활동에 대한 전반적인 안내를 받고 조별로 활동한다.
- 각 교실에 준비된 활동들을 유아와 함께 상호작용한다.
- 활동이 다 끝난 후 자기 반으로 가서 선생님과 함께 수업에 대한 회상하기를 한 후 설문지에 기록하여 제출한다.

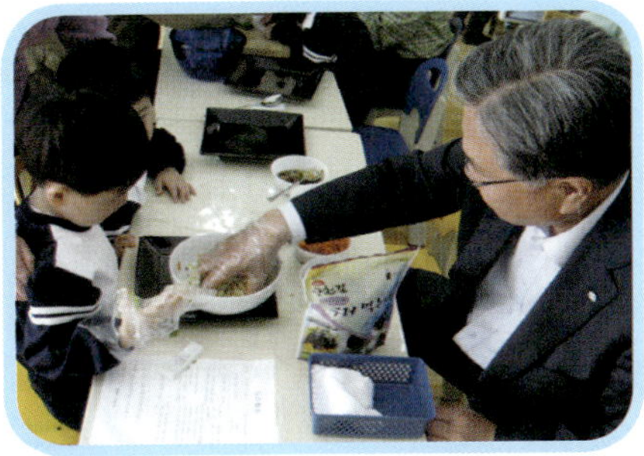

| 요리코너 활동 후 함께 나누기 |

| 감사합니다 활동 |

(10) 참여 수업 유의점

부모참여 수업 시 주의할 점은 다음과 같다.

- 부모가 직접 참여하지 못하는 유아들은 가족이나 친지 중에 누구라도 참여하도록 하여 유아들이 모두 참여 할 수 있도록 한다.
- 유아들의 유치원 생활을 알 수 있는 내용과 방법으로 프로그램을 준비한다.
- 참여 일에 보여주는 유아의 행동은 평상시와 다른 모습을 보일 수 있음을 부모님께 미리 말씀드려서 유아에 대한 이해를 돕는다.
- 참여일의 날씨에 대비하여 대체 프로그램을 마련하여 시행착오 없이 이루어지도록 한다.

(11) 참여 수업 평가

참여 수업이 이루어진 후 이에 대한 평가는 교사들이 모여 자신이 맡았던 코너와 분위기, 각 담임이 맡고 있는 유아에 대한 부분 등 전반적인 평가가 이루어질 수 있다.

| 참여 수업 평가 예시 |

<table>
<tr><th colspan="2">행사명</th><td>조부모님, 부모님 오시는 날</td><th>대상</th><td>전체 유아</td></tr>
<tr><th colspan="2">일시</th><td colspan="3">2011년 5월 5일(목) 10:00 ~ 12:30</td></tr>
<tr><th colspan="2">장소</th><td colspan="3">씨앗, 새순반과 마당–요리활동 / 풀잎반–light / 지하 강당–재즈 / 줄기–마음을 전해요 3층–게임(연령별 차등) / 잎새–잘 자라겠습니다.</td></tr>
<tr><th rowspan="3">준비물</th><th>사전</th><td colspan="3">행사 전주 토요일 전체 출근하여 간판과 활동 순서, 패널 준비 및 제작, 양말주문 및 라벨링 붙이기(아버지, 조모님, 유아용으로 구분)</td></tr>
<tr><th>전날</th><td colspan="3">각 반별 교실 세팅, 간판 달기, 스티커 배부, 놀이 이름표 및 이름표 정리, 교사 이름표 만들기 및 배부, 역할 분담에 대한 회의</td></tr>
<tr><th>당일</th><td colspan="3">현관 풍선아치 및 글씨(미술교사), 떡 썰기(요리 담당자), 주먹밥 야채 및 고기 밥 준비(조리사), 차량 정리 및 물품 나르기, 돗자리 펴기(차량 기사)</td></tr>
<tr><th>평가</th><th>행사 진행 평가</th><td colspan="3">
참여인원수
<table>
<tr><th></th><th>씨앗/새순</th><th>풀잎</th><th>잎새/줄기</th><th>꽃잎</th><th>열매</th><th>합계</th></tr>
<tr><th>할아버지</th><td>2</td><td>6</td><td>3</td><td>5</td><td>3</td><td>19</td></tr>
<tr><th>할머니</th><td>3</td><td>6</td><td>6</td><td>8</td><td>6</td><td>29</td></tr>
<tr><th>아버지</th><td>6</td><td>8</td><td>10</td><td>9</td><td>4</td><td>37</td></tr>
<tr><th>유아</th><td>6</td><td>8</td><td>15</td><td>12</td><td>7</td><td>48</td></tr>
<tr><th>합계</th><td></td><td></td><td></td><td></td><td></td><td>133</td></tr>
</table>
1. 설립자
① 교사 2명의 경우 자리 배치 잘 할 것–1명은 앞에서 1명은 뒤에서
② 참석인원은 48명은 놀이이름표상의 인원, 배정은 34명밖에 안 되었으므로 인원 배정 잘 할 것
③ 재즈는 먼저 활동을 끝내서 시간 배정이 잘 안됨.
④ 평가 시간에 양말 안 받으신 분 체크하여 드릴 것
</td></tr>
</table>

평가 | 행사 진행 평가

2. 원장

① 전달 미흡–인원 제한(1층 요리활동으로 너무 많이 몰려 옴)

② 본인이 맡은 것에 대해서는 자세히 알고 준비할 것
전날 세팅도 어떻게 할 것인지 계획 세울 것
2명이 함께 한다면 구체적인 업무 분장도 염두에 두고 할 것

③ 양말을 넣어 갈 봉투 드리는 것 필요

④ 참여인원–정확하게 체크할 것, 양말 많이 남음
(남자–35켤레 / 여자–34켤레 정도 남음)

3. 반별 평가

① 열매–일찍 오신 분들이 많으셨으나, 시간을 지키지 않고 늦게 오신 분들이 있어서 시간을 지켜 주셨으면 좋을 듯

② 풀잎–컨디션이 안 좋아서 간 친구들 일부 있음(동현, 주현준 등)

③ 꽃잎–늦게 오셔서 늦게 시작, 초대장 때문에 오셨다고(재롱잔치 보러 오시는 줄 알았는데 활동하는 것이어서 좋았음)

4. 활동별 평가

① 요리(담당: 김나순, 오미연, 정현아, 원장)
- 비닐장갑 새것 쓰기를 원하심. 주먹밥 만들 때 여유 있는 그릇 세팅 필요
- 떡과 주먹밥 세팅을 하나의 책상에 다 할 수 있도록 하는 것이 필요
떡이 달라붙음. 미리 썰어 놓을 것이면 비닐을 깔아 놓고 할 것
(떡집에서 쟁반이 안 옴)
- 인원 제한이 있었는데, 막 들어오므로 대기 의자를 마련해 놓는 것이 좋을 듯
- 양을 정해 썰어 놓을 것(개념 없이 많이 가져다가 먹음) / 물 많이 준비할 것

② 꽃 만들기와 절하기(담당: 김미정, 김영임)
- 장수 계산을 했으나, 가족들 모두 만들어 가는 가족이 있는가 하면, 잘 안 만들어 가는 가족이 있음
- 한지 접는 것을 의외로 힘들어해서 시간이 많이 걸림. 종이를 다른 것으로 대체하는 것이 나을 듯
- 절을 받는 것을 어른들이 좋아하심
- 아동용 가위라 가위가 잘 안 든다고 이야기하심
- 누나들까지 만들어서 시간이 많이 소요됨

③ 액자 만들기(담당: 이나림, 미술교사)
- 할머니: 발을 선호, 아이: 액자 선호
- 큰 아이들은 꼼꼼하게, 어른들도 메시지 걸고 그것을 배경으로 사진을 찍는 것 좋아하심

평가	행사 진행 평가	④ light(담당: 김지연, 한이슬) Light table과 o.h.p를 분리하여 계획하였으나 두 영역을 자유롭게 활동함. 그것에 대해 제지하지 않음. 할머니, 할아버지는 더욱 좋아하셨으나, 아버지들은 놀아주는 것에 대해 힘들어하시면서 잘 참여하지 않으심 ⑤ 댄스스포츠(담당: 강희영) (재즈) 할머니 + 아이 / 아버지 + 아이 재미있게 진행. 기본 스텝 배우고, 짝궁이랑 활동하는 것으로 확대

(12) 다양한 원의 참여 수업 계획 예시

| 한남대부설어린이집 일일계획안 예시 |

프로그램 명칭	엄마와 함께 신나는 요리를
프로그램 목표	• 요리를 통한 직접적인 활동은 주변 세계를 경험할 수 있는 의미 있는 활동 • 아동이 요리활동에 직접 참여함으로써 과학적 탐색, 새로운 기술의 습득, 올바른 식습관 형성, 수 · 언어 활동 등 실제적인 발달을 증진 • 엄마와 함께 하는 시간을 갖기
프로그램 대상	• 대상연령 : 만 4~5세 유아와 어머니 (※ 엄마 사정으로 불참 시 다른 가족 참여)
운영방법	• 순　서 : 인사하는 시간 → 함께 요리하는 시간 → 샌드위치 먹는 시간 → 평가시간 • 장　소 : 한남대학교 부설 어린이집 • 준비물 : 요리재료(햄, 빵, 치즈, 딸기 잼, 기타 마실 것), 수저, 도마, 칼, 앞치마

진행단계	내용	준비물
목표	• 어머니 참여 수업(요리활동)을 통해 아버지와 대화의 시간과 즐거운 경험을 갖는다. • 어머니에게 감사하는 마음을 갖는다.	
도입 (15분)	• 인사 나누기(5분) – 선생님과 학부모, 아동이 서로 인사 나눈다. – 누구와 함께 유치원에 왔는지 이야기한다. – 누구의 아버지가 계신지 둘러보고, 어떻게 해야 할지 이야기한다. • 일정 및 요리 활동 소개하기(10분) – 오늘 하루 일과에 대해 이야기한다. – 요리활동에 대해 이야기한다.	명찰 소개일정표 활동표

활동 (25분)	• 재료 나눠 가지기 – 각자 만들고 싶은 재료를 가지고 간다. • 활동 순서 설명하기 – 요리 활동 순서에 대해 이야기한다. • 아이들과 함께 샌드위치 만들기 • 샌드위치 함께 먹으며 이야기 나누기	요리재료
평가 (10분)	• 어머니 참여 수업을 한 느낌에 대해 이야기한다. • 함께 수업해 주신 아버지에게 감사의 말씀을 드린다. • 모든 어머니에게 참가상을 드린다. • 인사를 나눈 후에 아버지와 함께 귀가한다.	참가상

| 부모참여 일일계획안 |

학급명	다정반	유아연령	만 5세	지도교사	남지혜
생활주제	가족과 이웃		주제	어머니를 도와드려요	
목　표	• '돼지책'을 통해 엄마를 도와드리는 방법을 알아보고 실천한다. • 엄마와 다양한 활동을 해봄으로써 즐거운 시간을 갖는다.				
일일 시간표	~ 10:20 등원 및 자유선택활동 10:20 ~ 10:30 정리정돈 및 화장실 다녀오기 10:30 ~ 10:40 아침모임 10:40 ~ 11:00 이야기 나누기 11:00 ~ 11:50 요리활동(생크림 케이크 만들기) 11:50 ~ 12:20 신체활동(쿠폰놀이) 12:20 ~ 평가 및 귀가				

시간/ 활동명	활동목표	활동내용	자료 및 유의점
~10:20 등원 및 자유선택활동	하고 싶은 활동을 계획하고 마무리한다.	• 유아들을 반갑게 맞이하며 인사를 나눈다. • 출석카드에 스티커를 붙이고, 가방을 바르게 정리한다. • 부모님과 자유선택활동을 계획하고 활동한다.	자유선택활동 계획표, 네임펜 • 유아와 엄마가 함께 활동할 수 있도록 돕는다.
10:20~10:30 정리정돈 및 화장실 다녀오기	교구를 바르게 정리정돈한다.	• 음악소리가 들리면 바르게 정리한다. • 자유선택활동 평가표에 평가 및 화장실을 다녀온다.	• 쌓기놀이영역, 조형영역 정리 5분 전에 미리 알려준다.

10:30~10:40 **아침모임**	바르게 인사한다. 하루일과를 알아본다.	• 인사 나눈다. • 오늘의 날짜, 날씨 알아보기 • 오늘의 하루 일과 알아보기 자유선택활동→아침모임→이야기 나누기→쿠폰놀이→간식→율동→평가 및 귀가 • 출석을 부르면 대답과 동시에 엄마를 소개하고 엄마는 아이의 좋은 점을 소개한다. –네 선생님, 저희 어머니는 0자0자0자 이시고 000을 잘하십니다.	• 유아는 바닥에 앉고 엄마는 유아뒤쪽의 의자에 앉는다.
10:40~11:00 **이야기 나누기**	동화를 듣고 자신의 생각이나 느낌을 말해본다. 엄마를 위해 할 수 있는 일을 알아본다.	〈동화 – '돼지책'을 읽고 엄마를 도울 수 있는 방법 알아보기〉 • 동화 '돼지책'을 다 함께 읽는다. • '돼지책'에 대해 이야기를 나눈다. • 우리 엄마를 위해 내가 할 수 있는 일을 이야기 나눈다.	
11:00~11:50 **요리활동**	엄마를 도우며 즐겁게 케이크를 만들어 본다.	〈생크림 케이크 만들기〉 • 조각난 케이크 사진을 퍼즐 맞추며, 무슨 그림인지 알아본다. • 요리활동 소개와 만들어본 경험을 이야기 나눈다. • 준비물을 소개한다. • 케이크 만드는 과정을 융판에 붙이며 알아본다. • 어떤 케이크을 만들고 싶은지 구상해 보고, 말해본다. • 유의점을 이야기 나눈다. • 모둠별로 케이크를 만든 후 정리정돈을 한다. • 활동 후 찍은 사진을 유아들과 함께 보며 만든 케이크를 가족이 나와 소개한다.	케이크 조각 사진 만드는 과정 자료 생크림, 빵틀, 후르츠 칵테일, 여러 가지 과일, 짜는 튜브, 숟가락, 케이크 상자, 티슈, 물수건, 쟁반 • 케이크를 만드는 동안에 디카를 찍는다. • 만든 케이크는 사물함 위에 올려 놓는다.
11:50~12:20 **신체활동**	엄마와 함께 신체활동을 즐기며 규칙적으로 참여한다. 엄마를 기쁘게 해드린다.	• 엄마가 율동을 공연한다. 〈엄마를 기쁘게 해드려요〉 • 쿠폰놀이 상자를 제시하고, 방법을 소개한다. • 쿠폰놀이 시 지켜야 할 약속을 알아본다.	

12:20~12:50 평가 및 귀가	하루일과를 마무리한다. 예절 바르게 인사한다.	• 오늘 활동을 회상해 보고 평가를 한다. • 인사를 하고 간식을 먹은 후 함께 귀가한다.	• 소감문 나눠 드리기
평가	• '돼지책'을 통해 엄마를 도와드리는 방법을 알아보고 실천할 수 있었는가? • 엄마와 다양한 활동을 해봄으로써 즐거운 시간을 가질 수 있었는가?		

출처: 한남대부설어린이집요리프로그램 http://cafe.naver.com/mom119.cafe?iframe_url=/ArticleRead.nhn%3Farticleid=2278

- 동화책을 읽어주고 그 내용에 맞게 엄마와 요리를 해보는 시간을 갖게 해주는 수업이다. 교사가 유아들의 흥미를 계속 이끌어 내고 엄마와의 요리를 통하여 엄마가 하는 일에 대해 알 수 있고, 평소에도 엄마를 도와드릴 수 있도록 한다.

3) 부모참여 여행

부모참여 여행의 경우 보통 아빠와 함께 하는 경우가 많다. 유아교육기관에서는 유아교육의 효율적인 운영과 가정과의 일관성 있는 연계를 위해 아버지의 참여를 독려하고 있다. 특히 아버지들은 유아교육기관을 방문할 기회가 적기 때문에 참여 기회가 더욱 절실히 필요하다고 할 수 있다. 이러한 필요성에도 불구하고 아버지 참여는 이끌어 내기가 쉽지 않다. 따라서 아버지 참여 수업이나 여행일 경우 아버지들의 참여도와 수업에 대한 사전 안내, 참석여부를 확인할 필요가 있다.

(1) 부모참여 여행 부모참여 여부에 따른 가정통신문

부모참여 여부를 알아보는 안내장은 아래의 예시와 같다. 안내 시 최대한 많은 부모들이 참여할 수 있는 기간으로 정하여 공지하는 것이 부모들의 오해를 줄일 수 있는 방법이다. 또한 날짜가 확정되었으면 여러 번 안내문을 보내기보다 전체적인 일정을 정리하여 안내문으로 제시한다. 부모참여 안내문은 다음과 같다.

| 부모참여 안내문 예시 |

안녕하십니까?

가을 햇살이 좋아 하루 건너 하루씩 밖으로 나가게 된 이번 주 놀이가 참 좋았습니다.

단풍이 곱게 물들 때도 바람 없이 따사로운 가을 날씨이길 소원해 봅니다. 아빠여행과 운동회 날을 모두 앞두고 있다 보니 추울까봐 염려가 많이 됩니다. 조금은 쌀쌀해도 한 마음으로 마음을 모아 주신다면 아름다운 가을에 함께함이 모두에게 참 행복한 시간들이라는 것을 마음 가득히 느낄 수 있지 않을까 생각합니다. 모든 행사에 참여하실 수 있도록 최선을 다해 주시길 간곡히 부탁드리며 몇 가지 안내말씀 드립니다.

선택하셔서 다시 원으로 보내 주시기 바랍니다.

반　　이름 : ____________________

1박 2일 토 15시 출발 일 15시 도착		당일 아침 9시경 출발 저녁 19시경 도착		비고
9.17(토) ~ 18(일)		09.17(토)		
10.8(토) ~ 9(일)		10.15(토)		
11.5(토) ~ 6(일)		120.29(토)		

① 조금씩 곤란하셔도 참여하실 수 있는 날은 모두 ○표 해 주시고 도저히 불가능하신 날은 X표를 해 주십시오. 성의껏 해 주시길 간절히 부탁드립니다.

② 9.5(월)까지는 꼭 보내 주십시오. 장소 예약관계이오니 협조 부탁드립니다.

③ 가장 많이 체크된 날로 정하도록 하겠습니다.

2010. ○○. ○○

유치원 장

| 부모참여 여행 확정 안내문 예시 |

안녕하십니까?

벌써 우리 어린이들을 만난 지 봄, 여름, 가을이 지났습니다.

본 원에서는 이 가을이 지나기 전에 아버지께서 어린이와 함께 유치원 생활에 참여하실 수 있는 귀한 시간을 마련하고자 합니다. 아빠와 함께 여행일정이 빨리 결정될 수 있도록 협조해 주셔서 감사합니다. 모두가 같은 날이었으면 좋겠는데 많이 어긋나니 참 아쉽습니다. 이 프로그램은 1박 2일이 가장 바람직한데 올해는 하루로 결정이 되었습니다.

항상 바쁘시리라 사려되오나 귀댁의 자녀가 유치원에서 생활하는 모습에서 가정과는 또 다른 면을 발견하실 수 있는 기회가 되리라 여겨집니다. 꼭 오셔서 어린이들과 하루를 즐겁게 보내시기 바랍니다.

1. 아빠여행

- 언제: 10월 15일 (토)
- 어디: 안성 아트센터 마노
- 출발: 오전 9시 20분 (정각 출발)
- 서울 도착: 오후 8시
- 준비물: 간식, 과일, 필기도구
- 복장: 아빠 – 자유복, 유아 – 활동복

※ 아침저녁으로 쌀쌀한 날씨에 대비하는 겉옷은 잘 준비하시리라 생각합니다.

※ 아침은 간단히 한 가족당 김밥 한 줄과 물 한 통 준비하겠습니다.

- 일정

현장 도착 인사 나누기 → 점심식사 → 아빠(부모교육), 유아(친구와 놀이) → 남사당놀이 공연 관람 → 아빠와 함께 레크리에이션 → 저녁식사 → 아빠(친교시간), 유아(분장놀이, 요술풍선 놀이) → 캠프파이어, 촛불의식 → 서울 도착

※ 경비는 미리 보내 주시면 당일에 복잡하지 않겠습니다.

(2) 아빠와 함께 여행을 위한 활동

아빠와 여행을 가기 전에 유아와 아빠 간 라포를 형성하는 것이 필요하다. 이를 위하여 아빠를 알아가는 시간을 갖는 활동으로 아빠 책 만들기, 그림책 '아빠'와 같은 책을 통해 활동할 수 있다. 또한 확장활동으로 아빠에게 편지 쓰기, 우리 아빠가 잘하는 것 등을 적어볼 수 있다.

아빠와 나

아빠와 나에 대한 책을 만들어 보면서 아빠에 대한 사랑이 말이나 글, 몸짓으로 표현되는 것을 볼 수 있었습니다.

1) 아빠에 대한 인식을 알아보기 위한 방법으로 '우리 아빠는…'이라는 정의 내리기 활동이 이루어졌습니다. 이를 바탕으로 아빠를 표현하고 그림을 그린 후 다양한 재료를 가지고 꾸며 보았습니다.

"아빠는 나랑 똑같아" "안경을 쓴 우리 아빠"
"나는 아빠를 닮았어요" "아빠는 장난꾸러기"

2) 아빠와 내가 같이 있을 때에 대한 감정에 대한 이야기와 함께 아빠 얼굴과 내 얼굴에 대한 판화 찍기 등 같은 주제임에도 재료에 따라, 방법에 따라 다른 느낌을 표현할 수 있다는 것에 대하여 알게 되는 시간이 되었습니다.

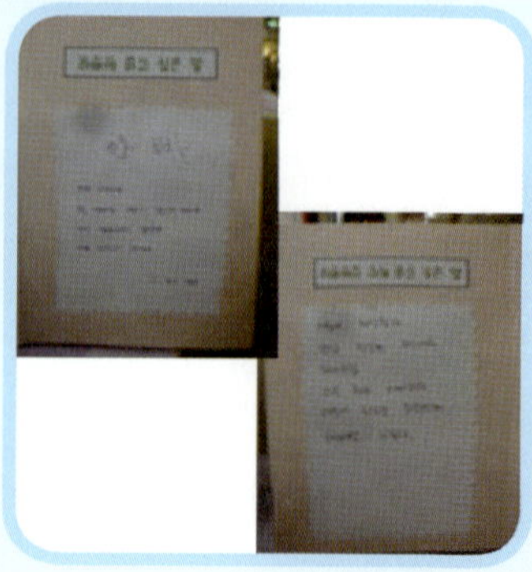

3) 집에서 아빠가 써주신 편지를 친구들과 함께 들어보면서 내 친구를 향한 아빠 마음이 어떠한지 알게 되었고 편지를 받은 유아는 편지를 써주신 아빠께 직접 고맙다고 편지를 쓰는 것도 관찰이 되었습니다.

4) 아빠께서 써주신 편지에 대한 것으로 잎새반 친구들도 아빠께 하고 싶은 말을 적어 보기로 하였습니다.

"내가 밥을 부지런히 먹어서 아빠가 칭찬해 주었을 때 좋았어요."
"아빠랑 놀고 나서 아빠가 혼냈을 때는 속상했어요. 그런데 지금은 안 혼내니까 좋아요."
"아빠한테는 속상한 적도 없고…. 항상 내 곁에 있어주세요."
"아빠 자꾸 늦잠 자는데 나랑 놀아주세요."
"아빠한테 뽀뽀 안 하고 엄마랑 자겠다고 해서 방에 가니까 아빠 삐치고 속상했죠?"

(3) 여행 가는 길

유아는 아빠와 여행 가는 것에 대해 설렘을 가진다. 특히 엄마와 함께 다니던 유아가 아빠와 둘이 여행을 하는 것, 또한 친구들의 아빠를 함께 만나는 것에 대해 긴장하는 모습을 보이기도 한다. 아빠 간에 서로 어색할 수 있으므로 자신의 자녀 친구들의 이름과 아빠를 보자마자 이름을 알 수 있도록 이름표를 만드는 것이 필요하다.

| 이름표 예시 및 아빠와 여행 가는 길 |

(4) 아버지 부모교육

아버지 참여 여행은 단순히 자녀와 활동하는 것에 그치는 것이 아니라 자녀와 함께 지내고 자녀와 함께 성장하는 계기가 될 수 있다. 이에 따라 다양한 주제를 정하여 부모교육이 이루어질 수 있다. 예시로 MBTI를 통한 나와 가족들의 성격유형 파악 및 자녀와 대화법 습득을 주제로 한 시간 정도 부모교육을 실시함으로써 자녀들과 더 많은 시간을 공유하고 함께 하는 시간으로 나아갈 수 있다.

| 부모교육 강의 |

(5) 아빠와의 시간

아빠와 다양한 공연을 관람하기도 하고 몸으로 놀 수 있는 게임을 함으로써 유아와 더 가까워질 수 있다. 다양한 게임을 통해 아빠들 간에도 서로 알아갈 수 있는 기회를 가질 수 있으며 아이들은 아빠와 즐거운 시간을 가질 수 있다.

| 아빠와의 여행 레크리에이션 |

| 아빠와의 여행 활동 결과물 |

3. 가정통신문

1) 주간 가정통신문

교육활동에 대한 가정과의 긴밀한 협력을 위해 월간, 주간 안내서 및 통신문을 활용한다. 주간 가정통신문은 매주 부모에게 나가는 것으로 원의 일정이나 전반적인 상황에 대한 설명을 통해 부모를 이해시킬 수 있다. 유치원 행사, 교육활동 계획 등에 대하여 필요할 때마다 서신을 보내 공지하며, 경우에 따라서는 서신 하단에 절취선을 넣어 부모로부터 답신을 받을 수도 있다. 또한 교육부의 정책 등을 쉽게 설명함으로써 부모들의 궁금증을 풀어주고 신뢰감을 형성하는데 효과적이다.

| 가정통신문 예시 |

2015년 제1호
(2015.03.07~2015.03.12)

○○의 모든 부모님

안녕하십니까?

오늘 자녀들과 함께 하셨던 워크숍은 어떠셨나요? 설렘과 염려가 함께 있으셨을 거라 생각합니다. 우리가 부모이기 이전 아주 오랜 옛날 우리 자녀들처럼 3월 첫 학기 첫날을 시작하던 때를 떠올려 봅니다. 이 기분 좋은 긴장과 같은 설렘은 새로운 친구들과 선생님을 새롭게 만나는 교실의 이야기들에 더 마음의 눈을 크게 뜨도록 만들어 주고, 작은 염려와 긴장들은 금세 그 안에서 찾게 되는 기쁨과 사랑 속에 녹아 버렸던 것을 기억합니다. 영유아 교사들도 그 어느 때보다 더 설레며 신학기를 준비한 만큼 아이들에게 다시 오지 않을 설렘과 기쁨, 사랑의 2015학년을 함께 시작할 수 있도록 부모님들과 함께 교육자로서 최선을 다하겠습니다.

1. 입학일 안내

- **언 제** : 2015년 3월 7일(월) 등교시각 : 10시
- **등교방법** : 차량운행하지 않으므로 보호자와 함께 각자 등교합니다.
  – 부모님은 강당으로 내려가셔서 어린이 수학에 관한 부모교육을 받으십니다.
  – 어린이는 각 반 교실로 들어갑니다.

- **하교방법** : 차량운행을 신청한 어린이들은 차량으로 귀가합니다.
- **준 비 물** : 도시락-지퍼 백에 수저와 함께 넣어 주시면 됩니다.
  물통(뚜껑 있는 것. 개인 컵으로 사용합니다.)
  수건(유아가 손을 씻거나 양치 후 입을 닦을 때 사용합니다.), 개인 과일

2. 단축수업(한 주만 단축입니다.)

- **언 제** : 3월 7일(월) ~ 3월 11일(금) 활동시간 : 9:00~1:00 / 10:00~1:00
  종일반은 단축수업 없이 정상 운영합니다.

3. 부모님 수학교육

- **언 제** : 3월 7일 (월) 10시

4. 책가방 혹은 도서가방

매주 금요일에 책 2권을 담아서 월요일에 가져오는 가방입니다. 신입생은 단축수업기간에 준비해서 3월 11일(금)부터 사용할 계획이오니 재학생도 단축수업기간 동안 보내 주십시오. 가방이름은 각 반에서 정하게 됩니다.

감사합니다

2) 부모교육지

부모교육지를 통한 부모교육이 현장에서 가장 많이 이루어지고 있다. 이러한 부모교육지로 유치원에 따라 주1회, 월 1회의 유치원 활동에 관한 뉴스레터를 보낼 수 있다.

| 부모교육지 예시 |

지혜의 성장은 놀이를 통해 이루어집니다

엄마, 아빠!!

유아의 교육은 '놀이'라는 활동으로 이루어져 있어요. 제가 성장하는 데 놀이는 귀중한 작업이고, 배움이며, 생활이에요. 놀이를 통해 신체 발달, 의사소통 능력 증진, 억압된 정서적 긴장 방출, 창의성 촉진, 자기 통찰력 발달, 사회적 능력 발달, 도덕적 기준 발달, 적절한 성역할 행동과 바람직한 성격 특성 등을 발달시켜요.

우와! 놀이는 발달의 지름길이고 배움의 수단이라는 것을 아셨지요. 많은 연구들도 놀아야 할 시기에 노는 것을 빼앗긴 아이는 그것을 보상이라도 하듯 청소년이 되어서 놀이에 몰두하거나 사회적인 비행을 많이 일으킨다고 했어요. 어릴 적부터 학습준비도를 강조한 구조화된 프로그램에 참여한 어린이가 놀이를 중심으로 하는 비구조적이고 비형식적인 프로그램에 참여한 어린이보다 중학교에서 더 많은 말썽을 일으켰다는 보고도 있대요. 유아발달에 놀이는 매우 중요해요. 요사이 뉴스에서 '3세 이전에 뇌세포가 모두 형성된다'는 타임지 기사내용을 보도한 적이 있지요. 뇌세포 사이를 연결시키는 뇌세포의 연결은 많은 경험과 놀이를 통해 만들어지는 것 아시지요. 놀이는 제 자신의 표현에 있어 유일한 길이며, 그것을 통하여 세상을 배워 나가요. 그러니까 집에서도 엄마, 아빠는 제가 놀잇감을 가지고 친구들과 놀 수 있도록 해 주시고 바깥놀이터에서도 마음껏 놀이할 수 있도록 해 주세요. 일찍부터 공부에 길들여진 저는 처음에 유치원에서 친구하고 뛰어 노는 것만 놀이인 줄 알았어요. 선생님께서 준비해 주신 선택 활동은 공부라는 생각을 하고는 지레 겁을 먹었어요. 그러나 지금은 유치원의 모든 활동이 '놀이'라는 것을 알았어요. 이제부터 '유치원에서 공부 잘 했지?'라고 하지 마시고 '유치원에서의 선택 활동이 즐거웠니?'라고 말해 주세요. 놀이는 언제나 즐거워요. 놀이를 통해 예수님처럼 지혜가 날로 성장한답니다.

예절 바른 아이로 키워 주세요

부모님께서 모범을 보여 주세요.

"나중에 효도받으려면 부모님께 효도하라"라는 말은 부모님의 모범이 얼마나 중요한지를 강조하는 말입니다.

마음에서 우러나는 예의를 표현하도록 도와주세요.

예절은 내가 아닌 다른 사람을 이해하고 존중하는 마음이 진심으로 우러나와서 적절한 행동으로 표현 될 때 가치가 있습니다. 그러기 위해서는 다른 사람의 생각과 감정을 이해할 수 있는 능력을 키워 주십시오. (※ 돕는 방법 : 입장 바꾸어 생각하기, 다른 사람의 기분 추론해 보기, 자녀의 행동에 대하여 부모님의 생각이나 느낌 이야기해 주기 등)

예절을 왜 지켜야 하는지 이유를 알려 주세요.

- 왜 집안에서는 조용조용 걸어야 할까?
- 왜 돌아다니면서 음식을 먹으면 안 될까?
- 왜 어른들께는 두 손으로 드리고 받아야 할까?

예절은 누구에게나 지켜야 하는 것임을 가르쳐 주세요.

예절은 특정한 어른이나 누구에게 보이기 위한 것이 아니라 다른 사람에 대한 존중과 배려입니다. 부모님께서 자녀를 이해하고 존중하는 태도를 보여 주시고 친구나 동생들에게도 예의를 지키도록 격려해 주십시오.

배려심을 길러 주세요

배려란 무었일까요? 배려의 사전적 뜻은 '도와주거나 보살펴 주려고 마음을 씀'입니다. 배려와 관련된 다음의 글을 읽어 보세요.

소와 사자가 있었습니다. 둘은 죽도록 사랑을 하였고 결혼해서 함께 살게 되었습니다. 둘은 최선을 다하기로 약속했습니다. 소는 최선을 다해서 맛있는 풀을 날마다 사자에게 대접했습니다. 사자는 싫었지만 참았습니다. 사자도 최선을 다해서 맛있는 살코기를 날마다 소에게 대접했습니다. 소도 괴로웠지만 참았습니다. 하지만 참는 것도 한계가 있어 더 이상은 참을 수 없게 되었습니다. 둘은 마주 앉아 이야기를 했습니다. 그런데 문제를 잘못 풀어 놓으면 커다란 사건이 되듯이, 소와 사자는 심하게 다투었고 끝내는 헤어지고 말았습니다. 헤어지고 나서 서로가 서로에게 하는 말은 "나는 최선을 다했어"였습니다. 소는 소의 눈으로만 세상을 보고, 사자도 사자의 눈으로만 세상을 보면, 그들의 세상은 혼자 사는 무인도일 뿐입니다. '소의 세상', '사자의 세상'일 뿐입니다. 나 위주로 생각하는 나만의 최선, 상대를 못 보는 최선, 그 책임은 최선일수록 최악을 낳고 맙니다. 나는 지금도 최선을 다하고 있습니다만, 어쩌면 그것도 나 위주로 생각하고 상대방을 보지 못하는 나만의 최선이 아닐지 모르겠습니다. 혹시 나의 최선이 남에게는 최악의 결과를 낳고 있지는 않은지... 소의 눈으로, 사자의 눈으로, 나의 최선으로... 이제는 상대방의 입장에서 최선을 다했으면 합니다.

남을 위한 행동이라고 다 배려는 아닙니다. 배려도 무턱대고 하는 것이 아니라 배려를 하기 전에 상대방의 마음을 잘 살펴보아야 합니다. 상대방이 가장 기뻐하고 행복해하는 방법으로 배려를 해야 합니다. 유아들이 진정한 배려를 할 수 있도록 도와주세요.

친구와 사이좋게 지내기

친구와 잘 사귀지 못하거나 친구와 지내는 동안 힘들어하는 아이들이 늘어나고 있습니다. 어린 시절부터 친구와 잘 지내는 아이는 성장해서도 다른 사람들과 잘 지낼 수 있을 것입니다. 친구와 사이좋게 지내는 아이는 그 미래도 행복할 것입니다.

자녀가 친구와 잘 지내게 하려면 어떻게 하면 좋을까요?

- 친구들과 놀이할 기회를 많이 주세요.
- 자신의 생각을 친구들에게 이야기할 수 있도록 자신감을 북돋워 주세요.
- 친구의 생각과 감정을 존중하고, 이해할 수 있도록 이야기해 주세요.
- 자기의 고집대로만 놀이한다면 다른 친구들이 함께 놀아주지 않을 수도 있다고 이야기해 주세요.
- 친구랑 장난감을 나누어 놀이할 수 있도록 도와주세요.
- 자녀의 생각을 존중해 주고, 어떤 일을 결정할 때도 자녀의 의견을 물어보세요.
- 자녀가 부모의 말에 무조건 따르도록 강요하지 말고, 서로 양보하고 의논하려고 노력하세요.

친구와 다투거나 문제가 생겼을 때 어떻게 해야 할까요?

- 서로의 입장이나 생각을 이야기할 수 있도록 해 주세요.
- 친구가 이야기할 때 잘 듣도록 해 주세요.
- 어떻게 하면 좋을지 자녀들이 이야기할 수 있도록 해 주세요.

협동심을 키워 주세요

우리 아이는 뭐든지 자기 혼자만 하려고 해요. 다른 아이들과 함께 하는 활동을 싫어해요. 혹시 우리 아이 이야기는 아닌가요?

요즘 어린이들은 핵가족화, TV와 컴퓨터 매체 등의 급속한 발달로 인해 대인관계 경험이 부족해지고, 경쟁을 중요하게 생각하는 사회 풍토로 인해 점차 '함께 협동하는 활동'을 어려워하는 경우가 많습니다.

아이들은 협동을 통해 보다 적극적이고 긍정적으로 다른 사람과 어울릴 수 있으며, 협동하는 가운데 리더십과 팔로우십을 함께 경험하게 됨으로써 사회성 있는 사람으로 자라나게 됩니다.

아이들이 협동심을 키우려면 어떻게 해야 할까요?

- 협동할 때마다 협동의 행동을 구체적으로 칭찬해 주세요.
  (대화 예: 함께하니까 재미있는 걸~, 여럿이 하니까 시간도 절약되네~)
- 혼자 했을 때와 협동했을 때의 차이를 알도록 해 주세요. 혼자서 할 수 없는 일들도 해낼 수 있고, 집단 구성원 모두가 즐거워진다는 것을 자녀에게 꼭 알려 주세요.
- 협동이 필요한 일과 경쟁이 필요한 일을 구분하도록 도와주고, 부모님 역시 평소에 경쟁을 부추기는 말보다 협동을 강조하는 말을 사용해 주세요.

협동하면 좋아요

'백지장도 맞들면 낫다'라는 속담이 있어요. 아주 작은 일이라도 서로 돕는다면 그 일은 그만큼 쉬어진다는 뜻이지요. 자녀에게 아래의 이야기를 들려주고, 협동을 하면 어떤 점이 좋은지 함께 이야기해 보세요.

마음과 힘을 하나로 모아 만든 다리

우르릉 쾅쾅!

하늘에서 천둥번개가 치며 세찬 비가 동물 마을에 하루 종일 내려 숲속 동물 마을과 이웃 마을을 이어주던 돌다리가 다 떠내려갔어요. 동물들은 걱정이 되었어요.

(토끼): 어떻게 하면 좋지?
(여우): 난 오늘 바쁜데... 하지만 같이 다리를 만드는 게 좋겠어.

동물들은 서로 서로 이야기를 나누다 천둥번개가 쳐도 비가 와도 끄덕없는 튼튼한 다리를 만들기로 의견을 모았어요.

(생쥐): 무거운 나무는 누가 들지?
동물들: 우리가 함께 힘을 모아 들면 가벼울 거야.
(곰): 개울가로 어떻게 옮기지?
동물들: 우리가 함께 옮기면 빨리 할 수 있을 거야.

동물들은 힘을 합쳐 튼튼한 나무를 골라 개울가로 옮기고 나무와 나무를 엮어 튼튼한 다리를 만들었답니다. 그리고 다리 옆에 멋진 푯말도 세워 두었지요. '마음과 힘을 하나로 모아 만든 다리'라고요.

이야기해 보세요.

- 만약 동물들이 함께 다리를 만들지 않았다면 어떤 일이 일어났을까요?
- 동물들이 협동해서 다리를 만들었어요. 협동을 하면 어떤 점이 좋을까요?

미래 사회의 리더를 위한 '나눔교육'

미래 사회의 리더가 될 어린이들에게 나눔의 가치를 알려주고 더불어 살아가는 태도와 자질을 길러 주세요. '나눔교육'을 통해 우리 어린이들은 타인에 대한 이해와 배려를 통해 성숙한 사회인으로 성장하게 될 것입니다.

나눔교육, 가정에서 이렇게 지도해 주세요.

- 가족 안에서부터 나누고 돌보는 모범을 보여 주세요. 부모가 안 입는 옷을 모아 어려운 이웃에게 가져다주는 등 다른 사람을 도와주는 모습을 보여 주세요.
- 나눔을 실천한 위인이나 사람들에 대한 이야기를 들려주며, 어떤 점이 훌륭한지 함께 생각해 보세요.
- 힘들어하는 친구에게 따뜻한 위로의 말을 할 수 있도록 가르쳐 주세요.
- 어려서부터 사고 싶은 것, 먹고 싶은 것을 조금씩 아끼고 절약하여 남을 도울 수 있는 경험을 할 수 있도록 도와주세요.
- 자녀가 다른 친구를 걱정하거나 도와줄 때 '나눔은 즐거운 것이구나.'라고 느낄 수 있도록 칭찬해 주세요.
- 나눔을 강요하지 마세요. 자녀에게 억지로 나눔을 강요하면 거부감을 갖게 될 수도 있습니다.

더불어 살아가요

1. MQ를 들어보셨나요?

IQ, EQ는 들어봤어도 MQ가 무엇인지 아는 엄마는 그리 많지 않을 것입니다. 미국의 정신의학자 로버트 콜스가 주창한 MQ(moral quality)는 도덕지능을 말하는 것으로 옳고 그른 것에 대한 판단능력을 의미합니다.

이 세상이 남과 더불어 살아가는 곳이고 상대방을 이해하며 친구나 이웃에게 봉사하는 것이 올바른 삶이라는 것을 아는 아이는 도덕지능이 높은 아이고 자기만을 위하는 공주병, 왕자병 아이들은 도덕지능이 낮은 것입니다.

2. 어린 시절에 바로잡아 주어야 합니다.

흔히 엄마들은 옳고 그른 것을 가르치는 것은 아이가 다 자란 후에도 가능하다고 생각하는 경향이 많습니다. 그러나 실제로 청소년기에 표출되는 많은 문제는 대개 영아기나 유아기에 형성된 것일 수 있습니다.

그러므로 어린 아기라 아무 것도 모른다는 생각을 하지 말아야 하며 아이가 원하는 것을 무조건 들어주는 것은 피해야 합니다. 습관적으로 우유병을 집어던지는 등 올바르지 않은 행동을 할 때는 아기가 그런 행동을 하지 않도록 확실히 잡아주는 것이 좋습니다.

또 말을 알아들을 수 있는 유아기에는 해야 할 일과 하지 말아야 할 일을 명확히 구분해 주고, 다른 사람과 더불어 살아가야 할 이 세상의 기본적인 규칙을 익히도록 도와주어야 합니다.

아동기에는 도덕적인 판단이 요구되는 여러 가지 다양한 상황에 대해 스스로 생각하고 옳은 것을 판단할 수 있는 경험을 많이 쌓도록 하는 것이 중요합니다. 다양한 인간관계를 맺으며 도덕적 상황을 경험하도록 하고 올바른 판단을 할 수 있도록 도와주는 것도 좋은 방법입니다. 어린 시절 마음에 새긴 도덕적 교훈은 일생을 살아가면서 좋은 길잡이 역할을 할 것입니다.

질서는 행복입니다

우리나라 어린이 교통사고는 선진국에 비해 월등히 높다고 합니다. 도로횡단 중 갑자기 뛰어드는 보행관련 사고와 무단 횡단 사고가 70%이상을 차지한다고 하니 정말 안타까운 일이죠? 아이들이 교통안전에 대한 바른 이해를 가지고 안전하게 생활할 수 있도록 부모님께서 먼저 모범을 보여 주시기 바랍니다.

어린이 교통안전, 어떻게 해야 할까요?

지켜 주세요

- 차를 타면 부모님께서 먼저 안전벨트를 매어 주세요. 아이들에게 모범을 보여 주세요.
- 자녀는 뒷좌석에 앉혀 주세요. 불가피하게 앞좌석에 앉히는 경우 좌석을 뒤로 밀어 주세요.
- 짧은 거리라도 안전벨트, 안전카시트를 착용해 주세요.
- 운행 중 차문은 꼭 잠가 주세요.
- 후진을 할 때는 차 뒤를 꼭 살펴보세요.
- 자전거, 킥보드, 인라인 스케이트는 꼭 안전한 장소에서 타도록 해주세요.
- 무단횡단은 하지 않아야 해요.
- 신호등에 초록색 불이 들어오자마자 뛰는 것은 위험해요.
- 공이 찻길로 들어가거나 길 건너 친구를 발견해도 갑자기 뛰어드는 것은 위험하다고 알려 주세요.

우리 가족에게는 어떤 나눔이 어울릴까요?

나눔에도 여러 종류가 있어요.

나눔에는 재능 나눔, 봉사 나눔, 돈 나눔, 음식 나눔, 환경 나눔 등 여러 가지 방법이 있습니다. 나눔도 각자의 상황과 여건에 맞추어 실천할 수 있답니다.

- **재능 나눔**: 사진관에서 사진을 찍으려면 십여 만 원이 훌쩍 넘습니다. 그래서 사진관을 운영하는 권오기 대표는 가정 형편이 어려운 가족의 가족 사진을 무료로 찍어주는 재능 나눔을 실천하고 있습니다.

출처: 한국경제 TV 2011-5-9 기사

- **봉사 나눔**: 바쁜 생활 틈틈이 고아원 아이들 돌보기, 혼자 사는 노인분들의 빨래 해주기 등 시간을 내어 어려운 사람들을 도와줍니다.

- **돈 나눔**: 빌 게이츠는 미국의 컴퓨터 사업가로 돈을 많이 벌었습니다. 많이 번 돈으로 가난한 사람을 위해 쓰며 돈 나눔을 실천하고 있습니다.

- **음식 나눔**: 중랑구 새마을운동중랑구지회는 어렵게 살아가는 어르신들께 밥과 반찬을 만들어 나누어 드리는 음식 나눔을 실천하고 있습니다.

출처: 아시아경제 2011-4-15 기사

- **환경 나눔**: 제인 구달은 침팬지를 연구한 동물학자로 사라져 가는 침팬지를 보호하고 자연을 지키기 위해 환경 운동을 펼치며 환경 나눔을 실천하고 있습니다.

도덕성 높이기-1단계

자녀의 자아 개념과 자아 정체감 확립을 위한 방안

자기의 모습을 객관적으로 평가할 수 있도록 우리의 자녀들을 지도하기 위해서는 2~3세경부터 애정 어린 관심이 필요합니다. 아이들은 자신의 신체 부위를 만지고 놀면서 자기 몸에 대해서 차츰차츰 배워 나갑니다. 어린이는 이러한 행동을 통해서 바로 내 것에 대한 인식, 또는 내 것과 남의 것에 대한 구별을 할 수 있게 됩니다. 신체적 자아 개념이 형성되면서 자기를 둘러싸고 있는 주변의 사물에 대해서도 관심을 갖게 되는데 이때는 자기 주변의 사물들이 모두 자신의 소유라고 생각합니다. 그렇지만 점차적으로 자기 주변의 사물(장난감, 옷, 신발 등)에 대해서도 자기 것과 남의 것 즉, 사물의 소속이 다름을 인식할 수 있게 됩니다.

예를 들면 어느 날 어린 자신의 모습에 만족할 수 없고 권위가 있는 아빠의 모습이 되고 싶어질 때, 아이는 아빠의 옷이나 신발을 신고 아빠인양 뽐내게 됩니다. 이것이 바로 최초로 나타나는 동일시의 현상입니다.

자아의 구성요소

- **물리적 자아** : 개인이 지니는 자신의 신체, 의상, 가족, 집, 소유물 등으로 자신이 누구라는 것을 알려주는 대표적인 속성입니다. 우리는 그 사람이 가지고 있는 소유물들의 속성을 통해서 그 사람의 특성을 미루어 짐작합니다.
- **사회적 자아** : 자신이 접촉하는 타인들로부터 받는 자기에 대한 인상이나 평가를 말한다. 실제 자신의 모습과 타인이 보는 자신의 모습이 너무 다르면 심리적 갈등이 커질 우려가 있습니다.
- **심리적 자아** : 성격, 취향, 정서 등이 심리적 속성입니다. 만일 자신의 심리적 속성이 만족스럽지 못하여 자신의 성격을 완전히 다른 유형으로 무리하게 고치고자 한다면 문제가 생길 수 있습니다.

도덕성 높이기-2단계

도덕적(이타적) 행동을 촉진시키기 위한 방안

이타적 행동은 연습이나 훈련에 의해서도 강화되고 촉진될 수 있을까요?

협동적인 놀이를 잘하지 못하는 상당히 독점적인 성향이 있는 어린이들을 대상으로 싸움의 부정적 결과를 강조하면서 협동적인 활동의 좋은 점을 강조하는 인형극을 통해 몇 주간 훈련을 실시한 결과, 협동적인 행동의 양이 크게 증가하였습니다. 또한 칭찬과 보상, 모델링에 의해 타인을 도와주는 행동이 크게 증가될 수 있다는 가설을 가지고 여러 연구가 행해졌는데 훈련 후 남을 동정하는 경향은 증가하였으나 실제 상황에서는 이타적 행동의 모델링이 되었던 참여자와 좋은 여자와 좋은 관계를 가지고 있는 경우에만 모방 행동이 일어나는 것으로 보였습니다.

이타적 행동을 유발시키기 위한 하나의 방법으로 타인의 역할을 조망할 수 있는 훈련방법을 활용하였는데 서로 입장을 바꾸어 문제를 생각해 보도록 하는 훈련을 받은 어린이들은 훈련을 받지 않은 어린이들보다 타인을 더 많이 도와주는 경향이 있었고 또 책임감을 많이 느끼게 해준 경우도 이타적 행동을 유발하게 하는 데 긍정적 효과를 가져왔습니다.

사람은 누구나 태어나면서부터 자기의 도움이 필요한 사람을 만나면 자기 스스로 즐거운 마음으로 돕고자 합니다. 이러한 본성을 가지고 있음에도 불구하고, 이타적 행동이 많이 사라지게 된 주된 원인은 급속한 산업화, 도시화로 인한 경쟁적인 삶의 형태라고 할 수 있습니다.

그 원인을 제거할 수 있는 조건이 성립되기 어렵다면 비록 지금과 같은 치열한 경쟁적인 삶 속에서나마 인간의 본성을 회복하여 서로 돕고 사는 사회를 만들어 가도록 어머니들은 자녀들이 감정이입적 태도나 공감적 태도를 형성할 수 있게 주의 깊은 배려를 하여야 합니다. 이러한 감정이입적 태도나 공감적 태도는 아이들이 자신의 요구와 필요도 인정할 수 있게 되어 자기 스스로 즐거운 마음으로 남을 돕고자 하는 일에 솔선하게 됩니다.

인내심을 길러 주세요

인내란 무엇일까요?

인내란 원하는 일이 이루어질 때까지 불평 없이 참고 기다리는 태도를 말합니다. 끝까지 참고 견디며 노력하는 인내의 성품은 성공하는 사람들의 공통된 습관이지요.

(예 마음대로 안 될 때 불평하지 않기/ 원하는 것을 얻기 위해 기다리기/ 벗어나고 싶은 상황에서 참아내기/ 하고 싶은 일보다 해야 하는 일을 먼저 하기/ 포기하지 않고 끝까지 하기)

인내하는 유아로 키우기 위해서는 이렇게 해 주세요.

첫째, 인내가 무엇인지 분명하게 알려 줍니다.

둘째, 부모님께서 인내하는 모습을 보여 주셔야 합니다.

셋째, 가정의 좌우명을 '포기금지'로 정합니다.

(예 우리는 한 번 시작한 일은 무슨 일이 있어도 끝까지 한다.)

넷째, 인내하는 모습을 찾아 칭찬과 격려를 해 줍니다.

다섯째, 인내상을 만들어 그래프로 표시하고 선물을 줍니다.

인내를 키울 수 있는 이야기(마쉬멜로우 실험)

1960년 스탠포드 대학의 월터 미셸(Walter Mischell)은 실험에 참여한 유아들에게 눈 앞의 마쉬멜로우를 먹지 않고 참으면 더 많은 마쉬멜로우를 주겠다고 약속했습니다. 어떤 유아는 실험이 시작된 즉시 고민하지 않고 먹어 버렸고, 어떤 유아는 실험자가 돌아올 때까지 마쉬멜로우를 바라보지 않으려고 애쓰거나, 자신의 관심을 다른 곳으로 돌리면서 마쉬멜로우를 먹지 않고 기다렸습니다. 만 4세의 유아들에게 주어진 15분간의 기다림의 미션이 그들의 인생과 어떤 상관관계가 있었을까요? 유아들을 추적하여 성인이 될 때까지 연구한 이 연구의 결과는 놀라웠습니다. 15분을 기다렸던 유아들은 기다리지 못했던 유아들보다, 높은 학업 성취도를 보였고, 좋은 직장과 친구관계를 유지하고 있었으며, 자신감을 가진 성공적인 삶을 살고 있었습니다. 이 실험은 영유아기 때 자신의 욕구를 통제하고 만족을 지연시킬 수 있는 능력을 갖는 것이 인생을 성공적으로 사는 데 중요한 요소임을 보여 줍니다.

사랑스런 아이들이 인내심을 가질 수 있도록 가정에서도 연계교육을 부탁드립니다.

그림을 자유롭게 표현하도록 해주세요

그림을 자유롭게 그리기 위한 방안은

1. 유아가 자유롭게 그리도록 해주세요.

유아가 마음속의 느낌과 생각을 자유롭게 표현할 뿐 아니라 다른 사람과 다르게 그려도 괜찮다는 편안한 마음을 갖도록 해주세요.

2. 유아 스스로 자신의 작품에 대해 말하도록 해주세요.

유아가 만드는 작품에 관심을 가지되 무엇을 만드는지에 관해서는 꼬치꼬치 묻지 마세요. 어떤 때는 유아도 잘 모를 수 있습니다.

3. 유아가 만든 작품에 대해 많이 격려해 주세요.

부모로부터 격려를 받으면 유아는 자신에 대해 좋은 감정을 갖게 될 뿐만 아니라 앞으로도 무엇인가 자꾸 그리거나 만들고 싶은 의욕이 솟아날 겁니다.

4. 그림만 보고 유아의 수준이나 상태를 평가하지 마세요.

유아는 때때로 동그라미를 자동차라고 생각하며 그리기도 하고 본 것의 가장 인상적인 부분만 그릴 수도 있습니다.

5. 유아가 많은 것을 경험할 수 있도록 해주세요.

유아는 많은 것을 경험함으로써 사물에 민감해지며 사고하는 데 도움이 되므로 경험을 자료와 연관시켜 생각하도록 격려해 주세요.

6. 유아가 모든 사물을 잘 관찰할 수 있도록 도와주세요.

유아가 잘 관찰할 수 있도록 엄마, 아빠가 "코끼리 코는 어떻게 생겼니?" "나뭇잎이 어떻게 변했니?"와 같이 구체적으로 질문해 주세요. 그러면 유아는 새로운 면을 발견하고 다음에는 그것을 더욱 적절하고 쉽게 표현할 수 있을 거예요.

7. 다양한 재료를 제공해 주세요.

유아가 다양한 소재로 풍부한 경험을 갖게 해주세요. 또 집에서 내버리는 물건이라도 창의적인 표현을 할 수 있는 훌륭한 재료가 될 수 있어요.

8. 유아가 만든 작품을 함부로 다루지 마세요.

유아가 온 힘을 기울여 열심히 만든 작품이 함부로 다루어지는 것을 보면 무척 기분이 상한답니다.

부모의 역할 5가지를 꼭 기억하세요

부모역할의 5가지는?

1. 밝은 표정을 지으세요.

유아가 표정이 없고 소극적이라면 어머니가 자신을 비추어 보세요.

2. 긍정적이고 민주적인 방식으로 아이를 대해 주세요.

유아가 산만하다고 느끼신다면 엄마의 지나친 잔소리나 고함, 강압적인 태도, 부정적인 말씨, 무관심이 지나칠 때 산만해집니다.

3. 혼자 할 수 있는 습관을 길러 주세요.

유아가 스스로 할 수 있도록 돕는 것은 부모로서 최소한의 배려입니다. 유아가 독립할 수 있도록 혼자 해결하는 습관을 길러 주세요.

4. 선택할 수 있게 도와주세요

유아가 하고 싶은 일을 할 수 있도록 그리고 선택할 수 있도록 기다려 주세요.

5. 자신의 양육방식을 되돌아 보세요.

유아의 변화를 기다리는 마음은 간절하지만 많은 노력과 기다림이 있어야 합니다. 내 아이와 다른 아이가 많이 다르게 느껴진다면 어머니의 양육방법을 다시 생각해 보고 먼저 어머니 자신이 변화할 수 있는 기회가 되어 주세요.

엄마와 아빠가 서로 사랑하는 모습을 보여 주세요

♥ 유아는 부모가 서로 존중하고 사랑하는 모습을 보고,
화목한 생활을 하는 걸 보면서 건전한 평화역량을 길러가게 됩니다.

♥ 부모님의 모습으로 가족에 대한 올바른 태도를 갖게 하여
건전한 애정관계와 인간관계를 맺으면서 살 수 있도록 도와주세요.

♥ 남녀의 신체적 차이를 자연스럽게 알고
자신의 주어진 성(남자, 여자)을 만족스럽게 받아들이도록 지도해 주세요.

♥ 남자와 여자는 하는 일에 있어서
차이가 없이 평등하다는 것을 알도록 지도해 주세요.

♥ 어린아이들은 피부접촉을 통해 사랑을 느끼고
다른 사람을 사랑할 수 있는 안정감을 갖게 되는데
이것은 자신을 만족스럽게 받아들이게 하는 교육의 일부라고 할 수 있습니다.

자아 존중감을 길러 주세요

인성의 의미는 무엇인가요?

- 인성은 개인의 심리적이거나 행위적인 성향으로서 사람다운 사람이 갖추어야 할 품격, 즉 사람의 성품을 가리키는 말입니다.

- 인성은 인간의 모든 개인적 특성 및 즉 개인의 신체적 특성, 지적 특성, 기질적 특성, 흥미 등을 일컫는 말입니다.

유아기 인성교육을 통해 기대하는 인간상은?

- 자신을 바르게 이해할 줄 아는 사람입니다.
  자신에게 가장 합리적인 행동을 선택하고 실행하는 것은 인성의 핵심 요소가 됩니다.

- 자기 자신을 존중하고 수용하는 사람입니다.
  자신의 본능적인 충동이나 감정을 사회적으로 용납되는 방법으로 승화시켜 표현할 줄 아는 사람은 건전한 인성의 소유자가 됩니다.

- 타인에 대한 공감적인 이해와 존중의 자세를 갖춘 사람입니다.
  타인의 감정을 공유하고 상대방의 입장을 이해함으로써 원숙한 인간관계를 맺을 수 있습니다.

칭찬하기 노하우

잦은 칭찬은 수동적인 아이로 만듭니다.

칭찬을 수시로 하게 될 경우 아이는 일상적인 말로 느끼기 때문에 칭찬의 효과를 제대로 보지 못합니다. 평소에 칭찬을 지나치게 많이 받고 자라게 되면, 칭찬을 해주지 않을 때에는 어떤 행동도 하지 않으려는 경향이 있기 때문에 자발적인 아이로 키우기가 쉽지 않습니다.

잘못된 칭찬은 역효과를 줍니다.

추켜세우기 식의 지나친 칭찬도 주의해야 합니다. 아이들은 나이가 어리다고 하더라도 두 돌이 지난 아이라면 엄마의 칭찬이 진심으로 하는 것인지 어떤 행동을 요구하기 위해 사탕발림 식으로 하는 것인지 금방 구별합니다.

"우리 ○○는 아빠 말을 너무 잘 들어서 예뻐. 현관에 있는 신문 가져다줄래?"라고 말한다면 아이는 아빠가 심부름을 시키기 위해서 칭찬하는 줄 알게 됩니다.

결과보다 과정을 칭찬합니다.

아이가 정성과 최선을 다해 그림을 그렸다면 "참 잘 그렸네!"하고 결과만 칭찬하지 말고 "네가 열심히 그려서 그런지 참 잘 그렸구나."라고 과정을 칭찬해 주세요.

아이들은 결과가 좋지 않더라도 엄마가 열심히 하고, 최선을 다하는 것을 좋아하므로 최선을 다하는 것이 중요하다는 것을 알려 주세요. 그래야 어떤 일이든 적극적으로 하는 자신감 있는 아이가 될 수 있습니다.

구체적으로 칭찬합니다.

아이가 책을 소리 내며 읽을 때 "책 잘 읽네"하고 대충 칭찬하지 말고 "○○가 동물 소리를 똑같이 흉내 내며 책을 읽을 줄 아는구나. 한번 더 읽어줄래?"라고 말한다면 아이는 자기가 한 행동 중에서 어떤 것이 장점인지 알고 더 신이 나서 행동하게 됩니다.

여러 사람 앞에서 아이를 칭찬합니다.

칭찬을 사람이 많은 곳에서 하는 것은 하나의 다짐이 되기 때문에 더 효과적입니다. 또한 , 아이에 대해 "저 녀석 참 대견스러워요"하고 낮에 있었던 일을 엄마가 아빠에게 이야기하는 것을 듣게 되면 아이는 더욱 사기가 올라가게 됩니다.

감정을 받아주세요

주의 깊게 아이들의 이야기를 들어줍니다.

주의 깊게 잘 들어주는 부모에게 아이가 자기의 문제를 더 쉽게 이야기할 수 있습니다. 부모는 아무런 말을 하지 않아도 좋습니다. 때로 아이들은 공감적인 태도로 조용히 지켜보는 것을 원한답니다.

"오", "음", "그래"와 같은 반응으로 아이들의 말을 인정해 줍니다.

이러한 말과 주의 깊게 들어주는 태도는 아이들로 하여금 자신의 생각과 감정을 탐색해 보도록 하고 스스로 문제를 해결하도록 도와줍니다.

아이들이 느끼는 감정을 이야기해 줍니다.(감정의 수용 및 인정)

아이들은 자기가 경험한 것을 누군가가 이야기해 줄 때 자신의 내적 감정을 이해해 주는 것 같아 깊은 위안을 얻는답니다.

아이들이 원하는 것을 상상으로 표현해 줍니다.

아이가 정말로 원하는 것을 부모가 이해해 주는 편이 아이들로 하여금 원하는 것을 쉽게 참을 수 있도록 도와줍니다.

9가지의 바람직한 말하기와 잘못된 말하기 방식

바람직한 말하기 방식

1. 상처 주지 않는 말로 분노를 표현한다.
2. '네가 ~해서 내가 화났다'라며 구체적 행동에 초점을 맞춰 지적한다.
3. 차례를 기다려서 짧게 말한다.
4. '대부분', '가끔' 이란 말을 사용한다.
5. 자녀의 눈을 바라보며 말을 한다.
6. 하나를 끝낸 뒤에 다른 것을 말한다.
7. 마음을 차분히 하고 넘겨짚지 말며 지금의 문제에만 집중한다.
8. 자녀의 의견을 물어보고 부드럽게 요청한다.
9. 사소한 것이라도 진지하게 들어준다.

잘못된 말하기 방식

1. 벌컥 화를 내며 욕을 한다.
2. 자녀의 말을 가로막으며 아이의 말을 대충 가볍게 듣는다.
3. 언제나 비판적으로 말하며 과거를 들추어낸다.
4. '항상', '결코'라는 말을 사용한다.
5. 오랫동안 잔소리한다.
6. 다른 곳을 보며 말하거나 서서 혹은 걸어 다니면서 말한다.
7. 높고 날카로운 어조로 말한다.
8. 한 번에 여러 문제에 대해 말한다.
9. 자녀의 마음을 추측해서 말한다.

여러 가지 학습지가 문제가 되기도 해요!!

엄마, 아빠!!

요즈음 제 또래의 아이들이 여러 가지 학습지를 많이 하고 있으니 저도 그것을 해야 한다고 생각하시며 조바심을 많이 가지시는군요. '영재교육, 재능발달, 지능계발'이라는 이름 아래 너무나 많은 학습지들이 있는데, 이런 것들이 제게 기쁨을 주거나 발달을 도와주는 것은 아니에요. 어떤 것들은 되풀이되는 막연한 암기식의 셈하기와 창의성을 저해하는 내용들로 인해 제 발달에 큰 방해가 되기도 한답니다. 돈을 들여서 저를 망치게 할 필요는 없지 않아요? 문제는 여러 가지 내용들이 제 발달단계에 맞지 않으며, 앞으로의 학교교육과 연계가 되어 제 학교생활에 도움을 줄 수 있는 것이 아닌 것도 많다는 것입니다. 제게 학습지를 꼭 시키고 싶으면 그 학습지 내용이 제 발달단계에 적합한지 유치원 선생님과 상의해 주세요. 그리고 제가 학습지를 해야 한다면 반드시 엄마나 아빠와 함께 즐겁게 이야기를 나누며 할 수 있게 해 주세요. 중요한 것은 여러 가지 학습지의 문제를 얼마나 잘 풀어 나가느냐 하는 것이 아니라 공부를 하는 자세가 더욱 중요시되어야 하며, 더욱더 중요한 것은 공부에 대한 즐거운 마음을 갖는 것입니다. 공부는 앞으로 제가 평생 동안 해나가야 할 것인데 처음부터 공부에 대한 압박감, 부담감, 저항감으로 질리게 해버리면 저는 큰일이랍니다. 제 주변에 읽고 쓰고 셈하기 등과 관련된 학습지가 너무 많아서 엄마, 아빠께서 어떤 것이 제게 꼭 필요한 것인지 잘 몰라서 혼란스러워하시는군요. 제가 지금 하고 있는 학습지와 관련된 것들을 모두 가지고 유치원으로 가세요. 그래서 그것이 저한테 도움을 주고 있는지, 또한 앞으로 도움을 줄 수 있을 것인지, 그 내용과 색상 등 여러 가지 측면에서 제 발달에 적합한 것인지 상의해 주세요. 왜냐하면 저희는 모든 발달이 서로 다르고 능력도 다르기 때문에 일관적으로 똑같이 학습지를 실시하는 것은 커다란 함정이 있다는 것을 명심해 주세요.

'공부는 꿀처럼 달다'고 느낄 수 있도록 하는, 즉 공부에 대한 즐거움이 몸에 배도록 하는 유태인 엄마들을 생각해 보세요. 제가 초등학교 들어가기 전 유아기에 꼭 이룩해야 할 것은 학습지가 아니라 상황에 따라 문제를 바르게 해결하고 대처하며, 바르게 인사할 줄 알고 친구들과 잘 어울려 놀며, 제 물건을 정리할 줄 알고, 또한 누구 앞에서나 제 생각을 똑똑하게 말할 수 있도록 하는 것입니다.

하나님께서 우리를 창조하실 때는 공부만 잘하라고 만드시지는 않으셨어요. 예수님을 잘 믿는 영적 지능, 다른 사람과 잘 어울리며 배려할 줄 아는 대인관계 지능, 자연을 사랑하고 돌볼 수 있는 자연 지능, 공간을 활용하고 지각하는 공간 지능, 예술적 활동을 하고 표현할 수 있는 음악 지능, 언어적 표현과 기술을 지닌 언어 지능 등 다양한 지능을 습득하고 발달하도록 만드셨어요.

지금 제 생활은 어떤지 한 번 돌아봐 주세요.

여러 가지 학습지나 특수교육에만 너무 신경을 쓰셔서 제가 반듯한 인격체로 성장하는 데 필요한 것들을 모두 뒷전으로 밀어 놓아두시면 유치원이나 학교, 어디에서나 사랑받는 어린이, 자랑스러운 어린이로 성장하지 못합니다.

컴퓨터를 잘 활용할 수 있도록 해주세요!!

엄마, 아빠!!

저희가 21세기를 살아가게 될 주인공인 거 아시지요? 21세기에는 변화의 속도가 빠르고 그 대상도 광범위하게 될 거예요. 아마 저희들이 조금 더 크면 휴대용 컴퓨터나 좀 더 발전된 착용 컴퓨터를 가지고 다니면서 전화도 하고 수, 과학, 사회, 역사, 환경, 세계정세 등의 각종 정보를 받고 지식을 얻어 처리하게 될 수도 있을 거예요.

저를 어리다고만 생각하시지 마시고 엄마, 아빠가 하시는 인터넷에 익숙해질 수 있도록 도와주세요. 유치원에서도 컴퓨터로 내가 그리고 싶은 그림을 그려 프린트하기도 하고, 인터넷으로 우리가 필요로 하는 자료도 찾아서 프린트하여 친구들과 선생님께 보여 드리기도 한답니다. 하지만 저희들이 컴퓨터를 많이 한다고 좋은 것은 아니에요. 저희들이 좋아하는 인터넷 게임은 너무 재미있어서 친구들과 노는 시간도 빼앗고 몸을 움직이며 건강하게 생활하는 것도 방해한답니다. 엄마, 아빠가 함께 제가 컴퓨터를 할 수 있는 시간을 정해 주세요. 그리고 좋은 소프트웨어를 가지고 활동하도록 해주세요.

소프트웨어를 고르실 때는 다음과 같은 점을 고려해 주세요.

- 최소한의 도움으로 저희 스스로 사용할 수 있는지
- 우리들의 '실세계'를 고려하여 고안된 것인지
- 교육적 가치가 있는지
- 재미있게 할 수 있는 프로그램인지
- 시간조절이 30분에서 1시간인지
- 눈이 아파 보안대를 하였는지
- 바른 자세로 컴퓨터 활동을 하고 있는지

저희가 넓은 인터넷의 바다에서 즐겁게 놀 수 있도록 도와주세요.

계절을 통해 변화를 가르쳐 주세요

엄마, 아빠!!

오곡백과가 무르익는 결실의 계절인 가을이 되면서 저희들 주변 세계가 많이 변하는 것을 느낄 수 있어요. 푸르던 녹음도 이제는 서서히 단풍이 물들기 시작했고, 짧은 소매의 옷도 긴 옷으로 바뀌고, 에어컨, 선풍기, 부채도 서서히 사라지고 난방 기구와 가습기가 등장하게 되었어요. 무덥던 날씨도 쌀쌀해졌고 시원한 것보다는 따뜻한 것이 좋아지기 시작했어요. 또한 여름에 먹던 과일과 가을에 먹는 과일도 달라졌어요. 이렇듯 계절이 바뀌면서 여러 가지가 변화한 것을 알 수 있어요.

엄마, 아빠 지금이 저희에게 '변화'라는 것을 가르쳐 주기에 가장 좋은 때인 것 같아요. 그냥 무심히 지나치기 쉬운 것도 세심하게 관찰할 수 있도록 저희에게 계절이 바뀌면서 무엇이 바뀌었는지 살펴보고 이야기할 수 있도록 격려해 주세요. 이러한 계절의 변화도 하나님께서 주관하신다는 사실도 함께 알려 주시고요. 추석 연휴 기간 동안 시골 할머니 할아버지 댁을 방문하고 산에 성묘도 갔었을 텐데 보고, 느끼고, 경험한 시골과 저희들이 사는 서울과의 다른 점도 이야기해 보도록 해주세요. 책을 통해서만 지식을 전달하려고 하시지 마시고 실생활에서 일어나고 있는 것을 세심하게 관찰하고 느껴 볼 수 있도록 해주세요. 낙엽도 모아서 같은 색깔, 모양, 질감, 크기별로 분류해 보도록 해주시고, 낙엽을 물감에 묻혀서 도화지에 찍어보고 나뭇잎의 무늬도 살펴보도록 해주세요.

능력감을 길러 주세요

엄마, 아빠!!

글자와 숫자공부를 언제 시켜야 하는지에 관해 무척 궁금하시지요. 글자와 수를 주입식으로 가르치면 나중에 공부를 하기 싫어하는 어린이가 될까 봐 겁도 나시지요. 그러나 글자와 수를 모르는 채 초등학교에 가면 적응하는 데 어려움을 겪게 되기 때문에 안 가르칠 수도 없고 꽤 고민을 많이 하실 거예요. 유아교육을 통해서 저희들이 가장 주안점을 두는 것은 '능력감'이에요. 예를 들어 기린의 이에 대해 전혀 본 적도 들은 적도 없는 아이들에게 "기린의 이가 어떻게 생겼지?"라고 물었을 때 "기린은 풀을 먹기 때문에 납작할 것 같아요. 공룡에서 초식동물의 이는 납작했으니까요"라고 대답하듯이 이미 자신이 가지고 있는 사고를 다른 영역에 적용하는 능력 말이에요. 그래서 유아기동안 저희는 엄마가 원하시듯이 정확하게 글자를 쓰고 읽는 기술을 습득하지 못할 거예요. 그러나 글자를 읽고 쓰고, 수를 익힐 수 있는 능력감은 지니고 있을 거예요.

엄마, 아빠! 그래도 우리나라 현실은 모든 아이들이 글씨와 수를 거의 익혀서 초등학교에 가기 때문에 글자와 수를 모르고 초등학교에 가게 되면 아이뿐 아니라 엄마도 많은 어려움을 겪게 될 거예요. 곧 글자와 수를 익힌다고 해도 심리적인 열등감이 생긴다거나 엄마뿐 아니라 주변에서 오는 압력은 아이가 점점 더 초등학교에 적응하는 것을 힘들게 할 수 있어요.

너무 일찍 글자와 수를 가르치는 것은 권장하지 않지만 초등학교 가기 1년이나 6개월 전에는 글자를 익히게 해주시고 기본적인 수와 셈하기를 습득하도록 하고 그림지도도 해주셔서 아이가 초등학교에 가서 열등감을 갖지 않고 자신의 능력을 발휘할 수 있도록 해주세요.

교육이란 심리적, 철학적 요인도 중요하지만 우리들이 속한 사회적인 면도 무시할 수 없으니까요.

지능발달의 기초는 경험입니다

엄마, 아빠!!

아빠와 함께 야구장에 가서 야구도 보고 야구의 규칙과 선수들에 대해 설명을 듣고 경험을 했던 것이 야구에 대한 기초적인 기술 IQ를 높였다고 할 수 있어요. 지능테스트라는 것은 학교에 들어가서 제대로 학습을 해 나갈 수 있느냐 없느냐 하는 것을 예측하는 데 도움이 된다고 해요. 왜냐하면 지능테스트는 아이들의 학습에 기초력의 범위를 일차적으로 테스트해 보는 것이기 때문이지요. 유치원이나 초등학교에 들어가면 기초력이 좁은 아이들에 비해서 기초력의 범위가 넓은 아이들이 학습의 준비태세가 잘 되었기 때문에 교사가 지도하는 것을 잘 받아들이고 인생에 있어서도 성공할 가능성이 높아지지요.

따라서, 기초적인 기술을 발달시키기 위해서는 풍부한 환경을 마련해 주고, 자극을 주며, 생각하도록 하며, 넓은 체험, 산 체험을 하도록 경험을 제공해 주어야 하지만 저희들의 사고력을 키우기 위해 쉽게 할 수 있는 간단한 교육게임을 소개해 드릴 테니 활용해 보세요. 엄마, 아빠께서 다음과 같이 말씀하세요.

예: "개가 두 발로 서서 걸으면 우습지?"

"호랑이가 쥐 앞에서 덜덜 떨면 우습지?"

"내가 의사선생님 엉덩이에 주사를 놓으면 우습지?"라고 말하고 "다음은 네 차례야!"라고 말합니다.

예: "개는 모두 발이 네 개입니다. 원숭이는 발이 두 개입니다. 그러면 원숭이는 개입니까?"

평소에 저희들과 함께 이와 같은 게임을 즐겨해 주시는 것도 저희들의 논리적 사고를 위한 기초를 길러 주시는 방법이에요.

선물도 만들어 주세요

엄마, 아빠!!

생일이나 어린이 날, 성탄절이 되면 선물에 대한 기대로 부풀어 있는 요즈음, 세상은 아이들의 발달을 도모한다고 하며 많은 놀잇감들을 홍수처럼 쏟아놓고 있습니다. 이러한 가운데, 우리 아이들에게 하나님이 주신 생명의 신비함과 존엄성에 대해 알려 주고자 '배추흰나비 알'을 선물로 준비하는 것도 좋은 방법이 될 것입니다.

봄이 되어 만물이 새롭게 소생하고 있지만 각박하고 오염된 도시 속에서 생물을 접할 기회가 드문 요즈음의 아이들에게 배추흰나비는 유아들의 과학적 호기심을 자극하고 좋은 친구가 되어 줄 수 있으리라 생각됩니다.

배추흰나비를 기르는 활동을 통하여 유아 스스로 어떻게 기를 것인지, 무엇을 먹이고 주어야 할지 알아보고 관찰해 봄으로써 과학적 탐구능력을 기르게 될 것입니다. 배추흰나비를 기를 때 장난감을 대하듯 하여 죽이는 일이 없도록 생명의 소중함에 대해 이야기 나눠 주시고, 다 자란 나비는 야외에 나가 가족들과 함께 날려 보내 주세요. 다 자란 나비가 자연 속으로 날아가는 것을 보며 유아들은 뿌듯함을 느끼게 될 것입니다.

놀이를 관심 있게 관찰해 주세요

엄마, 아빠!!

언제나 집에서 인형놀이, 블록놀이만 하거나 혹은 밖에 나가기는 하지만 혼자서 벌레나 곤충만 모으고, 비디오나 텔레비전만 보는 등 정해진 놀이가 오랫동안 계속된다면 걱정되시지요.

아이가 같은 놀이만 하면 정말로 좋지 않은 것이 아닐까, 음식도 편식하면 영양실조 등 발육이 부진한 것처럼 생각의 영양실조에 걸리는 것이 아닐까 하고 근심하거나 걱정하시지 않으셔도 됩니다. 아이는 어느 시기에는 어떤 놀이에만 열중하는 것이 보통이며, 그 시기가 지나면 스스로 다음 단계에 관심을 갖게 된답니다. 가령 공룡이 좋아서 그런 놀잇감만 모은다든가, 큰길에 나가서 자동차를 보며 지낸다든가, 그림만 그리는 것은 아이의 응집성으로서 흥미를 끄는 것에 집중하려는 경향입니다. 이것은 오히려 바람직한 성격이라고 볼 수 있는 것으로, 성인이 되면 발견이나 창조의 능력을 갖게 되는 싹이 됩니다. 또 집착하는 대상도 시기가 지나면 상당히 변하므로 그다지 신경을 쓰지 마시고 장기적인 안목으로 보아주는 것이 좋습니다. 그래서 장난감, 그림책, 그림, 자동차놀이만 하는 것도 놀이의 계열화라고 학자들은 말하고 있습니다.

그러나 엄마, 아빠! 집에서 난폭한 행동을 하며 책은 거들떠보지도 않는다거나 또는 반대로 집에만 틀어박혀 통 나가지 않을 때는 주의 깊게 보시고 지도하셔야 합니다. 가령 공격적이고 난폭하고 싸움이 잦은 아이라면 그 행동에 대해 벌이나 비판보다는 이해를 먼저 하시어 아이의 불안, 적의 욕구 등을 충분히 표현할 수 있는 분위기를 만들어 주세요.

또 집 안에만 있는 아이에게는 엄마, 아빠께서 함께 산책하여 기분전환을 시켜주는 것도 좋습니다. 산책에 대해 별 흥미를 못 느꼈다면 돌아와서 흥미 있는 책을 보도록 격려해 주세요. 아이가 금세 놀이가 달라지거나 다른 것에 열중하고 흥미를 갖게 되는 것이 아니므로 꾸준히 활동이 변화될 수 있는 기회를 잘 잡으셔서 다른 재미있는 놀이를 할 수 있도록 도와주세요.

부성실조가 되지 않도록 해주세요

엄마, 아빠!!

아빠는 제게 있어서 커다란 우산, 커다란 지붕, 튼튼한 울타리이며 또한 커다란 성벽과 같은 존재이지요. 아빠를 통하여 세상의 위험과 두려움과 공포로부터 보호받고 있음을 느끼며 자라가고 있답니다. 그런데 아빠께서는 회사 일로 너무 바쁘셔서 제가 만날 시간이 없을 때가 많아요. 그래서 아빠와 얼굴을 마주하며 눈을 맞추고 제 이야기를 나눌 수가 없군요. 그러면 저에게 '부성실조'현상이 일어나게 된답니다.

부성실조(father loss, father deprivation, lack of father)란 제가 성장하는 발달 과정에서 아빠로부터 받아야 할 적당한 양육과 지도의 결핍 또는 부적절성에 의해 초래되는 지적, 사회적, 정서적 행동상의 발달과 성격형성상의 왜곡 및 장애의 현상을 말한답니다. 부성실조는 부친 부재, 즉 사망, 이혼, 가정파탄으로 인한 별거뿐 아니라 장, 단기간 해외 출장, 유학, 입원 등을 통한 일정 기간 부재에서도 일어나며, 또한 가정에서 함께 기거하지만 아빠 얼굴을 잘 볼 수 없을 때도 부성실조 현상이 일어나게 된답니다. 저는 지금 이 시기에 아빠와 함께 하는 시간이 절대적으로 필요하답니다. 조금 더 자라면 아빠와의 시간을 많이 필요로 하지 않을 거예요. 지금이 중요해요. 그러니 시간을 조금만 더 내주세요. 왜냐하면 부성실조가 되면 결국은 제가 자라가고 있지 않아서 엄마 아빠를 속상하게 하는 아이로 될 테니까요. 제가 자꾸만 말썽을 부리고 엄마 아빠를 화나게 하고 있다면 그것은 아마도 아빠를 그리워하는 마음에서일 거예요.

저의 이 유아시기를 '우리 아빠 부재중'이 되지 않게 해주세요. 아빠와 시간을 많이 보낸 아이일수록 모든 발달 면에서 우수하게 자란다는 연구보고가 많이 있다고 합니다.

아빠! 아빠를 사랑해요!!

우리 각자의 학습양식은 다르답니다

엄마, 아빠!!

저와 같은 모든 아이들은 다양한 감각으로 무엇인가를 배우게 된답니다. 만져보고, 들어보고, 맛을 보고, 냄새를 맡고, 눈으로 보면서 배우게 되지요. 하나님께서 사람을 처음 만드실 때 저희들 각 사람마다 무엇인가를 배우는 도구로써 한 가지의 감각을 특별히 뛰어나게 지으셔서 어떤 정보를 잘 받아들일 수 있도록 하신 것이지요. 그러니 엄마, 아빠!! 저는 어떤 감각 양식이 뛰어난지 잘 살펴봐 주세요.

즉,

- 그것을 봄으로써 잘 배우는 시각적 양식
- 그것을 들음으로써 잘 배우는 청각적 양식
- 그것을 만져봄으로써 잘 배우는 촉각적 양식
- 그것을 움직이며 해봄으로써 잘 배우는 운동적 양식이랍니다.

제가 만약 감각 운동적 학습양식을 갖고 있다면 조용히, 얌전하게 앉아서 배우는 일은 잘 해내지 못할 것입니다. 그래서 자주 주의를 들으며 때로는 야단을 맞게 될 거예요. 그리고 제가 청각적 학습자라면, 시선을 한 곳에 모아 쳐다보며 주의를 집중하는 것보다는 듣는 것들에 더 집중하고 관심을 보일 거예요. 또한 제가 촉각적 학습자라면, 무엇인가를 만져 보아야 하기 때문에 아무것이나 주인의 허락도 없이 손대어 보거나 만져서 혼이 날 때가 많을 거예요. 왜냐하면 그저 눈으로 보는 것보다는 손이 더 잘 배우고 알도록 돕기 때문이지요.

대부분의 부모님과 선생님들은 저희들을 모두 시각적 학습자로만 생각하시는데, 시각적 양식을 선호하는 학습자들은 전체 아이들의 삼분의 일에 불과하답니다. 그렇다면, 저는 어떤 학습양식을 선호하는지 지금부터 알아보세요. 그리고 거기에 따라 더 잘 배울 수 있도록 도와주세요.

저는 남과 다르다는 것을 항상 잊지 말아 주세요.

4. 가정연계 프로그램

1) 가정연계 주제 관련 활동지

부모교육을 통해 자녀가 교육받고 있는 주제나 프로그램에 대해 알고 가정에서 연계하여 활동하는 것은 기관과 가정에서 일관성을 유지해줄 수 있기 때문에 유아로 하여금 안정감을 줄 수 있으며 부모와 유아 간의 친밀감을 형성할 수 있다.

| 가정연계 활동지 예시 |

할머니 · 할아버지와 함께 해요

할머니 · 할아버지 댁을 방문했을 때 함께 할 수 있는 일을 찾아보세요. 어르신들은 시간을 함께 보내고, 하실 수 있는 일을 드리는 것만으로도 기뻐하신답니다.

"할머니와 함께 할 수 있는 일은 무엇일까요?"
"할아버지와 함께 할 수 있는 일은 무엇일까요?"

할머니 · 할아버지와 함께 해요
1. 할아버지, 할머니와 함께 음식을 만들어요. 2. 할아버지, 할머니와 함께 산책해요. 3. 우리나라 전통놀이를 함께 해요. 4. 할아버지, 할머니의 어린 시절 이야기를 들어요. 5. 우리나라 전래동화를 들어요. * 이 밖에 또 어떤 활동을 할머니, 할아버지와 함께 할 수 있을까요? 자녀와 함께 이야기해 보세요.

♥ 할머니 · 할아버지와 함께 활동한 사진을 붙이거나 그림을 그려 보세요.

자녀와 함께 높임말을 사용해요

♥ **자녀와 함께 높임말과 예사말 카드를 맞추어 보면서 유아들이 높임말을 자연스럽게 사용할 수 있도록 도와주세요.**

"어른께는 밥을 무엇이라고 말씀드려야 할까?"
"아빠, 엄마를 높임말로는 어떻게 부르면 좋을까?"

자녀와 함께 카드를 맞추어 보세요

〈 활동방법 〉

1. 함께 보내드리는 활동자료(별지) '부모님과 함께 높임말을 사용해요'에 있는 카드를 선에 따라. 오리세요.
2. 카드에 있는 그림과 글자를 함께 읽어 보세요.
3. 그림과 글자를 보면서 높임말과 예사말을 짝지어 맞추어 보세요.

♥ **우리 아이가 높임말을 썼어요.**

위의 활동을 하고 나서 자녀가 높임말을 언제, 어떤 높임말을 사용했는지 기록해 보세요. 카드에 나와 있는 높임말 외에 또 다른 높임말을 사용했다면 어떤 말을 사용했는지 아래의 칸에 기록하여 유치원으로 보내 주세요*^^*

우리 가족에게 어울리는 나눔은 무엇일까요?

그림으로 그리거나 적어 보세요. 이유도 함께 생각해 보세요.

• 부모님 생각:

• 내 생각:

• 다른 가족 생각:

알려드립니다.

안녕하세요? 티없이 맑고 귀여운
유아들의 어린 시절 이야기를 엮어
"나의 이야기 책"으로 꾸며주고자 합니다.
가정에서 엄마 아빠와 함께 예쁘게 꾸며서
어린이집으로 보내주세요.
내용을 읽어 보시고 유아의 이야기를 귀담아
들으신 후 꾸며주시면 됩니다.
사진도 각 장의 그림 안쪽으로 들어가도록
예쁘게 오려서 꾸며주세요

유치원

**나의
이야기 책**

반

이름:

유치원

아 기 때 내 모 습

내가 태어난 날은　　년　월　일이고
그때 몸무게는　　kg이었대요.
태어난 곳은　　(이)에요.

우리집에는
(이)가 살고 있어요.

나의 입술모양 어때요?

(입술에 립스틱을 바르고 찍어보세요.)

나의 손바닥, 발바닥을 찍어 보세요

내가 좋아하는 동물과 음식을 그리고
예쁘게 색칠하세요

동물

음식

나의 얼굴을 그려 보세요

내가 좋아하는 친구를 그려 보세요

참고문헌

강경희(2007). 유아의 정서적 부적응 행동에 대한 부모의 인식 및 지도방법. 경성대학교 교육대학원 석사논문.

강숙현, 최미숙 역(1995). 발달에 적합한 유아교육의 실제. 전남대학교출판부.

곽노의 외(1996). 비교유아교육론. 양서원.

곽덕영, 김미화(1994). 부모교육론. 서울: 형성출판사.

곽현주(2005). 3~4세 프로그램의 구성 및 운영. 한국영유아교원교육학회 춘계학술대회 자료집, 87-109.

교육부(1997). 유아의 문제행동을 위한 부모교육자료.

교육부(2004). 유아교육법 시행령(안).

구수연(2005). 1~2세 영아프로그램의 구성 및 운영. 한국영유아교원교육학회 춘계학술대회 자료집, 41-78.

김동극(1980). 특수교육. 서울: 배영사.

김명희(1996). 현대사회의 부모교육. 서울: 학문사.

김미경(1998). 헤드스타트. 교육아카데미.

김미경(1999). 성공으로 이끄는 신세대 엄마의 자녀교육. 서울: 교육아카데미.

김미경(2000). 기독교 가정교육. 서울: 대한예수교장로회 총회.

김미경(2003). 과학적 사고를 위한 영. 유아과학교육. 학지사.

김미경(2005). 4~5세 유아프로그램의 구성 및 운영. 한국영유아교원교육학회 춘계학술대회 자료집, 121-152.

김미경(2010). 아동생활지도(개정증보판). 서울: 교육아카데미.

김미경 · 나유미(2013). 예비 부모의 출산친화적 가치관 형성을 위한 교육 프로그램개발 및 효과. 육아정책연구, 7(2), 90-121.

김숙자(1997). 유아교육과정. 문음사.

김연진, 이상희(2010). 부모교육. 서울: 태영출판사.

김오남, 류윤석, 이유미(2003). 유능한 부모와 교사를 위한 부모교육, 양서원.

김정원(1998). 부모교육 프로그램 개발과정에 관한 연구. 이화여자대학교 대학원 박사학위논문.

김진영, 김정원, 전선옥(2010). 영유아를 위한 부모교육. 창지사.

김진영, 김정원, 전선옥(2011). 부모교육. 서울: 창지사.

김춘일, 조용태(1998). 유아교육의 이해. 교육과학사.

김태인(2003). 정서장애유아의 놀이치료과정 사례연구. 중앙대학교 대학원 석사학위논문.

김태인(2008). 부적응 유아를 위한 교사놀이 치료(Kinder Therapy)과정의 교육적 의미. 중앙대학교 박사학위논문.

김태인(2008). 유아 정신건강. 중앙대학교 보육교사 교육원 어린이집 교사 보수교육자료집.

김희진(2008). 유아교육기관에서의 부모교육과 지원. 파란마음.

나정, 장영숙(2002). OECD 국가들의 유아교육과 보호정책 동향.

류선령(2010). 유아의 사회적 유능성과 공격성 및 정서적 부적응 행동의 관계. 영남대학교 교육대학원 석사학위논문.

박성연, 도현심, 정승원 역(1996). 부모-자녀관계-생태학적접근-. 서울: 학지사.

백혜리(2005). 1세미만 영아를 위한 교육프로그램의 실제. 한국영유아교원교육학회 춘계학술대회 자료집, 11-32.

보건복지부(2010). 다문화가족 부모-자녀관계 및 자긍심 향상프로그램. 다문화 가족 사업 지원단 자료집.

서동미(1996). 어머니의 양육태도와 유아의 친사회적 행동. 중앙대학교 교육대학원 석사학위논문.

서울특별시 교육청(2004). 유치원 에듀케어(Edu-Care)프로그램.

서원대학교 부속유치원(1993). 유치원 오후 연장프로그램.

서유헌(2003). 뇌 발달과 학습능력. 늦게 피어도 아름다운 꽃 국제 유아교육 심포지엄 자료집. 서남재단.

신의진(2011). 영유아의 사회, 정서발달과 두뇌기반교육. 한국영유아교원교육학회 춘계학술대회 자료집, pp.53-74.

신홍민 역(2003). 부모와 아이사이. 서울: 양철북.

심홍임(2006). 사회상황이야기가 ADHD위험유아의 바람직한 학급행동에 미치는 효과. 대구대학교 특수교육대학원 석사학위청구논문.

엄명용(2005). 사회복지실천의 이해. 서울: 학지사.

에듀케어뉴스. 2005년 3월 25일. 2면.

오승연(1993). 초등학교 아동의 충동성과 부적응행동 및 가정환경과의 관계 연구. 한국교원대학교 대학원 석사학위논문.

오영희, 송영란, 강영식(2003). 유아교육개론. 21세기사.

위영희, 이희정 역(2006). 정서발달 생물사회적 관점. 서울: (주) 시그마프레스.

유가효, 이소희, 한성심(2000). 보육학개론. 동문사.

유혜령 역(2002). 유아교육이론 해체하기 : 비판적접근. 창지사.

이경숙, 정석진, 박진아, 신의진(2009). 저출산에 대한 여대생의 인식 및 심리적 이해. 한국심리학회지 여성, 14(1), 93-108.

이경우, 홍혜경, 신은수, 진명희(1997). 유아 수학교육의 이론과 실제. 서울: 창지사.

이경화, 김연진, 고진영(2008). 부모 교육. 서울: 학지사.

이경화, 성영혜, 윤석희, 이신동(1999). 부모교육-사랑 · 결혼 · 부모. 서울: 학문사.

이경희, 이경희(1994). 아동발달과 양육. 서울: 형설출판사.

이삼식, 최효진, 오영희, 서문희 외(2009). 결혼 및 출산 동향 조사. 보건복지부.

이석순(1992). STEP 프로그램의 적용과 효과에 대한 연구. 광주보건대학 학술저널, 17, 141-172.

이숙, 최정미, 김수미(2002). 가족문제와 가족복지. 서울: 도서출판 양지.

이숙희, 고인숙(2006). 현대 부모교육. 서울: 교육아카데미.

이순형, 민하영, 이소은 외(2013). 아동복지: 이론과 실천. 서울: 학지사.

이연섭, 강문희(1997). 부모교육. 서울: 정민사.

이영석(2000). 21세기 한국유아교육의 과제와 전망. 2000년도미래유아교육학회 국제학술대회. 152-217.

이윤경, 최석란, 신은수 역(1997). 유아교육개론. 창지사.

이은경(2013). 다문화가정 어머니의 부모역량 강화 프로그램 개발 및 적용. 중앙대학교 대학원 박사학위논문.

이은화, 김영옥(1999). 유아를 위한 부모교육. 동문사.

이재연, 김경희(1989). 부모 교육. 서울: 양서원.

이재연, 김경희(1996). 부모교육. 서울: 양서원.

이종각(2003). 교육열 올바로 보기. 원미사.

이지희(2008). 유아의 또래 유능성에 영향을 미치는 개인 내적 · 외적 요인에 대한 구조분석. 카톨릭대학교 박사학위논문.

이한나(2009). 유아기 자녀를 둔 기독교 가정에서의 부모 역할에 대한 인식조사. 총신대학교 교육대학원 석사학위논문.

이훈구 역(2002). 부모역할 훈련. 양철북.

장대운(1986). 현대교육심리. 서울: 배영사.

장문신(2000). 최근 20년의 중국유치원 교육과정개혁. 2000년도미래유아교육학회 국제학술대회. 88-150.

전인옥. 박선희(2001). 현대사회와 아동, 한국방송통신대학교출판부.

정갑순(2007). 부모교육론. 서울: 창지사.

정문자(1992). 유치원 교사와 어머니의 부모 교육 내용 요구 조사. 유아교육연구, 12, 163-185.

정문자 역(1990). 부모교육 원리와 방법. 서울: 교육과학사.

정옥분, 정순화(2000). 부모교육-부모역할의 이해. 서울: 양서원.

정옥분, 정순화(2007). 부모교육. 서울: 학지사.

정옥분, 정순화(2008). 부모교육. 서울: 학지사.

정옥분, 정순화(2012). 부모교육. 서울: 학지사.

정원식, 박성수 편(1999). 한국교육문제론. 교육과학사.

정재훈, 송다영, 강창현(2005). 건강가정지원센터 발전방안연구. 여성가족부.

조선일보. 2012년 8월 6일자. B6.

조선일보. 2005년 4월 25일자. A31.

조영주(2010). 자기주도 학습방법으로서 VPE프로그램이 유아의 자기조절력과 메타인지에 미치는 영향. 석사학위논문, 덕성여자대학교 교육대학원.

지성애, 홍혜경(2005). 영 · 유아 생활지도. 서울: 양서원.

최경숙(2006). 아동발달 심리학. 서울: 교문사.

최미경, 신정희, 구현경, 박선영, 한현아, 최단비(2008). 청소년기 어머니의 양육효능감 및 양육 스트레스와 부모교육 요구조사, 한국아동학회포스트논문.

최민숙(2002). 가족 참여와 지원. 학지사.

최선희(2008). 교사-유아 간 상호작용과 유아 부적응 행동 간의 관계. 경기대학교 대학원 석사 학위논문.

최순영(2009). 인간의 사회 · 성격발달심리. 서울: 학지사.

한국유아교육학회(2004). 한국유아교육 현장의 정체성 확립을 위한 노력. 한국 유아교육학회 정기 학술대회 자료집.

황옥자(1991년). 불교유아교육기관의 부모 교육을 위한 기초연구. 유아교육연구, 11, 139-158.

Allen, J.(1988). Children's cognition of stressful events. *Day Care and Early Education*, 16(3), 21-25.

Ames, L. B., Gillespie, C., Haines, J., & Illg, F.L.(1980). *The Child from one to six:Evaluating the behavior of the preschool child*. London: Hamish Hailton.

Behar, L., & Stringfield, S.(1974). A behavior rating scale for the preschool child. *Developmental Psychology*, 10(5), 601-610.

Berrett, R. D.(1975). Adlerian mother study groups: An evaluation. *Journal of Individual Psychology,* 31, 1979-1982.

Bingner, J. J.(2006). Parents-child relations: An introduction to parenting(7th ed). NJ: Pearson Education Inc.

Burr, W. R.(1990). Beyond I-statements in family communication. *Family Relations,* 39(3), 266-273.

Campbell, S. B. & Ewing, L. J.(1990). Transition to school: Developmental trajectories and school experience. *Early Education and Development.* 5, 106–119.

Chako, A., Wymbs, B. T., Wymbs, F. A., Pelham, W. E., Swanger–Gagne, M. S., Girio, E., Pirvics, L., Herbst, L., Guzzo, J., Phillips, C., & O' Conner, B.(2009). Enhancing traditional behavioral parent training for single mothers of children with ADHD. *Journal of Clinical Child & Adolescent Psychology,* 38(2), 206–218.

Clarke, R. R.(1977). Difference in self–concept among students identified as emotional by disturbed and normal. Unpublished Doctoral Dissertation, Georgia University.

Crockenberg, S.(1988). Social support and parenting. In H. Fitzgerald, B. Lester, & M. Yogman(Eds.). *Theory and research in behavioral pediatrics*(Vol.4, pp. 67–92). New York/Londond: Plenum.

Demo, D. H., & Cox., M. J.(2000). Families with young children: A review of research in the 1990s. *Journal of Marriage and Family*, 62(4), 876–895.

Desteno, N.(2000). Parent involvement in the classroom: The fine line. *Young Children, May*, 13–17.

Dickie, J. R., & Gerber, S. C.(1980). Training in social competence: The effect on mothers, fathers and infants. *Child Development,* 51, 1248–1251.

Dinkmeyer, D., & Mckay, G.(1989). The parent's handbook.(A part of the complete STEP Program). circle Pines, MN: American Guidance Service.

Dodson, F.(1987). How to single parent. New York: Haper & Row.

Duvall, Evelyn Ruth Millis(1977). Marriage and Family Development(5th ed). J. B. Lippincoyy Company.

Elliott, B.(2002). Measuring performance The early childhood educator in practice. Delmar, Thomson Learning, Inc.

Engel, B.(1998). The parenthood design: Deciding whether you are ready and willing to become a parent. New York: Doubleday.

Fillmore, L. W.(1991). When learning a second language means losing the first. *Early Childhood Research Quarterly,* 6(3), 323–346.

Fine, M. J.(1980). The paremt education movement: An introduction. In M. J. Fine(ed), Handbook on parent education. NY: Academic Press.

Fine, M. J.(1980). The Second Handbook on Parent Education: Contemporary perspectives. San Diego, CA: Academic Press.

Fine, M. J., & Henry, S. A.(1989). Professional issues in parent education. In M. J. Fine(Ed.), Handbook on Parent Education, pp. 3-20. Sandiego, CA: Academic Press.

Frazier, R., Matthes, W.(1975). Parent education: A comparison of Adlerian and behavioral approaches. *Elementary School Guidance and counseling*. 31-38.

Frost, J. L.(1992). Play and playscapes. Albany, NY: Delmar.

Gerson, K.(1993). No man's land: Men's changing commitments to family and work. NY: Basic.

Ginott, A., & Goddard, H. W.(1965). Between parent and child. Random House.

Gorden, A. M & Browne, K. W.(2000) Beginning and Beyond. Delmar, p.273.

Gordon, T.(2000). P.E.T. Parent effectiveness training. Tin-drum Publishing Co.

Hammer, T. J., & Turner, P. H.(1985). Parenting in contemporary society. NY: Prentice-Hall.

Howes, C. & Hamilton, C. E.(1993). The changing experience of child care: Changes in teachers and in teacher-child relationships and children's social competence with peers. *Early Childhood Research Quarterly*, 8, 15-32. tsville, Maryland: Gryphon House.

Inhelder, B. & Piaget, J.(1958). The growth of logical thinking from childhood to adolescence: An essay on the construction of formal operational structure. New York: Basic Books.

Kogan, K. L., & Gordon, B. M.(1975). A mother instruction program: Documenting change in mother-child interactions. *Child Psychiatry and Human Development*, 5, 189-200.

Lay-Dopyera, M., & Dopyera, J.(1989). The child-centered curriculum. In C. Seefeldt(Ed.), Continuing issues in early childhood education(pp.207-222), Columbus, OH: Merill.

Malaguzzi, L.(1993). For an education based on relationships. *Young Children*, 49(1), 9-12.

Marjorie J. Kostelnik, Anne K. Soderman, & Alice P. Whiren.(1999). Developmentally appropriate curriculum best practices in early childhood education, Prentice Hall, Inc, 34–35.

Palsha, S.(2002). An outstanding education for all children: Learning from Reggio Emilia approach to inclusion, In Victoria R. Fu Andrew J. Stremmel Lynn T. Hill,(Eds.), Teaching learning collaborative exploration of the Reggio Emilia approach.

Piaget, J.(1964). The early growth of logic in the child. New York: Harper.

Piaget, J.(1968). The psychology of intelligence. Totowa, NJ: Littlefield, Adams.

Piaget, J.(1970). Syructualism(C. Maschler, Trans.). New York: Harper.

Rebecca N.(1990). Excellent early education: A city In Italy has it, Young Children, September.

Shaffer, D. R.(2000). Social and personality development(4th ed.). Belmont, CA: Wadsworth/ Thomson Learning.

Smith, C.(1998). Children with "special rights" in the preprimary schools and infant–toddler centers of Reggio Emilia. In C. Edwards, L. Gandini, & G. Forman,(Eds.). The hundred languages of children : The Reggio Emilia approach–advanced reflections, Greenwich, CT: Ablex.

Snow, J. N., Kern, R. M., & Curlette, W. L.(2001). Identifying personality traits associated with attrition in systematic training for effective parenting groups. *The family Journal: Counseling and Therapy for couples and Families*, 9(2), 102–108.

Spodek, B.(1985). Teaching in the early years(3rd Ed.). NJ: Prentice–Hall, Inc.

Spodek, B.(1992). Evaluation in early childhood programs. Spodek 박사 초청 세미나. 부산유아교육학회.

Synder, A.(1972). Dauntless women in childhood education. Washington, DC: Association for Childhood Education International.

Weikert, D., & Lambie, D.(1969). Ypsilanti–Carnegie Infant Education Project Progress Report. Ypsilanti, MI: Ypsilanti Public School.

Williams, C. D.(1959). The elimination of trantrum behavior by extinction procedures. *Journal of abnormal and Social Psychology*, 59.

Wolf, M. M., Risley, T., & Messe. H.(1964). Application of operant conditioning procedures to the behavior problems of an autistic child. *Behavior Research and Therapy*, 1, 305–312.

통계청(2011a). 혼인 · 이혼통계.
통계청(2011). 인구 · 가족구조 변화.
백암어린이집 http://www.baegam.or.kr
샘물어린이집 http://blog.daum.net/meehyang777/363
의령어린이집 http://cafe.naver.com/vjur
중앙청사어린이집 http://www.jakidscare.co.kr/
하버드어린이집 http://hv1004.happyihome.com/
한남대부설어린이집 요리프로그램 http://cafe.naver.com/mom119.cafe?iframe_url=/ArticleRead.nhn%3Farticleid=2278
www.naver.com-네이버사전
http://blog.naver.com/sh2524?Redirect=Log&logNo=50025671002
http://www.gimcheon-e.go.kr/board/read.cgi?board=board106

찾아보기

■ 인명

■ 주제어

저자 소개

김미경

미국 오레곤주립대학교 대학원 유아교육전공 철학박사(Ph.D)

현재 총신대학교 유아교육과 교수

나유미

총신대학교 대학원 유아교육전공 철학박사(Ph.D)

현재 백석문화대학교 유아교육과 교수

이혜정

총신대학교 대학원 유아교육전공 철학박사(Ph.D)

현재 백석문화대학교 유아교육과 교수

부모교육

1판 1쇄 발행 — 2016년 2월 11일
2판 1쇄 발행 — 2018년 8월 20일

저　　자 - 김미경 나유미 이혜정
발 행 인 - 강 철 원
발 행 처 - 양 성 원
주　　소 - 경기도 파주시 검산로 173번길 29-20
전　　화 - 031-946-3861(代)
팩　　스 - 031-946-3864
이 메 일 - tnwpub@naver.com
홈페이지 - tnwpub.co.kr
출판등록 - 2015년 8월 31일 제 2015-000211 호

ISBN 979-11-6126-130-0

정가 18,000원